民國文化與文學研究文叢

二　編

李　怡　主編

第 7 冊

民國憲政、法制與現代文學（中）

李　怡、謝君蘭、黃　菊　編

國家圖書館出版品預行編目資料

民國憲政、法制與現代文學（中）／李怡、謝君蘭、黃菊 編
— 初版 — 新北市：花木蘭文化出版社，2013〔民 102〕
目 4+188 面；19×26 公分
（民國文化與文學研究文叢 二編；第 7 冊）
ISBN：978-986-322-310-8（精裝）
1. 中國文學 2. 現代文學 3. 文學評論
541.26208   102012321

特邀編委（以姓氏筆畫為序）：

ISBN-978-986-322-310-8

丁　帆	王德威	宋如珊
岩佐昌暲	奚　密	張中良
張堂錡	張福貴	須文蔚
馮　鐵	劉秀美	

9 789863 223108

民國文化與文學研究文叢
二 編 第 七 冊　　　　ISBN：978-986-322-310-8

民國憲政、法制與現代文學（中）

作　　者　李怡、謝君蘭、黃菊
主　　編　李 怡
企　　劃　四川大學現代中國文化與文學研究中心
　　　　　民國文學與海外漢學研究中心（籌）
　　　　　北京師範大學民國歷史文化與文學研究中心
總 編 輯　杜潔祥
印　　刷　普羅文化出版廣告事業
出　　版　花木蘭文化出版社
發 行 人　高小娟
聯絡地址　235 新北市中和區中安街七二號十三樓
　　　　　電話：02-2923-1455／傳真：02-2923-1452
網　　址　http://www.huamulan.tw 信箱 sut81518@gmail.com
初　　版　2013 年 9 月
定　　價　二編 22 冊（精裝）新台幣 38,000 元　　
版權所有・請勿翻印

民國憲政、法制與現代文學（中）

李怡、謝君蘭、黃菊　編

目次

上　冊
緒論　憲政理想與民國文學空間　李怡 ……………………… 1
總　論
法律、民主與新文學觀念　門紅麗 ………………………… 13

《新青年》前期國家文化的建構與新文學的發生　王永祥 …… 21

民國峻法下新聞、文學「亞自由」成因證析　符平 …… 49

民國憲政和法制下的左翼文學與右翼文學　張武軍 …… 67

政治權力場域與中國左翼「自由撰稿人」作家　張霞 ……… 79

大後方「軍紳」社會權力制衡下的文學活動空間　袁少沖 …… 91

第一編　著作權、出版法與文學發展
攪亂文壇的法律——以《大清著作權律》爲中心　李直飛 …… 103

一部《大清著作權律》，一組近代本土文化生態的亂碼
　錢曉宇 ……………………………………………… 115

清末民初出版法的變遷與社會幻想小說的想象空間
　任冬梅 ……………………………………………… 123

翻譯時代的自由拿來——晚清民國時期國際版權保護與文學
翻譯自由的重要意義　苟強詩 ················· 135

《玉梨魂》版權之爭與中國近現代作家的身份轉型　胡安定··· 169

從自主到自由——論三次法律事件與張恨水職業作家身份意
識的確立　康鑫 ················· 181

新文學開創史艱難的自我證明——國民黨的文化統制政策與
《中國新文學大系》（1917～1927）的誕生　楊華麗 ········ 189

中　冊

第二編　書報審查制度問題

民國書報審查制度和對「違禁」報刊的處理——以《生活》
傳媒系列爲例　盧軍 ················· 213

《生活》傳媒系列應對出版審查的措施及生存智慧　盧軍 ······ 227

民國新聞管制研究　李金鳳 ················· 241

限制下的空間：論抗戰時期圖書雜誌審查制度　黃菊 ········ 249

政治博弈中的《廣西婦女》　呂潔宇 ················· 261

第三編　民國法律與文本、文體及性別

民國法律形態與女性寫作　倪海燕 ················· 275

可見的婚制變革和不可見的女性解放——「五四」女作家婚
戀小說再解讀　譚梅 ················· 287

從娜拉到鐵姑娘——三個文本與三個時代的女性形象
袁莉 ················· 299

婚姻・理想・哲思——《二月》文本的三重意蘊　高博涵··· 309

現實反抗、文學書寫與精神資源——論魯迅與法律的三個
層面　黎保榮 ················· 325

1933～1935 年的魯迅：帶著枷鎖，如何跳舞？——論國民黨
治下的文網與魯迅的鑽網術　楊華麗 ················· 341

回到情節本身——魯迅小說《離婚》的法律解讀　費小瑞 ····· 365

法外權勢的失落與村落秩序的重建——以趙樹理四十年代
小說爲例　顏同林 ················· 377

下　冊

從兩份土地法文件看土改小說創作　　彭冠龍 ……………… 399

試論國統區抗戰小說創作的有效性及其影響限度——以
　《華威先生》、《在其香居茶館裏》爲中心　　布小繼………… 411

虛構：通向正義之路——以《原野》的法律問題爲例
　胡昌平 …………………………………………………………… 423

法律意識與中國現代新詩——從奧登的影響談穆旦後期詩歌
　王學東 …………………………………………………………… 435

第四編　相關問題研究

「分科」視域中的北京大學與「新文化運動」　　李哲 ………… 453

中國現代文學發展中的民國出版機制　　羅執挺 ……………… 489

傳統詩歌對中國新詩發展之影響——「白屋詩體」對杜詩的
　接受　彭超 ……………………………………………………… 505

新浪漫與國民性　姜飛 …………………………………………… 515

政府規範與國家意識的強化——論抗戰時期國民政府對戲劇
　團體的組建與管理　　傅學敏 ………………………………… 529

「民國」的文學史意義　周維東 ………………………………… 541

附　錄

「民國社會歷史與中國現代文學」學術研討會綜述　　王永祥
　 …………………………………………………………………… 557

「民國社會歷史與中國現代文學」學術研討會感言　李斌 …… 563

「民國社會歷史與中國現代文學」學術研討會會議議程……… 565

後　記

後　記 ……………………………………………………………… 573

第二編　書報審查制度問題

民國書報審查制度和對「違禁」報刊的處理——以《生活》傳媒系列爲例

盧 軍[*]

一、國民黨的新聞統制與新聞檢查制度

　　1928 年，國民黨執掌全國政權後，爲推行黨治文化，維護一黨專制，根據「以黨治報」的方針和「科學的新聞統制」的思想，制訂頒布了一系列有關新聞出版的法律、條例，並成立了專司書刊審查的機構，頒布圖書審查的條例和辦法，以控制全國的新聞出版界。

　　國民黨當局最初實行出版後審查制度。於 1928 年 6 月開始建立新聞宣傳審查制度，先後公佈了具有法律效力的《指導黨報條例》、《指導普通刊物條例》、《審查刊物條例》。根據這三個條例的規定：「各刊物立論取材，須絕對以不違反本黨之主義政策爲最高原則」，「必須絕對服從中央及所在地最高級黨部宣傳部的審查」。所有報刊均須絕對遵循國民黨的主義與政策，服從國民黨中央及地方黨部的審查。這標誌著國民黨新聞檢查制度的初步建立。1929年 1 月，國民黨中央執委會常務會議以 3 個條例爲基礎，通過了專門的《宣傳品審查條例》，明確規定包括「黨內外之報紙及通訊稿」在內的 7 類宣傳品，均須接受國民黨中央及各級黨部宣傳部的審查；「各省、各特別市黨部宣傳部應負審查其所屬區域內一切宣傳品之責，並將審查意見檢附原件呈報中央宣傳部核辦」；「各級黨部及黨員印行之宣傳品及與宣傳有關之刊物，均須一律呈送中央宣傳部審查」。這些條令，使其對新聞界的管制日趨強化。同年國民黨中央宣傳部還頒布了《出版條例原則》和《查禁反動刊物令》等查禁書刊的法令。

---

* 盧軍，（1970～），女，文學博士，四川大學文學與新聞學院博士後，聊城大學文學院副教授，研究方向爲中國現當代文學。

　　1930 年 12 月 16 日，國民黨又以國民政府名義頒布了《出版法》。分「總則」、「新聞紙及雜誌」、「書籍及其他出版品」、「出版品登載事項之限制」、「行政處分」和「罰則」6 章，規定書刊在創刊前必須申請登記，批准後方可出版，《出版法》還規定涉及「黨義」的圖書須交中央宣傳部審查，其它文藝及社會科學方面的圖書也同樣要送審。它加強了對文化出版的登記、審查和限制。《出版法》對於出版限制主要是申請登記和出版品內容的限制。從法律角度看，它屬於註冊登記制。此後，又進一步頒布了《日報登記辦法》、《出版法實行細則》和《宣傳品審查標準》等文件，對新聞界實行的審查追懲制度越來越嚴。

　　1932 年 11 月國民黨中央執行委員會增訂 1929 年國民黨中央宣傳部制定的《宣傳品審查條例》為《宣傳品審查標準》，把宣傳分為「適當的宣傳」、「謬誤的宣傳」和「反動的宣傳」。節錄如下：「（一）適當的宣傳：1、闡揚總理遺教者；2、闡揚本黨主義者；3、闡揚本黨政綱政策者；4、闡揚本黨決議案者；5、闡揚本黨現行法令者；6、闡揚一切經中央決定之黨務政治策略者。（二）謬誤的宣傳：1、曲解本黨主義政綱政策及決議者；2、誤解本黨主義政綱政策及決議者；3、思想怪僻或提倡迷信足以影響社會者；4、記載失實，足以淆惑觀聽者；5、對法律認可之宗教非從事學理探討從事詆毀者。（三）反動的宣傳：1、為其他國家宣傳，危害中華民國者；2、宣傳共產主義及鼓動階級鬥爭者；3、宣傳無政府主義，國家主義，及其他主義，而有危害黨國之言論者；4、對本黨主義政綱，政策，及決議，惡意詆毀者；5、對本黨及政府之設施，惡意詆毀者；6、挑撥離間，分化本黨危害統一者；7、誣衊中央，妄造謠言，淆亂人心者；8、挑撥離間及分化國族間各部分者。」該條例規定處理辦法條有：「謬誤者糾正或訓斥之」；「反動者查禁查封或究辦之」。這一《標準》的頒布，預示著註冊登記制向審查制的發展傾向。

　　自 1933 年起，國民黨當局的新聞統制政策發生了較大的變化，不再實施原來的審查追懲制度，而開始推行旨在事前預防的新聞檢查制度。國民黨中央先後通過和頒布了《檢查新聞辦法大綱》、《新聞檢查標準》、《重要都市新聞檢查辦法》、《各省市新聞檢查所新聞檢查規程》、《各省市新聞檢查所新聞檢查違檢懲罰暫行辦法》等一系列有關文件。據此，國民黨當局先後在上海、北平、天津、漢口等重要都市設立了新聞檢查所，由當地政、黨、軍三方機關派員組成。

　　1934 年，國民黨當局又將這一制度推廣到圖書雜誌。4 月 5 日，國民黨中央執委會常務會議通過《中央宣傳委員會圖書雜誌審查委員會組織規程》。6 月 1 日，國民黨中央宣傳委員會發布《圖書雜誌審查辦法》，根據上述文件的規定，「凡在中華民國境內之書局、社團或著作人所出版之圖書雜誌，應於付印前依據本辦法，將稿本呈送中央宣傳委員會圖書雜誌審查委員會申請審查」，審查委員會有權刪改稿本，刪掉的地方不許留下空白。國民黨當局首先在上海設立了圖書雜誌審查委員會，然後推向全國。1934 年 6 月 6 日，國民黨中央設立了中央圖書雜誌審查委員會，由著名的特務潘公展任主任委員，開始對圖書雜誌在付印前進行審查，用潘公展的話說，「稍有不妥，就要刪改；寧可多刪多改，不可放鬆過去」。當時擔任中央圖書館雜誌審查委員會社會科學組副組長的戴鵬天承認，他是「做了文化上的劊子手」。國民黨還在中央專門成立了新聞檢查處，由賀衷寒擔任處長，負責全國新聞檢查工作。1935 年 7 月 15 日，國民政府立法院頒布了《修正出版法》，規定報刊應於「首次發行前，填具登記申請書，呈由發行所所在地之地方主管官署核准後，始得發行」。這兩個法規，實際上將由原《出版法》規定的註冊登記制改成了干涉輿論自由的審查批准制。這一改動一直延續到國民黨退出大陸。〔註 1〕

　　據統計，1927 年 4 月至 1937 年 7 月 10 年間，被國民黨政權各檢查機構查禁的社會科學書刊達到 1028 種、進步文藝書刊 458 種。其罪名是：「含有反動意識」、「攻擊黨政當局」、「挑撥階級鬥爭」、「宣傳共產主義」、「不妥」、「欠妥」、「鼓吹抗日」、「普羅文藝」、「左傾」、「言論反動」、「妖言惑眾」、「譏評政府」等等。針對這種文化專制主義行徑，魯迅先生曾憤慨地說：「他們的嘴就是法律，無理可說。……一切刊物，除胡說八道的官辦東西和幫閒湊趣的『文學』雜誌而外，較好的都要壓迫得奄奄無生氣的。」〔註 2〕

　　抗戰爆發後，鑒於中國進入戰時狀態，國民黨政府頒發了一系列戰時新聞檢查法令，建立和健全戰時新聞檢查制度。1938 年頒布的《戰時圖書雜誌原稿審查辦法》和《修正抗戰期間圖書雜誌審查標準》，要求所有出版物須重新送「中央圖書雜誌審查委員會」審查，發給審查證，印在封底上，才能出版。對圖書雜誌採取原稿審查辦法，對所有未經原稿審查的書刊一律予以取締。1938 年國民黨政府中央圖書雜誌審查委員會還編印了《書刊查禁理由提要》。

〔註 1〕　江沛：《南京政府時期輿論管理評析》，《近代史研究》，1995 年第 3 期，頁 98。
〔註 2〕　參見江沛：《毀滅的種子：國民政府時期意識管制分析》，西安：陝西人民教育出版社，2000 年 3 月版。

　　為了加強對新聞出版業的審查體制建設，國民黨中央宣傳部成立了一系列的專門機構。1939 年春天，國民黨中央成立軍委會戰時新聞檢查局，統一新聞檢查大權。「軍檢局」成立後，首先對新聞檢查機構升級和調整。在全國設立了重慶、成都、西安、桂林、昆明五大特級新聞檢查處，升各省新聞檢查所為新聞處，其負責人為少將或上校級別。省以下都設立新聞檢查室，各普通縣市亦由各縣市政府設立專科管理新聞報紙的檢查。這樣，國民黨建立起了一個從中央到縣、市一級，從報刊社、出版社到印刷所、書店的新聞出版檢查的網絡，使其新聞出版檢查制度得到進一步強化。層次不一的各級新聞官員們，依據多如牛毛的法令進行審查。「上至言論，下至廣告，無事不檢，無字不查」。凡被認為「有不利影響之消息」、不符合標準的新聞、社評、書稿等，都加以刪改或扣留，甚至「任意禁載而無法律根據」。被刪改文稿還不得留下空白，「業經審查之原稿，出版時不得更動，尤不應將未經審查之稿件排入」；「各雜誌免登稿件，不能在出版時仍保留題名，並不能在編輯後記或編輯者言內加以任何解釋與說明。其被刪改之處，不能注明上略、中略、下略等字樣，或其他任何足以表示已被刪改之符號」；也不許「開天窗」、「打××」。「於是，讀者就看不見檢查刪削的痕迹，一切含糊和恍惚之點，都歸於作者身上了」。

　　學者王本朝評價道：40 年代的文化出版因社會時局的大變化而顯得更為活躍，同時受到的文化審查和人身迫害更加殘酷、可怕。1941 年，在僅僅半年多時間裏，國民黨政府在重慶成立的中央圖書雜誌審查委員會就查禁了 961 種書刊。鄒韜奮在自傳《抗戰以來》裏以長達 9 節的篇幅生動地敘述了與審查老爺們的糾纏，並對審查老爺們對文學和社會科學的「貢獻」有過分析和說明。他說審查「老爺們高興怎麼辦」就「怎麼辦」，辦刊者任他們巧立名目，任意扣留、刪改稿件，還必須「絕對服從」審查老爺的「命令」。與他們講理，他們的回答是：「你和我講理沒有用！只有處於平等地位的彼此才可以講理，我是主管機關，我說怎麼辦就要怎麼辦。你和我是不平等的，你不能和我講理！」。文化審查不僅僅是一種文化制度，而是如福柯所說的政治權力。鄒韜奮稱他們是「整個政治未改善的情況下的寄生蟲」，審查老爺對送審內容可以任意實施「刪除」、「修改」和「扣留」，這並不是什麼文字或文學的問題，而有「政治上的意義」。〔註3〕

〔註 3〕 王本朝：《文學審查與中國現代文學》，《現代中國文化與文學》，2005 年第 2

二、對「違禁」報刊的處理

　　國民黨政府在對書報實施檢查的過程中，對「違禁」報刊的處理可謂形式多樣，手段繁多。現以《生活》傳媒系列爲例，從刊物的出版發行、報刊內容、出版社、編輯記者幾個方面來闡述政府的處理措施。

　　一、《生活日報》的籌辦和被扼殺。1932 年 3 月，鄒韜奮與徐伯昕、戈公振等計劃創辦《生活日報》。3 月 5 日，鄒韜奮根據讀者來信，在《生活》周刊第 7 卷第 9 期上正式提出《創辦生活日報之建議》，繼之又登報公開招股，刊出《生活日報社股份公司章程》，規定由生活周刊社出資 3000 元，擔任無限責任股東，正式開始集資。《生活日報》原定資本三十萬，係兩合股份公司性質。《生活日報》的發起是應許多讀者的長期要求，所以一旦公佈招股，許多讀者因爲信任《生活》周刊，都希望能有一個具有同樣精神的日報，積極投股。建議書發表僅 10 天，已認股 4 萬元，在一個月內，有二千多《生活》周刊的讀者認股，總額達 15 萬元以上。鄒韜奮等人加緊制定計劃、研究健全的組織、討論報紙的篇幅、編排格式、內容分配、購置印刷機等設備等準備工作，並隨時將籌備情況在《生活》周刊上報告讀者。擬議中的《生活日報》總編輯是曾擔任《時報》記者及總編十幾年的戈公振。1932 年 5 月 7 日，鄒韜奮在《生活》周刊第 7 卷第 18 期上發表文章《〈生活日報〉與〈生活〉周刊》，緊接著，又在 5 月 14 日《生活》周刊第 7 卷 19 期上著文《再談〈生活日報〉與〈生活〉周刊》，相繼解釋了兩刊的異同，闡明《生活日報》和《生活》周刊是相輔相成的關係。但最後因政府不予登記而夭折，鄒韜奮等人被迫停辦《生活日報》。「那時國民黨中央黨部聞而震驚，聽說曾開會討論，想單獨投資十萬元，後來因知道是兩合公司，最多投資而亦無法操縱，只得作罷。《生活日報》原可順利產生，後因我受到政治的壓迫，實際上辦不起來。」〔註 4〕鄒韜奮發表《〈生活日報〉停辦通告》，聲明「本報之籌辦動機純正，毫無背景，最近以股款業已認足，正在積極進行以副建議及贊助諸君之厚望，乃報猶未出，已有宵小蒙蔽當局，肆意誣陷。竊以公正言論非有相當之法律保障難以自存，在不佞尤不願以二千餘人辛勤湊集之資作無代價之孤注一擲，故特決定停辦」。繼而又於 1932 年 10 月 22 日《生活》

　　　　期，頁 170。
〔註 4〕鄒韜奮：《經歷・患難餘生記》，長沙：嶽麓書社，1999 年版，頁 171。

周刊第 7 卷第 42 期上發表《〈生活日報〉宣告停辦發還股款啓事》,「惟自近月來《生活》周刊遭受壓迫日在掙扎奮鬥之中,就日前形勢言周刊存亡未卜朝夕,在此環境之下,日報即令勉強出版,亦難為民眾喉舌。韜奮受二千餘股東付託之重不願冒昧將事,為此決定停辦所有股款」〔註5〕。將已經招得的全部股款及利息由銀行退還入股者。

二、對《生活》「禁郵」。1932 年 1 月 9 日,《生活》周刊第 7 卷第 1 期上發表鄒韜奮的《我們最近的思想與態度》,文中指出:「我們所信守的正義,是反對少數特殊階級剝削大多數勞苦民眾的不平行為;換言之,即無論何種政策與行為,必須顧到大多數民眾的福利,而不得為少數人假借作特殊享用的工具。」;「深刻認識到,剝削大多數民眾以供少數特殊階級享用的資本主義的社會制度終必崩潰,為大多數民眾謀福利的社會主義的社會制度終必成立。一方崩潰,一方成立,在時間上的遲早,則視努力的程度以為衡」。1932 年 7 月 2 日《生活》周刊第 7 卷第 26 期上又發表了鄒韜奮的《我們最近的趨向》一文,文中闡釋:「本刊雖未加入任何政治集團的組織,但我們卻有我們自己的立場;凡遇有所評述或建議,必以勞苦民眾的福利為前提,也就是以勞苦民眾的立場為出發點。……我們認為中國乃至全世界的亂源,都可歸結於有榨取的階級和被榨取的階級,有壓迫的階級和被壓迫的階級,要消滅這種不幸的現象,只有社會主義的一條路走,而絕非行將沒落的資本主義和西洋的虛偽民主政治的老把戲所能挽救。所以依客觀的研討,中國無出路則已,如有出路,必要走上社會主義的這條路。我們對於此點既有深刻的認識,絕對不願開倒車。」這兩篇文章公開宣傳社會主義,自然為當局所不能容忍。1932 年 7 月,國民黨以「言語反動,詆謗黨國」的罪名下令郵局對《生活》「禁郵」,禁止《生活》周刊在河南、湖北、江西、安徽等省郵遞。〔註6〕1932 年 10 月 14 日,國民黨政府上海市公安局覆市黨部封禁《生活》周刊,「奉令依照出版法辦理」。1932 年 11 月,鄒韜奮在自己的袖珍日記本上記錄兩則國民黨中央密令迫害《生活》周刊的文字:「第一次接中央密令飭新聞檢查員會同公安局停郵」,「第二次接中央密令(電報)云生活改變寄遞方法立派幹員

〔註 5〕 鄒韜奮著,鄒嘉驪主編:《韜奮新聞出版文選》,上海:學林出版社,2000 年版,頁 106～107。
〔註 6〕 錢小柏、雷群明編著:《韜奮與出版》,上海:學林出版社,1983 年 6 月版,頁 198。

會同公安局守候各碼頭及各報販停止送買」，「惟無封閉字樣」，「十月十四日公安局覆市黨部封禁生活周刊奉令依照出版法辦理」。〔註7〕1933 年 7 月，《生活》周刊被禁止全國郵寄。

《生活》周刊遭國民黨政府全國禁郵後，向來關心文化事業的國民黨元老蔡元培曾連發兩電，要求國民黨中央解禁《生活》，均遭拒絕。1933 年 11 月 3 日，國民黨中央宣傳委員會主任邵元沖覆電蔡元培：「蔡孑民先生賜鑒：世電奉悉。《生活》周刊連載反動言論，如聽其溯鼓，混淆是非，影響頗巨，故中央不得不予以查禁之處分。兩承電示，深欽仁懷。但當茲扶植正當言論、糾繩謬詖詞之際，非俟該報懇切自動表示悛悔之決心，力端言論之趨向，遽予寬假，似有困難。詳情容駕返京時面陳。謹先電覆，諸其鑒諒。弟邵元沖叩。」〔註8〕鄒韜奮最初認爲這只是個誤會，「因爲《生活》自問只有在政策上批評的態度，並沒有反政府的態度，所以先從解釋誤會下手」。黃炎培又託曾與蔣介石結拜訂爲「盟兄弟」的國民黨政要黃郛代爲溝通，但拿回來的卻是一厚本《生活》合訂本，蔣介石把《生活》合訂本上批評政府的地方都用紅筆劃了出來，說：「批評政府就是反對政府，絕對沒有商量的餘地！」〔註9〕對此，鄒韜奮則表示：「我的態度是頭可殺，而我的良心主張，我的言論自由，我的編輯主權，是斷然不受任何方面任何個人所屈服的。」1932 年 10 月 22 日，他在《生活》周刊上著文聲明：「所要保全的是本刊在言論上的獨立精神──本刊的生命所靠託的唯一的要素。倘本刊在言論上的獨立精神無法維持，那末生不如死，不如聽其關門大吉，無絲毫保全的價值，在記者亦不再作絲毫的留戀」。

三、封閉《生活》周刊。1933 年 11 月，以陳銘樞、蔡廷鍇爲首的國民黨內抗日派在福建成立人民政府，號召反蔣抗日。《生活》在「小言論」專欄發表了胡愈之執筆的《讓民眾起來吧》一文。文章呼籲，「真正的民族革命，卻不是軍閥官僚政客所能包辦的，必須是由民眾直接發動，民眾直接鬥爭，才能達到最後的勝利。現在這時機是不容再遲延了，讓民眾自己起來吧！」國民黨上海黨部再也容不下這份屢屢出軌的雜誌。1933 年 12 月 8 日，國民黨政

〔註 7〕鄒韜奮：《韜奮全集》第四卷，上海：上海人民出版社，1995 年版，頁 461～462。
〔註 8〕鄒嘉驪編著：《韜奮年譜》（中卷），上海：上海文藝出版社，2005 年版，頁 455。
〔註 9〕鄒韜奮：《經歷‧患難餘生記》，長沙：嶽麓書社，1999 年版，頁 171。

府以同情福建人民政府和「言論反動、思想激進、毀謗黨國」的罪名，密令查封《生活》周刊。〔註10〕1933 年 12 月 16 日，歷時八年，從未脫期的《生活》周刊出版了最後一期——第 8 卷第 50 期，刊出已流亡在歐洲的鄒韜奮早在一年多前就準備好的《與讀者諸君告別》一文：「本刊自東北國難發生以來，愈痛於帝國主義的侵凌與軍閥官僚的誤國，悲愴憤慨，大聲疾呼，希望能為垂危的中華民族喚起注意與努力，不料竟以此而大招政府當局的疑忌，橫加壓迫，愈逼愈厲，本刊在以往三個月裏無日不在驚風駭浪中掙扎奮鬥，記者持筆草此文時，已得到即將封閉本社的確息，我們尋遍了《出版法》的規例，不知犯了那一條，政府封閉本社，也不知根據了那一條。但是本刊在政府威權之下，已無繼續出版之可能，本刊為正義而奮鬥，已到了最後的一步，預計本期和讀者諸君相見的時候，本社已被封閉，可以說是與諸君告別的一期。……記者所始終認為絕對不容侵犯的是本刊在言論上的獨立精神，也就是所謂報格。倘須屈服於干涉言論的附帶條件，無論出於何種方式，記者為自己的人格計，為本刊報格計，都抱有寧為玉碎，不為瓦全的決心。記者原不願和我所敬愛的讀者遽爾訣別，故如能在不喪及人格及報格的範圍內保全本刊的生命，固所大願，但經三個月的掙扎，知道事實上如不願拋棄人格報格便毫無保全本刊的可能，如此保全本刊實等於自殺政策，決非記者所願為，也不是熱心讚助本刊的讀者諸君所希望於記者的行為，故毅然決然聽任本刊之橫遭封閉，義無返顧，不欲苟全。」

四、《新生》事件。1935 年 5 月 4 日，《生活》周刊的姊妹刊《新生》周刊第 2 卷第 15 期上發表署名易水（實係該刊編輯艾寒松的筆名）寫的《閒話皇帝》雜文，談論古今中外的君主制度，其中說到日本的天皇。他說：「日本天皇是一個生物學家，對於做皇帝，因為世襲的關係，他不得不做，一切的事，雖也奉天皇的名義而行，其實早作不得主」、「日本軍部，資產階級，是日本真正統治者。」此文發表前送國民黨上海的審查機關審查通過，出版後又審，並按例送國民黨中宣部複審。但是，引起日方的強烈抗議，先是日本浪人在虹口遊行滋事，6 月 7 日和 6 月 24 日，日本駐上海領事以「侮辱天皇，妨害邦交」為由，向國民黨政府提出封禁《新生》周刊、沒收第 2 卷第 15 期《新生》、嚴辦《新生》主持人杜重遠和《閒話皇帝》作者易水、懲辦上海中

〔註10〕周為筠：《雜誌民國刊物裏的時代風雲》，北京：金城出版社，2009 年版，頁130。

央圖書雜誌審查委員會、向日本道歉等無理要求。同時在上海調兵遣將，進行武力威脅。懾於「友邦驚詫」，國民黨政府爲平息日方，訓令上海市政府向日本道歉，撤換上海市警察局長，並當即查封《新生》周刊，並對《新生》雜誌主編杜重遠提起公訴。國民黨中央宣傳委員會還爲此事電令各級黨部及新聞出版界，加緊查禁抗日言論，取締抗日活動。1935 年 6 月 10 日，南京最高當局發出禁止全國排日、排外的《敦睦邦交令》，明令「凡我國民對於友邦，務敦睦誼，不得有排斥及挑撥惡感之言論行爲」，否則「定予嚴懲」。在 7 月由法院審理此案，杜重遠拒絕交出《閒話皇帝》一文作者，最後判處杜重遠徒刑一年零兩個月；暫時取消國民黨中央圖書雜誌審查委員會上海分會，審查工作由黨務部門轉到了政府部門。《新生》周刊散發了《告別讀者諸君》傳單，要大家記住這一屈辱。上海各界群眾成立「《新生》事件後援會」，全國民眾抗日救亡怒潮進一步掀起。

三、對待編輯報人：收買與迫害並舉

國民黨當局對付鄒韜奮，可以說是「軟硬兼施」。在查禁刊物的同時，多次派人說服鄒韜奮放棄他的政治主張。1932 年蔣介石派心腹將領胡宗南把鄒韜奮找去，和他探討辦刊物的宗旨問題，要求《生活》周刊改變立場。和胡宗南辯論了四個鐘頭，主要是辯論抗日問題和《生活》周刊的主張問題。鄒韜奮稱「我們只擁護抗日政府」〔註 11〕。這是第一次國民黨對於鄒韜奮的高規格的「勸說」。

見胡宗南遊說失敗，蔣介石於是直接對主辦方職教社施壓，讓黃炎培去扭轉《生活》方向。黃炎培一向十分贊同《生活》的輿論導向，對周刊給與最大的經濟權利和辦刊自由，分文不取利潤。黃炎培每次對老蔣的要求都敷衍了事，這次也不例外。〔註 12〕

鄒韜奮曾撰寫《輿論的力量》一文，闡述了強權壓制不了輿論的觀點：「民主政治的社會最注重民意的表現，表現的方法除選舉外，便是輿論。……個人或少數人的言論何以又能發生偉大的力量呢？這絕對不在執筆的個人或少

〔註11〕　上海鄒韜奮紀念館編：《韜奮的道路》，北京：三聯書店，1958 年版，頁 16～17。

〔註12〕　周爲筠：《雜誌民國刊物裏的時代風雲》，北京：金城出版社，2009 年版，頁127。

數人的自身，卻在所發表的言論確是根據正確的事實和公平的判斷，確能言人所欲言，言人所不敢言（這一點當然也還須有著相當的客觀條件），才真夠得上輿論，才能發生輿論的偉大力量。所以『輿論』這個重要的——也可以說是神聖的——寶物，不是有錢辦報，有筆寫文，就可以奪取到手的；也不是強迫任何人拿起筆來寫出你所要說的文章，送到讀者的手裏，就可以發生什麼輿論效力的。有錢有勢的人儘管可以壓迫輿論，收買輿論，乃至摧殘輿論，但這些手段只是做到表面上像煞有介事，在實際上絲毫收不到所希望的輿論的效果，因為『輿論』這個寶物也是奇物，真正的輿論有如真理，無論如何是壓不下去的。」〔註13〕1941年2月，國民黨圖書雜誌審查委員會以「完全出於派系私利的立場」為罪名，扣留了本文。

1932年10月22日，鄒韜奮在《生活》周刊第7卷第42期上發表了《為什麼要保全〈生活〉》，闡明自己盡全力經營《生活》周刊的原因，既非為本刊的資產，又非為保全個人的得失，「所要保全的是本刊在言論上的獨立精神——本刊的生命所靠託的唯一的要素。倘本刊在言論上的獨立精神無法維持，那末生不如死，不如聽其關門大吉，無絲毫保全的價值，在記者亦不再作絲毫的留戀」〔註14〕。

1933年6月18日，中國民權保障同盟總幹事楊杏佛，遭國民黨特務暗殺，「同盟」執委鄒韜奮也被列入黑名單。1933年7月到1935年8月，鄒韜奮為躲避國民黨迫害被迫離開上海，前往歐洲考察，開始了他的第一次流亡生活。在鄒韜奮出國期間，由徐伯昕負責店務，胡愈之、艾寒松負責編務。

鄒韜奮回國後，1935年底，南京當局派出了要員張道藩與劉健群進行勸說，由鄒韜奮在上海出版界的朋友邵洵美作介紹人，地點在邵洵美家。張道藩當時擔任國民黨中央宣傳部部長，劉健群是復興社的總書記。談及敏感的抗戰問題，鄒韜奮問到中國是否應該停止內戰，團結全國一致禦侮？劉健群說這全憑領袖的腦殼去決定，提倡對領袖的絕對服從。鄒韜奮反駁說：救亡運動是愛國民眾的共同要求，絕不是一二人或少數人腦殼所能創造或捏造出來的。民間的愛國運動，盡可被作為政府的外交後盾，不必即視為反政府的

〔註13〕鄒韜奮：《輿論的力量》，見《我的出版主張》，南寧：廣西教育出版社，1999年版，頁85～86。

〔註14〕鄒韜奮著，鄒嘉驪主編：《韜奮新聞出版文選》，上海：學林出版社，2000年版，頁321。

行為。鄒韜奮聲明希望蔣先生領導全國抗戰，成為民族領袖，對領袖當然尊重，但對劉健群所主張的「領袖腦殼論」卻不敢苟同。這次談話依然沒有達成共識和結果。鄒韜奮隨後還在《大眾生活》上發表了《領導權》一文，駁斥了劉健群的「領袖腦殼論」，認為這種領袖觀是獨裁而非民主的領袖觀，稱民意機關便是最優秀民眾的「腦殼」聚集所。

蔣介石決定親自召見鄒韜奮，曾經讓上海灘的「頭面人物」杜月笙約請鄒韜奮到南京「當面一談」。為了免去鄒韜奮對安全的擔心，杜月笙自願陪同往返。他還告訴鄒韜奮，南京方面派戴笠親自到車站迎接。但當時鄒韜奮已加入全國各界抗日救國聯合執行委員會，是執行委員之一。在和救國會同志協商後，決定不去南京。鄒韜奮最終拒絕了這個非同尋常的邀請。在未完成的遺作《患難餘生記》中，鄒韜奮饒有興致地記述了故事的尾聲，第二天戴笠仍奉蔣介石之命去南京火車站接人，接不到人，只能原車返回。不料天降大雨，道路泥濘，半路車子翻了，弄得戴笠滿身污泥狼狽不堪。鄒韜奮寫道：「在他們看來，我大概是一個最不識擡舉的人！」三年後，在重慶，鄒韜奮才知道，那次蔣介石約他「當面一談」的目的，是要他做「陳布雷第二」。鄒韜奮當然不會去南京，也絕不會做「陳布雷第二」。他不肯就範，結果只有流亡香港。〔註15〕香港淪陷後，又赴新四軍解放區。

鄒韜奮去世後，凱豐在《紀念韜奮先生》一文中盛贊韜奮先生的為人，「不為官爵所動，不為威武所屈。我記得一九三八年在武漢時，當時國民黨用一切力量勸他加入國民黨，以官爵誘他，以三民主義青年團中央幹事誘他，他始終堅決拒絕了。而當皖南事變正是危機的時候，他憤然辭去了國民參議員，仗義執言，反對國民黨的倒行逆施。我也記得在一九三九、一九四○年時國民黨當局以武力威嚇生活書店總店時，他並沒有屈服，也沒有接受國民黨當局的任何一個條件」。〔註16〕

四、打壓封閉生活書店

生活書店的前身是《生活》周刊社，鑒於《生活》周刊隨時可能被扼殺，鄒韜奮和同事們採取了一系列措施以減少損失。胡愈之提議創辦一家書店，

〔註15〕鄒韜奮：《經歷·患難餘生記》，長沙：嶽麓書社，1999 年版，頁 232。
〔註16〕上海鄒韜奮紀念館編：《韜奮的道路》，北京：三聯書店，1958 年版，頁 16～
　　　17。

不但可以出版書籍和其他出版物，又多了一塊宣傳陣地。一旦《生活》周刊被封，換個刊名又可重新出刊。1932 年 7 月，徐伯昕與鄒韜奮、胡愈之一起在「《生活》周刊書報代辦部」基礎上創辦生活書店。鄒韜奮爲總經理。徐伯昕任經理，是生活書店的法人代表，生活版書刊的發行人。

國民黨當局起先企圖收買生活書店，出錢出人，不加還價。「國民黨的反動統治動員一切力量來壓迫摧毀韜奮先生所創辦的文化事業，開始企圖想用政府的經濟優勢來壓倒生活書店，用大批的經濟力量津貼屬於國民黨的書店，出版大批反動書報，開辦大批反動書店，用定價比成本還低的辦法，甚至不要錢贈送的辦法，來與生活書店競爭。但是這些辦法結果都失敗了，因爲沒有讀者或者很少讀者進它的門。而生活書店卻總是有著川流不息擁擠不堪的讀者在那裏。這樣國民黨又不得不憑藉它的獨裁政治的力量，封閉了幾十家生活書店分店，查禁了幾百種生活書店出版的書。」〔註 17〕

當局針對生活書店的打壓是逐步加強的。1939 年 3 月，重慶警備司令部奉圖書審查委員會令，強行將生活書店重慶分店門市部中艾思奇所著 170 餘本《思想方法論》拿走，並蠻橫地要把分店經理及會計帶走。徐伯昕得悉消息後，當即持註冊證書去圖書審查委員會據理力爭，警方理屈窮詞，只得作罷。

生活書店各分支店中最早被封的是西安分店，1939 年 4 月 21 日，國民黨第一戰區政治部、陝西省黨部會同省會警察局，查封生活書店西安分店。強行沒收已註冊准予發售的書刊 1860 冊及個人財物，經理周名寰被捕，並迫令停業。鄒韜奮與徐伯昕獲悉後，即去國民黨中宣部交涉，未果。周名寰患有肺病也不准保釋就醫，後來周病死在集中營裏。4 月 30 日，南鄭支店被搜查，經理賀尚華被拘押。

1939 年 6 月，國民黨當局派警察突然包圍生活書店，派出幾個會計專家查書店帳目，企圖從中找出共產黨資助的證據，以進一步迫害書店，結果也毫無所獲。1939 年 7 月 4 日，國民黨中宣部副部長潘公展約鄒韜奮與徐伯昕談話，轉告中宣部長葉楚傖指示，強迫生活書店與官方的「正中書局」、「獨立出版社」聯合組織總管理處或成立董事會，主持總的出版營業方針。請鄒韜奮出任總經理，管理所屬三個出版機構，各店對外的名稱保持不變。書店直接由國民黨中央黨部領導，並由他們委派總編輯。並在外揚言，不合併，

〔註 17〕上海鄒韜奮紀念館編：《韜奮的道路》，北京：三聯書店，1958 年版，頁 16～17。

就全部消滅。正中書局是國民黨 1933 年創辦的出版機構，總局負責人是陳果夫。獨立出版社的董事長是陳立夫。鄒韜奮當然不會同「二陳」的出版機構合併，這樣做會使生活書店失去店格，「我認爲失去店格就是滅亡，與其失去店格而滅亡，還不如保全店格而滅亡」，所謂聯合與合併，不過是消滅與吞併的別名罷了，絕對不能接受。鄒韜奮與徐伯昕當即嚴詞拒絕，堅定表示：「寧可封店，決不屈服」。最後由國民黨主管文化出版的劉百閔出面再與鄒韜奮做最後的談判。劉百閔又提出另一個方案，即政府給生活書店注資成爲股東，派兩個人掛個空職「監督」，讓政府放心。鄒韜奮又嚴詞拒絕，理由是：民辦事業是國家法律所允許，生活書店一向遵守法令，已經接受法律監督，不能再受派人「監督」。劉百閔最後攤牌說，這是蔣總裁本人的主意，不能違反。鄒韜奮則回以「寧爲玉碎，不爲瓦全」，談判宣告破裂。

在合併談判破裂後，封店捕人的事故又不斷發生。生活書店各地分店相繼被查封，到 1940 年 6 月，生活書店所建立的 55 個分支店，只剩下了 6 個。40 多名員工被逮捕或強迫押送出境，大批出版物遭到沒收，公私財產被侵吞。鄒韜奮一再向國民黨中央文化主管部門交涉，都推說是「地方事件，不是中央政策」。在交涉過程裏，國民黨特務頭目徐恩曾、戴笠都找鄒韜奮談話，勸他加入國民黨，但遭到了拒絕。他說，「我覺得以國民的立場較國民黨員的立場爲佳」。1941 年 2 月 7 日至 21 日，成都、桂林、貴陽、昆明、曲江五個分店先後被國民黨當局查封或限期停業，最後只剩下了重慶分店 1 處權當做「言論自由」的裝飾。皖南分店的經理方鈞竟慘遭殺害。

1941 年 2 月 15 日，徐伯昕以生活書店總經理名，向行政院院長呈文，「請求迅予撤消查封成都、桂林兩地生活書店命令」，「以利抗戰事」，並認爲「生活書店爲恪遵法令、努力抗戰文化之正當商業機關，理應獲得法律之保障」。後又呈文要求撤消查封貴陽、昆明兩地生活書店的命令。1941 年 2 月 23 日，在第二屆國民參政會第一次會議開幕之前，鄒韜奮憤而辭去參政員之職，出走香港，抗議當局對書店和進步文化事業的迫害。1941 年 3 月，徐伯昕趁國民黨政府召開第二屆國民參政會第一次會議，撰寫《生活書店橫被摧殘的經過》，並散發給每個參政員。1941 年 4 月 3 日、6 日、10 日、13 日，徐伯昕在《新中華報》上連續刊載《生活書店橫被摧殘經過》一文。以詳盡具體的事實，闡述生活書店二十個分店被封及勒令停業的經過。以及書刊被非法扣留及查禁的情形，揭露了國民黨當局對抗日進步文化事業的摧殘迫害。

　　總之，在民國書報審查制度下，《生活》傳媒系列的出版發行舉步維艱，從一個側面反映了文化專制時代現代中國文學的生存狀態。

《生活》傳媒系列應對出版
審查的措施及生存智慧

盧　軍*

在二十世紀三十年代國民黨政府實施文化專制主義的時代，以言論「激進」著稱的《生活》周刊及生活書店的系列刊物卻屢次創下中國近代期刊發行史上的新紀錄。原因何在？本文探討了《生活》傳媒系列應對出版審查的諸多措施及生存發展的複雜因素。

一、應對出版審查舉措

一、機智應對出版審查。1936 年，生活書店經理徐伯昕考慮到《文藝日記》每頁都有高爾基、魯迅等名人語錄，就採取化整為零的辦法分批送審，而獲通過。魯迅先生隨筆《拿破崙與隋那》部分語錄最初就發表在其中。出版後當局審查官發現問題，急令禁售，日記已發售完畢。徐伯昕代表書店出庭，就有關當局誣告書店出版的《錦繡山河》一文妨礙「敦睦邦交」指控進行駁斥，並出示了國民政府內政部註冊證，上海公共租界法院只好不了了之。1939 年徐伯昕利用各地方當局對審查圖書雜誌標準的理解與掌握不同，出版了《新政治學大綱》、《社會發展史綱》、《新生代》等一批進步書籍。並將當局不敢公開反對的宋慶齡的《中國不亡論》等書送內政部批准註冊出版。1939 年 3 月 19 日，徐伯昕在生活書店《店務通訊》第 40 期上發表《處理檢查書刊問題》一文，指導書店在當時複雜形勢下，如何保存自己，減少損失的辦

* 盧軍，（1970～），女，文學博士，四川大學文學與新聞學院博士後，聊城大學文學院副教授，研究方向為中國現當代文學。

法，提出了「方法要十分謹慎，態度要和平，意志要堅決，有理由要申說得簡明而有力。要用不卑不亢的態度機動地來應付」的方針。並將當局有關書報檢查的法令、條例，擇要介紹，以便各店利用它們來應付檢查。

二、發表聲明反對當局審查原稿的辦法。1938 年 8 月 3 日，鄒韜奮在漢口《全民抗戰》三日刊第 9 號上發表《審查書報原稿的嚴重性》，指出「納全國思想於三民主義最高原則之下，訂立比較具體標準以審查書報，這個原則固為必要，而採取審查原稿的辦法，對於輿論的反映及文化的開展實有其莫大的妨礙」。提議「依所發表的審查辦法，本黨及各級黨政機關出版物，得免除原稿審查手續，但出版後需檢二份送中央審查機關備查。我們認為這個辦法也可實行於其他出版物，希望政府一視同仁，同樣地免除民間所辦的文化事業的艱苦困難。……在實際上，民間出版物既有政府所頒標準得資遵守，與黨政機關之須經監察者亦有同樣效用。……所以我們希望能受到同等的待遇」。希望當局在三民主義最高原則下，予以適當言論新聞自由，而不是「加以過於嚴苛的限制與束縛」〔註1〕。8 月 6 日，鄒韜奮又在《全民抗戰》三日刊第 10 號上發表《再論審查書報原稿的嚴重性》，從三個方面尖銳批評了當局審查書報原稿的危害性：第一點，學術的研究與進步全靠有相當範圍的思想自由。圖書要審查原稿，把思想自由的限度縮到過於嚴苛的地步，便使學術的研究與進步受到很大的障礙。第二點，依所公佈的辦法，除自然科學應用科學之無關國防者，及大中小學與民眾學校教科書外，原稿均須一律呈送所在地審查機關審查許可後，方准發行，凡政治經濟哲學以及文學藝術的書都包括在內，這是專門學者的心血結晶，而由黨政軍警機關派代表審查，不妥當，會使學術界蒙受莫大的損失。第三點，戰時印刷設備、材料的缺少，往往一本書的校樣要分做幾次送校，每次清樣送審查（即等於原稿）雖只延擱數天，合起來就是一二十天。在這期間，印刷所因材料不能撤除關係，又影響到其他書籍的排印。這種損失的總計，不僅是書業的苦難，抗戰期間文化界的苦難，也是國力的一部分的損失，會給印刷排印帶來很大麻煩。依所公佈的辦法，在《戰時圖書雜誌原稿審查辦法》施行以前出版的圖書雜誌，須先致送各地審委會經審查發給許可證後，始得發售。這種辦法勢必使出版業停頓起來。我們覺得當局儘管依據標準檢查已出版的書，如發現果有違反三民主義的原則，即依法處罰，不必因噎廢食，使一切的

〔註 1〕 鄒韜奮著、鄒嘉驪主編：《韜奮新聞出版文選》，中國韜奮基金會韜奮著作編輯部編，2000 年版，頁 234。

書都須爲著審查而陷入停頓的狀態。〔註2〕抗戰期間，鄒韜奮在重慶經常跑的地方有兩處，一是周公館，二是圖書雜誌審查委員會。他在國民參政會上提案，要撤銷圖書雜誌原稿審查的辦法，1939年，徐伯昕聯合新出版業負責人發表聲明，回應和支持鄒韜奮向國民黨第四次參政會提出的反對圖書雜誌原稿審查的議案。

三、應對禁郵。1932年10月《生活》周刊出版至六卷40期時，國民黨密令郵局停止收寄《生活》周刊，檢扣零散寄發的任何一期《生活》。當時《生活》周刊在上海本埠的銷售只占全部發行的一小部分，最大部分是要由郵局寄往外埠的，所以禁止郵遞對《生活》的銷量是一個嚴重打擊。在與國民黨當局疏通無效的情況下，鄒韜奮和徐伯昕決定不顧威脅和由此而來的困難，照常出版，不惜增加發行費用，採取各種對策。尋找各種運送辦法代替郵寄：對本埠訂戶，派人分送。上海市區的訂戶有一萬餘戶，雇用了七個臨時工，按市區劃分七片，用自行車遞送，仍準時在星期六這天把期刊送到訂戶手中。對外地鐵路沿線和航輪可以到達的縣城訂戶，用貨運辦法交當地經銷同業請代轉交，一部分還利用當時的民信局（民間企業，又叫『信客』）代送，還有一部分則採用改換包裝形式的辦法，到上海附近的郵局，仍舊由郵局寄發。國外訂戶商請外輪員工，攜帶到國外投郵。〔註3〕使刊物在民眾中繼續流傳。這樣一直堅持到1933年12月《生活》周刊被勒令停刊爲止。

四、應對查禁刊物。採取易名辦性質大同小異的刊物來應對禁刊。《生活》周刊在1933年12月被查禁後，鄒韜奮、徐伯昕等人馬上著手創辦新的刊物，在幾年間，新的刊物不斷被禁而更新的刊物總是前仆後繼，《新生》——《大眾生活》——《永生》——《生活星期刊》，承繼著《生活》的精神和宗旨，在三十年代滅滅生生，生生不息，薪火傳承，創刊停刊平均周期不到一年，但發行量總是創造著當時中國雜誌發行之最。鄒韜奮將上述四刊稱爲《生活》周刊的姊妹刊。

1、《新生》周刊。1934年1月，徐伯昕與胡愈之、艾寒松和畢雲程等商討，籌劃創辦一份繼承《生活》傳統和戰鬥精神的新刊物。《生活》周刊被查

〔註2〕 鄒韜奮著、鄒嘉驪主編：《韜奮新聞出版文選》，中國韜奮基金會韜奮著作編輯部編，2000年版，頁237。
〔註3〕 薛迪暢：《〈生活〉周刊的訂戶工作》，《新文化出版家徐伯昕》，中國文史出版社，1994年版，頁337～338。

封不到兩個月，生活書店於 1934 年 2 月 10 日創辦了《新生》周刊，由杜重遠任主編。杜重遠是遼寧省愛國實業家，與當時的淞滬警備司令蔡勁軍是舊友，所以刊物的註冊登記能夠得以順利通過。《新生》周刊繼承了《生活》的編輯傳統和原班人馬。正如鄒韜奮所說的：「在精神上是和《生活》一致的。這好像我手上撐著的火炬被迫放下，同時即有一位好友不畏環境的艱苦而搶先一步，重新把這火炬撐著，繼續在黑暗中燃著向前邁進。」鄒韜奮還在給好友戈公振的信中說：「《新生》為《生活》後身，乞兄為之撰文，表面上由杜重遠兄負責，一切仍屬舊貫，編輯由艾寒松兄負責，發行仍由徐伯昕兄負責。」徐伯昕對《新生》發行作出部署，通知原《生活》周刊定戶及批發戶，說明《新生》與《生活》的關係，並寄去創刊號試閱。由於《新生》繼承《生活》周刊傳統，以「求實現中國民族之新生」為宗旨，深受讀者歡迎，最高銷量達 10 萬多份，影響極大。1935 年 6 月因《閒話皇帝》事件被迫停刊，共出版 72 期。

2、《大眾生活》周刊。1935 年 11 月 16 日，《大眾生活》周刊創刊於上海，以替代《新生》周刊，由鄒韜奮任主編。徐伯昕部署了《大眾生活》周刊的宣傳與發行，創刊發行即達十五萬份。12 月，「一二・九」抗日救亡運動爆發。《大眾生活》以鮮明的立場，迅速作出反應，成為聲援這個偉大運動的喉舌，刊物暢銷海內外，最高銷量達 20 萬份，再創國內雜誌發行新紀錄。1936 年 2 月 29 日，《大眾生活》出至第 1 卷第 16 期，因宣傳抗日救國，又被國民黨當局下令停刊。

3、《永生》周刊。1936 年 3 月 7 日，生活書店出資創辦《永生》周刊，以接替停刊的《大眾生活》周刊，主編為金仲華。《永生》周刊繼承和發揚了鄒韜奮的辦刊風格，引領進步輿論界，報導和評論國內外時事，突出抗日救亡的時代主題，產生了重要的社會歷史影響。其用意正如金仲華在《求『生』的道路》中所說：「個人的生命應該放在健全的集團中，使它在集團的抗爭中延續下去，民族的生命在對於侵略壓迫者的不斷鬥爭中使它不致被消滅而能發展下去，獲得最後的解放。我們不能讓自己陷入悲觀和墮落，讓我們的民族流於消頹和畏怯。」這一段激昂的言詞充分說明「永生」二字的意義和創辦這一刊物的宗旨。1936 年 6 月 27 日，《永生》周刊出至 17 期，被國民黨當局封閉。

4、《生活星期刊》。1936 年 6 月，鄒韜奮在香港創辦了《生活日報》及

《生活日報星期增刊》。由於形勢的不斷發展變化，1936 年 8 月，徐伯昕協助鄒韜奮積極籌備香港《生活日報》遷滬出版事宜。由於當局不予登記，改名爲《生活星期刊》在上海出版，以接替被禁的《永生》周刊。《生活星期刊》開闢了多樣化的時事欄目，將重大新聞事件軟化處理，創造出使新聞更加活潑、增加讀者興趣的材料，它們或以討論抗日救亡的重大理論問題爲主旨，或直接揭露日寇侵華的事實，或反映在中華民族危急存亡最迫切的非常時期全國各族人民的反抗鬥爭。出版了二十八期後，被國民黨當局查禁。接下來是《國民》周刊（1937 年 5 月創刊）等，可以說是前仆後繼，而辦刊宗旨一以貫之，內在的思想和靈魂始終未曾中斷。

　　五、成立生活書店，作爲穩固的文化堡壘。生活書店的前身是《生活》周刊社，鑒於《生活》周刊隨時可能被扼殺，鄒韜奮和同事們採取了一系列措施以減少損失。胡愈之提議創辦一家書店，不但可以出版書籍和其他出版物，也等於又多了一塊宣傳陣地。一旦《生活》周刊被封，換個刊名又可重新出刊。1932 年 7 月，徐伯昕與鄒韜奮、胡愈之一起在「《生活》周刊書報代辦部」基礎上創辦生活書店。本版書的自編、自印、自己出版發行由此發端。生活周刊社同時脫離了中華教育職業社。1933 年 12 月 28 日，生活書店在南京國民政府實業部註冊，取得設字第 8760 號營業許可證，註冊資金爲國幣 15 萬元。鄒韜奮爲總經理，徐伯昕任經理，是生活書店的法人代表，生活版書刊的發行人。生活書店爲合作社組織，經營集體化，管理民主化，贏利歸集體。每一個工作人員都是書店的主人。出版發行宗旨是「努力爲社會服務，竭誠謀讀者便利」。書店的最高領導機構是理事會，由全體職工大會選出，處理書店的重大問題。這樣的出版經營企業，在當時的國統區是絕無僅有的。生活書店成立後，收效明顯：1、雜誌種類大增。有《文學》、《世界知識》、《婦女生活》、《太白》、《譯文》、《生活教育》等，都風行一時，雜誌訂戶突飛猛進；2、本版書大大增加，最初是以經售外版書爲大宗，此後自己也有了編印本版書的計劃；3、郵購戶大增；4、創制了全國出版物聯合廣告，首創十大銀行免費匯款，以便讀者定購書報。

　　1936 年 5 月，籌劃多時的生活書店第一個分店——漢口分店成立。1938 年 1 月 22 日，爲了配合抗戰，配合書店向全國發展業務的需要，生活書店總店編印的內部刊物《店務通訊》出刊。1938 年 5、6 月間，在《中央日報》、《大公報》上刊登了徐伯昕親自設計的生活書店在全國的分佈圖廣告，以期擴大

書店在廣大讀者中的影響。1939 年 3 月 13 日，爲書店成立讀者顧問部，主旨「是爲讀者解答關於讀書上生活上所發生的疑難問題」。並組織一個「推薦圖書委員會」，每兩個月就本店出版書籍中推薦一冊或兩冊爲「生活推薦書」，並不定期選擇有價值的圖書（不限於本版）介紹給讀者，還擬訂了「生活推薦書發行辦法」。鄒韜奮說，這「在中國可以說是創舉」〔註4〕。1939 年，在鄒韜奮、徐伯昕及全體同人努力下，生活書店由上海一隅之地，逐漸擴充到在全國的分支店達 56 個，遍及十四省，工作人員達四、五百人，成爲「逆流中的一個文化堡壘」。

1940 年 3 月 20 日，生活書店在渝召開社員大會，徐伯昕以 127 張最高票數當選總經理。鄒韜奮盛贊徐伯昕：「徐先生是本店事業的舵手，十餘年來引導全體同人渡過了不知多少驚風巨浪，才把本店的事業締造成目前的規模。我們的事業之船在商業競爭的海洋中行進，每個同人都熱烈擁戴這位熟練無比的舵手，是毫無疑義的。」1940 年 7 月 30 日，徐伯昕撰《再談定價問題》發表於《店務通訊》98 期，重申書店是「靠自己的收入來養活自己」，「最低限度是要在不虧本的條件下來爲文化事業努力」，才能在長期抗戰中支持下去的觀點。

柳湜在《我們這一代正需要的精神》，盛贊鄒韜奮創立生活書店的遠見：「韜奮先生能夠堅持輿論的崗位至二十年，書店是他的基礎。『生活周刊』停刊，『新生』出世；『新生』查禁，『大眾生活』出現了；『大眾生活』遭難，『永生』又生（新生、永生二刊，名義上非他主編，實際一脈相承）；『永生』雖未永生，『生活日報』發刊；日報自停，『生活星期刊』繼出；『生活星期刊』短命，八一三的炮火，又打出了『抵抗』（又名抗戰三日刊），發展而爲『全民抗戰』。及至『全民抗戰』被擊破，雖出走香港，又復打出『大眾生活』之旗。」「生活書店不僅是他個人政治鬥爭、文化鬥爭的物質基礎，也同時是抗戰前期中國革命文化運動的物質基礎（雖然不是唯一的），生活書店成了一切前進出版、發行的中心，生活書店出版進步刊物，實際上當時在全國雜誌界居於領導地位，通過這些刊物，團結了作家、讀者，起了偉大的宣傳、組織作用，維持住很多的前進作家簡單的物質生活（賣稿生活），使他們能在反「文化圍剿」中，頑強的作戰。它變成和革命不可分離的一部分。」〔註5〕吳玉章

〔註 4〕 鄒韜奮著、鄒嘉驪主編：《韜奮新聞出版文選》，中國韜奮基金會韜奮著作編輯部編，2000 年版，頁 241。
〔註 5〕 上海鄒韜奮紀念館編：《韜奮的道路》，北京：三聯書店，1958 年版，頁 23。

在《哀悼爲新民主主義奮鬥的戰士鄒韜奮同志》一文中也高度評價了生活書店對進步文化事業所起的積極作用：「近代中國文化界，在新聞事業、出版事業上，最有成績、最有創造能力的，要算鄒韜奮同志。經驗告訴我們，如果爲宣傳工作而不是爲一般營業的報紙，則一定是賠錢而且常常爲反動勢力所摧殘。韜奮同志深知這一切，因而在『九一八』後，一面以『生活周刊』來鼓吹抗日救國；一面創辦生活書店以作服務進步文化事業的中心，並藉以支持雜誌。因此一九三三年末，周刊雖遭國民黨當局封閉後，尚能繼續創辦『新生』、『大眾生活』、『永生』、『生活星期刊』、『抗戰』三日刊、『全民抗戰』。這些刊物雖屢遭當局封禁壓迫，而當其盛時發行至二十萬份以上，打破了報界的歷史記錄。它們在促進抗日民族統一戰線都起了很大的作用。……生活書店在全國發展至五十六分支店，以致國民黨當局企圖收買而不得轉而查封、捕人，使其不能存在。國民黨當局的反動誠可惡，而這些書報反因此而影響愈大，群眾的覺悟認識也更加深刻，反爲之作了宣傳工作，這是反動者始料所不及的。」〔註6〕

　　六、應對法律事件：聘用知名律師，利用法律手段維護自身權利。《生活》周刊常年聘任法律顧問陳霆銳、陸鼎揆二位著名律師。二人都是密歇根大學的法學博士，且與鄒韜奮私交甚密。陸鼎揆是鄒韜奮的同學。陳霆銳號稱「上海灘第二塊牌子」，因爲替五卅慘案的紗廠工人維權而名噪一時，就是他將鄒韜奮介紹給職教社社長黃炎培，當了《生活》周刊的編輯。1936 年，「七君子」沈鈞儒、鄒韜奮、李公僕、沙千里、史良、章乃器、王造時，因所謂的「非法組織上海各界救國會」等罪名遭到逮捕。陳霆銳與張志讓、俞鍾駱等律師不顧國民黨當局的高壓政策，組織了一個陣容強大意見一致的 21 人的辯護團，竭盡全力爲「七君子」進行辯護。他們以抗日愛國有功駁斥國民政府的「愛國有罪」，同時揭露政府當局捏造事實、陷害愛國人士的險惡用心，成功的辯護爲社會各界營救「七君子」營造了聲勢。1933 年，國民黨政府勾結法捕房，由租界法院起訴控告生活書店出版的《文學》月刊宣傳共產主義，徐伯昕出庭，並請史良律師協助辯護，將問題歸結爲未在法租界登記，以罰款了結。

　　杜重遠案：《生活》停刊後，改名《新生》，杜重遠任主編。1935 年 5 月 4 日因刊載了艾寒松以「易水」筆名寫的雜文《閒話皇帝》，南京政府懾於日

〔註 6〕　上海鄒韜奮紀念館編：《韜奮的道路》，北京：三聯書店，1958 年版，頁 24～5。

方外交壓力，立刻查封《新生》周刊，並以所謂「侮辱友邦元首」罪名，即日向杜重遠提起公訴。杜重遠此時正有事去了江西，當得悉之後，立即趕回上海主動「投案」。他將《閒話皇帝》原稿紙稿銷毀，聲言不知作者是誰，獨自承擔了責任。他的辯護律師是民國著名律師吳凱聲，吳凱聲是法國里昂大學法學博士，在吳凱聲前半生的律師生涯中最著名的當屬 1926 年爲被日本水手殘殺的中國車夫陳阿堂義務伸冤的「陳阿堂案件」。吳凱聲接手杜重遠案件時，上海日本僑民紛紛揚言誰敢出庭當辯護律師就打死誰。但吳凱聲毅然受命於危難，不帶幫辦律師，單槍匹馬上公堂。此案前後開庭兩次即結案。1935年 7 月 1 日，杜重遠在江蘇高等法院受審。他當庭證明：《新生》周刊依法登記，每期稿件都經中央圖書雜誌審查委員會審查批准，這篇文章按照「規定」送審過，獲得了通過，審查證號是「中宣會圖書雜誌審查委員會審查證字第一五三六號」，編者不能負責。法官無言以對，令杜交保金 500 元，隨傳隨到。但此案並未就此了結。7 月 9 日，法院二次開庭。江蘇高等法院第二分院檢查處起訴稱：「本案被告爲《新生》周刊編輯兼發行人。該《新生》周刊第 2 卷第 15 期內有易水所作《閒話皇帝》文，對各友邦元首均有論及，而於日本天皇所述尤多，且有誹謗言詞，經上海市公安局請求本處偵查。由本檢察官偵查之下，以著作人易水屢傳無著，而本案被告既屬編輯兼發行人，自應負其全責，請求法庭依法從重處斷。」〔註7〕吳凱聲發言進行辯論，主要闡明以下幾點：首先，《閒話皇帝》一文無絲毫攻擊侮辱友邦元首之處。其次，各國憲政均有公民享有言論自由之規定，日本無權干涉我國事。再次，文章發表時被告不在上海，不知者不罪，雖有失察之責，而被告已當庭道歉，亦可了事了。如果法庭還認爲被告應負刑事責任，那也請按照刑法第 41 條和 74 條之規定，予以緩刑或易科罰金處分。但是，他作爲一個律師對法律的理解來說，杜重遠不應負刑事責任，當宣告其無罪，立即釋放。辯論終結後退庭評議，隨後庭長郁華宣讀判決書：判處杜重遠有期徒刑一年零兩個月。吳凱聲立即表示不服，提出上訴要求，並爲不使杜重遠一嘗鐵窗風味，當即要求依法准許正在患病的被告交保就醫。對此，首席檢察官鄭鉞未予反對。杜案判決後，沈鈞儒、章士釗、江一平、查人偉、陸鼎揆等二十二位律師致函上海律師公會，要求對此次判決進行討論，指出該判決與立法意旨不符。1935 年 7 月 22

〔註 7〕 參見李勇軍：《再見，老雜誌──細節中的民國記錄》，北京工業大學出版社，
2010 年版，頁 144～145。

日，上海律師公會致函司法院，要求糾正江蘇高等法院第二分院對於杜重遠案的違法判決，直指這次判決「曲解法律，藐視人權，莫此為甚」。不久，杜重遠交保就醫，進了上海虹橋療養院，直到翌年 9 月獲釋。〔註8〕這次事件激起了廣大群眾特別是《新生》讀者的憤慨，紛紛組織《新生》讀者會，動員群眾募捐、寫信慰問、支持杜重遠。

二、依託可靠的背景、擁有廣泛的人際關係

　　一、鄒韜奮與國民黨的一些元老要人如蔡元培、陳布雷都有著間接或直接的私誼。蔡元培是職教社負責人黃炎培的老師。1917 年職教社成立後，蔡元培長期擔任職教社議事部議事員，對職教社的事業包括《生活》周刊始終予以關注與支持。1927 年間，鄒韜奮曾應《時事新報》經理張竹平之請兼該報秘書主任，當時陳布雷任該報主筆，二人為同事，私誼良好。《生活》第三卷第 17 期曾專門撰文《陳布雷先生的生平》予以介紹。〔註9〕

　　《生活》周刊的發展壯大與蔡元培、黃炎培的社會影響和大力支持密不可分。《生活》周刊隸屬於職教社，是中華職業教育社主辦的機關刊物。中華職業教育社 1917 年 5 月 6 日在上海成立，發起人為黃炎培、蔡元培、馬相伯、張元濟、伍廷芳、穆藕初、蔣夢麟等 48 人，皆為教育界、實業界知名人士。職教社的權力機關是議事部，由蔡元培出任主任。蔡元培與張靜江、吳稚輝、李石曾並稱「國民黨四大元老」，曾任南京中央監察委員會委員、國民黨中央政治會議委員、中央特別委員會常務委員、國民政府常務委員、監察院長、代理司法部長等職。職教社實際掌權部門辦事部，由黃炎培出任主任。黃炎培是中國近代職業教育的創始人和理論家。辛亥革命後，任江蘇省教育司司長，1917 年創辦職業教育，蔣介石也慕名送來兩個兒子蔣經國、蔣緯國就讀於黃炎培任首任校長的浦東中學。黃炎培對鄒韜奮極其信任，從不干涉周刊的運營，全面放手讓鄒韜奮自行支配。鄒韜奮說：「《生活》周刊所以能發展到後來的規模，其中固然有著好多的因素，但是可以盡量運用本刊自身在經濟上的收入——盡量運用這收入於自身事業的擴充與充實——這也是很重要的一點。關於這一點，我在上次已經略為談過了。所以能辦到這一點，我們

〔註8〕參見傅國涌：《追尋律師的傳統》，北京聯合出版公司，2012 年版。
〔註9〕參見趙文：《〈生活〉周刊與城市平民文化》，上海三聯書店，2010 年版，頁70。

不得不感謝職教社在經濟上的不干涉。但是還有一件更重要的事情，我尤其不得不感謝職教社的，是《生活》周刊經我接辦了以後，不但由我全權主持，而且隨我個人思想的進展而進展，職教社一點也不加以干涉。當時的《生活》周刊還是附屬於職教社的，職教社如要加以干涉，在權力上是完全可以做的，我的惟一辦法只有以去就爭的一途，爭不過，只有滾蛋而已。但是職教社諸先生對我始終信任，始終寬容，始終不加以絲毫的干涉。就這一點說，《生活》周刊對於社會如果不無一些貢獻的話，我不敢居功，我應該歸功於職教社當局的諸先生。」《生活》周刊初期的內容偏重於個人的修養問題、職業修養的商討。此後《生活》周刊應著時代的要求，開始研究社會問題和政治問題，漸漸轉變爲主持正義的輿論機關，多少是含著衝鋒性的，「幸而職教社諸先生深知這個周刊在社會上確有它的效用，不妨讓它分道揚鑣向前幹去，允許它獨立，由生活周刊社的同人組成合作社，繼續努力。在這種地方，我們不得不敬佩職教社諸先生眼光的遠大、識見的超卓、態度的光明」〔註10〕遇到《生活》周刊有難，蔡元培、黃炎培皆鼎力幫助。

　　二、杜月笙的影響。杜月笙是眾所周知的上海幫會領袖，上海是中國報業的發軔地，杜月笙深知新聞事業的重要，他著力結交各報館編採兩部的中堅分子。唐世昌、汪松年、趙君豪、姚蘇鳳、余哲文、李超凡等名報人成爲杜月笙的門生。杜月笙與黃炎培是浦東同鄉，黃炎培在上海組織浦東同鄉會的過程中，開始和杜月笙合作從事民間事業。二人曾一起組織上海市地方維持會支持十九路軍抗日。因《生活》周刊是黃炎培所在職教社的機關刊物，杜月笙對鄒韜奮頗爲庇護。有一段時期，《生活》周刊集中火力，向身爲「封建餘孽白相人頭腦」的杜月笙猛烈開火，幾乎每期都有攻擊杜月笙的文章。這件事激起杜氏門人的憤慨，要求杜月笙下令，給《生活》周刊點厲害的，去把報館砸了，杜月笙制止。後法租界當局下令封閉《生活》周刊和生活書店，並下令逮捕鄒韜奮等人，杜月笙得知此事後關照捕房的總探目：「這班賣字的也不容易，何必捉他們到捕房受罪。你們還是在前門喊喊，讓他們從後門口逃脫算了。警務處怪罪下來，我自家頂著」。總探目到了生活書店，果然按照杜月笙的意思，在大門口裝模作樣，大呼小叫，等鄒韜奮一班人從後門全部逃走，才一擁而入，自然一個人也不曾抓到，只在大門上貼張封條了事。後來《生活》復刊，就此不再攻擊杜月笙。蔣介石曾決定親自召見鄒韜奮讓他改變立場，讓上海灘的「頭面人物」杜

〔註10〕鄒韜奮：《我的出版主張》，1999 年版，廣西教育出版社，頁 9。

月笙約請鄒韜奮到南京「當面一談」。為了免去鄒韜奮對安全的擔心，杜月笙自願陪同往返，對鄒韜奮的庇護可見一斑。

三、經濟獨立是言論自由的基礎

鄒韜奮認識到「必須盡力賺錢」才能維護出版的公正與獨立。他在《事業性與商業性的問題》一文中闡述：事業性和商業性是要兼顧而不應該是對立的，「我們為著要發展事業，在不違背我們事業性的範圍內，必須盡力賺錢，因為我們所賺的錢都是直接或間接用到事業上面去」〔註11〕。1930 年12 月 7 日，鄒韜奮在《生活》周刊第 5 卷第 52 期上撰文《〈生活〉五週年紀念特刊預告》，文中聲明「本刊是全靠自己的正當收入來維持自己的生存與力求自己的發展」。「在營業上掙到的錢主要用於三個方面：第一在讀者方面，我們竭精殫思使本刊在內容方面時有進步，而又不願多增讀者的擔負。第二是優待著作家，第三是優待為本刊努力的同事。我們情願在經濟自立上掙扎，我們情願只用自己苦賺來的正當收入，因為如此才能保持我們言論上及紀事上的大公無私的獨立精神，才能絕對不受任何私人任何團體的牽掣。曾有有經濟力量的某君，示意如本刊需要的話，肯無條件的資助本刊，我立刻毅然決然的婉謝他的好意」。〔註12〕

《生活》周刊的經營主要靠發行和廣告兩塊。周刊在業界以出色的廣告業務而聞名，徐伯昕功不可沒。《生活》周刊 1925 年創刊時是中華職教社的機關刊物，1926 年 10 月，鄒韜奮接任王志莘擔當《生活》周刊主編時，周刊只有兩個半人共事，除「光杆編輯」鄒韜奮、兼職會計孫夢旦（僅工作半天，故稱半個人）外，徐伯昕幾乎承擔出版、發行、廣告、印刷、總務等全部業務。《生活》周刊當時只是一個四開的小型刊物，每期僅印 2800 份，且大部分還是用於贈送，入不敷出。鄒韜奮決定變換內容，注重短小精悍的評論和「有趣味有價值」的材料，並擴充篇幅向市場推廣。為籌措擴充篇幅需要的資金，徐伯昕於 1927 年 5 月開始向民族工商界招攬廣告。作為鄒韜奮的親密合作者、得力助手，徐伯昕表現出了卓越的期刊廣告經營才能。在《生活史話》中鄒韜奮這樣寫到：「一面推廣銷路，一面設法大拉廣告。伯昕先生每天夾著一個黑色皮包，裏面藏著不少宣傳的印刷品，這都是他一手包辦的，他

〔註11〕鄒韜奮：《我的出版主張》，1999 年版，廣西教育出版社，頁 10。
〔註12〕鄒韜奮：《韜奮全集》第 3 卷，上海人民出版社，1995 年版，頁 254～255。

不但有十二萬分的熱誠，而且還有一副藝術家的本領，把宣傳材料做得怪美麗怪動人，東奔西跑，到各行家去用著『蘇張之舌』，盡遊說慫惠的能事，真是『上天不負苦心人』，廣告居然一天多一天。」徐伯昕對廣告決非來者不拒，而是限制非常嚴，「凡略有跡近妨礙道德的廣告不登，略有跡近招搖撞騙的廣告不登，花柳病藥的廣告不登，跡近滑頭醫生的廣告不登，有國貨代用品的外國貨廣告不登」〔註13〕。始終堅持原則，對讀者負責，堅持社會效益第一，不發「不義之財」。周刊初期經費緊張，擅長書法繪畫的徐伯昕親自為周刊畫插圖，他還無償為客戶設計美觀又經濟的廣告。徐伯昕設計的廣告，構思巧妙，主題突出，畫面簡潔，形象生動，頗為人稱道。經徐伯昕努力，《生活》在當時上海刊物中登的廣告，日益增加，擁有了一個相對固定的客戶群，有著穩定的長期廣告來源，幾乎可以與當時的第一大報《申報》比肩。使周刊社得以將廣告收入支付刊物因不斷擴版而上升的印刷費用。

在經營《生活》周刊廣告時，徐伯昕還做好刊物的宣傳推廣工作，大力提高發行量。採用發樣刊試銷、發動老訂戶介紹親朋好友訂閱、開展批零兼營等辦法，增加發行量，擴大發行範圍。發行量以令人瞠目結舌的速度在劇增。據統計，1926 年年底，《生活》每期發行 2800 份。1927 年底，每期發行 2 萬份左右。1928 年底，每期發行 4 萬份左右。1929 年 3 月，每期銷售 5 萬餘份。1929 年 10 月，每期銷售增至 8 萬份。1930 年 12 月 13 日，五週年紀念特刊銷 12 萬份。1931 年 9 月，每期銷售數量增加到 12 萬份。1931 年 10 月 10 日，雙十特刊銷數 15.5 萬份。1932 年，每期發行量達到 15.5 萬份以上。使《生活》周刊「擁有中國出版界歷史上空前未有的廣大讀者」〔註 14〕。讀者遍佈各階層，深入鄉村，遠達海外的僑胞，在刊物上常刊登廣告的廠店達六七十家。徐伯昕還不斷擴大《生活》周刊的發行範圍。先在滬寧、滬杭沿線上的大中城市營銷《生活》，然後逐步向當時交通不便的新疆、貴州、雲南等邊遠省份和愛國華僑集中地區推進，最終使《生活》周刊「普遍銷行到國內各地和南洋、日本、歐美各國」〔註15〕，影響深廣。隨著發行量日益增加，

〔註13〕 參見中國民主促進會，中國出版工作者協會：《懷念出版家徐伯昕》，太原：書海出版社，1988 年版，頁 52。

〔註14〕 參見中國民主促進會，中國出版工作者協會：《懷念出版家徐伯昕》，太原：書海出版社，1988 年版，頁 52。

〔註15〕 參見中國民主促進會，中國出版工作者協會：《懷念出版家徐伯昕》，太原：書海出版社，1988 年版，頁 52。

發行範圍日益擴大，《生活》周刊的社會信譽不斷提升。

徐伯昕善於創新、銳意經營的管理才能日趨成熟，如再版暢銷書籍，提高出書效率；少印、勤印，及時回籠資金；採取各種方法，發展郵購、預訂戶、數萬元訂費，成為不付利息的流動資金；對派報戶實行優惠，擴大零售發行。穩固了周刊社與書店的經濟基礎。1934 年，先後制訂了《特約銀行免費經彙購書匯款辦法》、《通訊郵購簡章》、《通訊購書辦法》等條例，書店的各種期刊訂戶和郵購戶已近十萬戶。1935 年 3 月 16 日，首創十大銀行免費匯款購書業務。委託中國銀行，交通銀行、上海銀行、新華銀行、江蘇省農民銀行、浙江興業銀行、聚興誠銀行、華僑銀行、大陸銀行、富滇新銀行等辦理讀者購買書刊免費匯款業務，十大銀行在全國有 500 餘處分支行。一律免收購書匯費；而生活書店作為回報，開設專用帳戶，按月與銀行結算一次書款。給讀者提供了諸多便利，擴大了書店影響。

1930 年 12 月 13 日，《生活》周刊第 6 卷第 1 期刊登了鄒韜奮《我們的立場》一文，宣稱「至第四年起，經濟與管理方面均完全自立，幸得創辦者之絕對信任。記者乃得以公正獨立的精神，獨來獨往的態度，不受任何個人任何團體的牽掣，盡心竭力放手辦去。……依最近的趨勢，材料內容尤以時事為中心，希望用新聞學的眼光，為中國造成一種言論公正評述精當的周刊」。「本刊是沒有黨派關係的，這並不含有輕視什麼黨派的意思，不過直述本刊並沒有和任何黨派發生關係的一件事實。我們是立於現代中國的一個平民地位，對於能愛護中國民族而肯赤心忠誠為中國民族謀幸福者，我們都抱著熱誠讚助的態度」；〔註 16〕「我們對於政治應有的態度，卻不是從什麼黨派的立場做出發點，是從國家民族及人類的光明前途做出發點。」〔註 17〕

正是《生活》周刊的經營模式使它不必依附於政黨而保持獨立。「一方面，巨大的發行量和廣告收入成為刊物主要的經濟來源，任何政黨都抓不住《生活》周刊的命脈；另一方面，在當時社會時局處於動盪不安的情況下，新聞理念與市場理念的重合，《生活》周刊及時傳遞信息，成為輿論陣地是大眾的需要，巨大發行量可以使其在廣告面前始終保持自己的品味，從而化解了來自市場的壓力。……國民黨政府曾經想打擊《生活》周刊，但是在調查後發現《生活》周刊確有近 20 萬冊的銷路，並沒有受到任何黨派的津貼，因此要

〔註 16〕鄒韜奮：《韜奮全集》第 3 卷，上海人民出版社，1995 年版，頁 256。
〔註 17〕鄒韜奮：《我的出版主張》，1999 年版，廣西教育出版社，頁 82。

想封住《生活》周刊的口，除了查封刊物別無選擇。」〔註18〕

　　生活書店既沒有銀行資本家的經濟支持，也沒有個人或團體的經濟支持，完全靠書店營業的盈餘來發展業務。有關經濟和銀錢經手的事情，生活書店的特點是必須請會計師查賬，出證明書。鄒韜奮、徐伯昕經常在報刊上公佈會計師的查賬記錄證明書，除《生活日報》的股款本息全部歸還外，為馬將軍捐的款，為十九路軍捐的款，都經過上海潘序倫會計師查賬證明無誤。根據會計師的證明登報宣佈及印發徵信錄，認為這個手續非常必要，「不但本店保持讀者的信任所必需的手續，有人公開用文字污蔑，說把給馬將軍的捐款用來辦書店、出國的費用，我們不怕，再把會計師的證明書製銅版在報上公佈，什麼陰謀都無所施其伎倆。自從本店開辦以來，每年度的收支，都請會計師查賬出證明書。少不了的會計師，他是我們在經濟上絕對誠實的證人」。1940年4月15日，鄒韜奮發表《為生活書店闢謠敬告海內外讀者及朋友們書》，回顧生活書店15年慘淡經營，就有人造謠中傷本店，說本店是受共產黨津貼的機關，企圖利用黨派摩擦以破壞本店的事業，此類誣陷的印刷品，企圖造成不利於本店的濃厚空氣，聲明「我國自抗戰以來，全國同胞及各黨各派皆在最高領袖及政府抗戰國策領導之下，精誠團結，一致為國努力，黨派原已不應成為罪名，本店所以辯正在事實上並無任何黨的關係，不過就事實加以說明而已。」並加以說明解釋：「去年6月間，重慶市政府社會局會同市黨部及中央圖書雜誌審查委員會，派員三人親到本店審查賬冊，連查二日，對於經濟之來蹤去跡特別注意，結果無弊病可言，足見本店實全恃自食其力，絕不受任何方面的津貼。造謠者之毫無根據，不辯自明。」〔註19〕

　　如前所述的諸多因素，是倡導言論自由、不依附任何政黨的《生活》傳媒系列在國民黨政府實施嚴厲的出版審查、進行文化專制的時代能得以生存發展並一度輝煌的原因。

〔註18〕黃偉迪、鮑仕蓮：《從新聞專業主義角度看鄒韜奮及〈生活〉周刊》，《新聞世界》，2011年第5期，頁135。
〔註19〕鄒韜奮著、鄒嘉驪主編：《韜奮新聞出版文選》，中國韜奮基金會韜奮著作編輯部編，2000年版，頁354。

民國新聞管制研究

李金鳳[*]

一、袁世凱統治時期的新聞管制

　　清朝末年，滿清政府頒布了《大清印刷物專律》（1906 年）、《大清報律》（1908 年）、《欽定憲法大綱》（1908 年）等新聞法律法規，但新聞管制是比較鬆動的。嚴格說來，民國建立以前，滿清政府並未形成一套有效的新聞管制制度，所以有慈禧太后不走司法程序以口諭處置新聞從業人員沈藎的事例。從《蘇報》案來看，清末時期的租界，初步形成了自己的新聞管理體制。民國建立以後，孫中山的南京臨時政府基本上聽任了新聞的自由報導（由於當時反滿思潮的興起，臨時政府所在地的江南地區的新聞媒體基本上是傾向孫中山臨時政府）。孫中山退位後，由袁世凱建立的北京政府出於對《臨時約法》的表面尊重，出現了短暫的新聞繁榮時期，僅 1912 年就出現了一個辦報的浪潮，報紙多達 500 種。這一時期以宋教仁建立責任內閣的嘗試為高潮，以宋教仁遇刺為結束。宋教仁遇刺以後，新聞媒體受到巨大的壓力，持政治異議的國民黨系的報紙除了在租界可看到外，在國內基本上看不到。《民立報》編輯敖瘦蟬寫了一幅悼念宋教仁的輓聯「目中竟無拿破侖，宜公先死；地下如逢張振武，說我就來」，對聯沒有直接提及當時的總統袁世凱，袁世凱政府是將敖瘦蟬槍決，此舉有效地震懾了新聞媒體，在袁世凱去世以前國內基本上沒有對袁世凱本人的公開批評。二次革命後，南北對峙局面宣告結束，國內政治勢力發生變化，袁世凱用武力統一全國，執政自信力增強，公開用《中

---

* 李金鳳（1986～），女，江西贛州人，1986 年出生，四川大學文學與新聞學院 2011 級博士研究生，主要從事中國現代文學研究。

華民國約法》代替《中華民國臨時約法》，先後出臺了《報紙條例》、《出版法》、《新聞電報章程》等法律法規，形式上建立了一套新聞法律管理體系，開始了對新聞管理的全面掌控。在他執政時期內，殘酷鎮壓不同政見的黨派，扼殺不同聲音的輿論。1916 年，欲意稱帝的袁世凱加緊了對輿論的控制，禁止報紙刊載議論國體，反對帝制的報紙受到嚴重摧殘。梁啓超反對袁世凱稱帝的文章《異哉所謂國體問題者》在華北幾乎沒有報紙敢發表，只能發表在上海《大中華》月刊。在袁世凱執政四年間，「全國報紙至少有七十一家被封，四十九家受傳訊，九家被反動軍警搗毀；新聞記者至少有二十四人被殺，六十人被捕入獄。從 1913 年『癸丑報災』，到 1916 年袁世凱爲推行帝制而實行的對輿論的殘酷壓制，全國報紙總數始終只維持在 130～150 種上下，幾乎沒有增長，形成了民國以後持續了四年之久的新聞出版事業的低潮。」〔註1〕

二、皖、直、奉系軍閥統治時期的新聞管制

隨著袁世凱去世，北洋系分裂爲直系、皖系、奉系等大小軍閥勢力。這些軍閥相互牽制，最後真正占據總統職務的反而是無嫡系部隊支持的徐世昌。爲了平抑當時武人干政的傾向，徐世昌試圖借助新聞媒體的力量約束和調解軍閥矛盾，有意識地放鬆了新聞控制。當時的華北媒體，出現了對政府甚至是總統本人毫不留情地批評挖苦。在各省督軍進京召開督軍團會議時，陳獨秀毫不留情地挖苦現任總統徐世昌：「中國人上自大總統，下至挑糞桶，沒有不怕督軍團，這是人人都知道的了；但是外交團比督軍團還要厲害。列位看看，前幾天督軍團在北京何等威風。只因爲外交團小小的一個勸告，都嚇得各鳥獸散。什麼國會的彈劾，什麼總統的命令，有這樣厲害嗎？這就叫做『中國之兩團政治』。」〔註2〕犀利批評督軍團武人干政和外交團干涉中國內政，相關媒體和撰稿人並沒有受到嚴厲懲處。北洋政府出於外交交涉的技巧，有意識地泄漏巴黎和會山東交涉失敗的信息於媒體，利用輿論打擊親日政敵（實際掌握軍隊權利的皖系軍閥）。北洋系的內鬥及南方的革命政府也借助新聞媒體打擊政治對手。所以在當時的華北，出現了比較寬鬆的新聞管制。據周策縱估計，1917 年到 1921 年間（「五四」時期）全國新出的報刊就有 1000

〔註 1〕 方漢奇：《中國近代報刊史》（上）》〔M〕，太原：山西人民出版社，1981：720。
〔註 2〕 陳獨秀：《獨秀文存》〔M〕，合肥：安徽人民出版社，1987：239。

種以上〔註3〕。胡適估計，僅1919年就增加了400家新聞媒體。而且此時的新聞媒體更加側重於民主、自由等現代觀念的宣傳。〔註4〕北洋政府統治時期，軍閥之間相互牽制與鬥爭，加之對民主制度的形式上的維護，營造了相對寬鬆的新聞管制環境。

北洋政府時期的地方新聞管制區分很大，在軍閥混戰的重慶、四川，報界對大小軍閥的報導可以說是知無不言言無不盡，新聞自由度反而很高。在驅逐干涉川政的顧品珍、趙又新部滇黔勢力時，重慶四川的報界一反在軍閥混戰的調停腔調，積極鼓勵川軍大小軍頭主戰，批評作戰不力的川軍將領，報界的調門遠超過川軍大小軍頭。在統治比較穩定的雲南，基本上看不到對唐繼堯的批評，新聞自由度反而較低。但北洋時期的地方新聞管制有個特點，就是對其他地區的報導基本放任，所以張敬堯成了湖南以外新聞界軍閥暴政的典型，湖北新聞界如趙一曼毫不留情地批評楊森部隊爲匪。北洋時期的軍閥合縱連橫很難對新聞界保密，孫傳芳拜山事件就是最好的證明。此外，地方政治勢力常通過幫派等地下勢力影響新聞界，上海的青幫和四川的袍哥都有妨礙新聞自由的記錄。

1926年的「三一八慘案」，知識分子和新聞媒體表現出前所未有的社會良知，魯迅、周作人、林語堂、朱自清、聞一多、梁啓超等紛紛譴責段祺瑞政府。《語絲》、《國民新報》、《世界日報》、《清華周刊》、《晨報》、《現代評論》等報刊雜誌紛紛披露該事件。邵飄萍主持的《京報》，大篇幅地連續發表消息和評論，廣泛而深入地報導慘案眞相。段祺瑞執政府未敢加以新聞鉗制。但以張作霖上臺爲轉折點，標誌著北洋時期較寬鬆的新聞管制的結束。張作霖進京後派奉軍闖進北大、女師大、中俄大學及報館，大肆查禁進步書刊，搜捕進步人士，查封《京報》館並殺害知名記者邵飄萍。同年8月，《社會日報》主筆林白水被害，這使新聞媒體受到很大震動。

三、南方政府的新聞管制

護法戰爭以後，中國南方也建立起了形式上的中央政府。南方政府前期，政府忙於戰爭和內部鬥爭，並且由於地方勢力強大，如商團勢力，政府無暇

〔註3〕　周策縱：《五四運動：現代中國的思想革命》〔M〕，南京：江蘇人民出版社，2005：182。
〔註4〕　張灝：《幽暗意識與民主傳統》〔M〕，北京：新星出版社，2006：134。

顧及也無力顧及新聞管制。因此，在當時的南方政府轄區，和北方的北洋政府類似，政府干預新聞報導的現象並不明顯。在七總裁合議時期，南方政權的有力人士常常通過新聞媒體爆料南方政府內部政敵的內幕，孫中山先生接受德日援助等當時並無實證的新聞報導，成為南方政權內部政治鬥爭的有力武器。但隨著南方政府的統一與整合，以孫中山先生為首的國民黨系逐步獲得南方政府的實際控制權，建立起了中華民國國民政府。國民黨系開始了對新聞的整肅，其中以廣州新聞整肅為典型。廣州新聞媒體原本是親地方商團勢力的，南方政府鎮壓商團叛亂後，新聞媒體逐步轉化為傾向南方政府。在陳炯民叛亂事件中，廣州媒體一反在軍閥混戰時期慎言的慣例，普遍是傾向南方政府一方的。在港英勢力試圖介入中國內政時，廣州媒體也對國外勢力干涉中國內政提出了批評，這在港英勢力強大的廣州並不常見。

四、南京國民政府的新聞管制

1928 年北伐勝利，國民黨形式上統一了中國。國民政府逐步取消北洋時期的新聞管理狀況，以「三民主義」為意識形態指導原則，推行「黨化新聞界」、「民族主義的新聞建設」、「科學的新聞統制」、「新聞一元主義」等新聞政策，在思想上對新聞界進行統制。先後制定了《指導黨報條例》、《指導普通刊物條例》、《審查刊物條例》、《出版法》、《新聞檢查標準》、《圖書雜誌審查辦法》、《指導全國廣播電臺播送節目辦法》等大批新聞出版法令法規，控制言論自由、出版自由，建立報刊登記制，實行書報檢查制度和禁載制度，刪削檢扣進步書刊，建立起了一個以統制為核心的新聞管制。

國民黨執政期間，各地方軍閥勢力依舊盤根錯節，增加了新聞管制的複雜性。在東北易幟期間，國民政府和國內新聞界出現了良好互動，有力地促進了中日交涉。但在「濟南慘案」事件中，國民政府出於對日本的暫時忍讓，有意限制對日軍暴行的報導，山東軍閥卻有意識地利用山東新聞媒體進行了報導。在中原大戰中，第三黨的地方活動分子利用四川軍閥同蔣介石集團的矛盾，受二十八軍江防總司令黃隱資助的《成都庸報》以整版篇幅綜合報導不利於蔣的消息，標以醒目的大字標題：「蔣介石末日快要到來了。」〔註5〕這標誌著國民政府的新聞管制還受到地方軍閥勢力的很大制約，國民黨內部

〔註 5〕方漢奇：《中國新聞事業通史》（第二卷）》〔M〕，北京：中國人民大學出版社，1996：391。

不同黨派勢力的牽制與制約也嚴重影響了國民政府的新聞統制。汪精衛、陳公博的改組派，胡漢民、孫科的再造派以及以鄧演達爲首的第三黨各自辦刊，各自爲陣，宣傳不同的思想理論，製造了複雜多元的言論空間。

　　「九一八」事變後民族危機加深，新聞媒體作爲民意的反映，開始出現大量的抗日仇日宣傳。由於國民政府認爲推遲中日戰爭對中國有利，國民政府採取了低調抗戰、高調親日的新聞策略，集中進行「民族主義的新聞建設」，提倡以國家、民族利益爲重的宣傳策略。在第一次淞滬抗戰中，國民政府實際上增調了多隻部隊增援，但出於外交策略只能說在上海抗戰的只有十九路軍。不瞭解國民政府實際軍事部署的新聞界有大量的對國民政府的批評。中國海軍以軍火方式（非直接出兵）支持十九路軍，上海媒體對海軍也有大量的批評報導。國民政府的反應是嚴厲的，新聞管制的力度很大，甚至採用了以杜月笙爲代表的幫派勢力和以軍統、中統爲代表的特務手段，普遍引起國人非議。1936 年日本國內爆發二二六兵變，兵變後上臺的廣田弘毅內閣爲緩解中日衝突，對中方發出形式上的友好信息。國民政府出於利用日本國內鬥爭情形，在媒體上呼應廣田內閣掀起親日言論。但實際上國民政府在加緊整訓軍隊，修建吳福線、錫澄線等國防工程，積極進行中日戰爭的準備工作。由於軍事保密的原因，這些信息無法對新聞界披露。新聞界特別是在租界的媒體，因獲取信息的不完整，對國民政府有很多批評。國民政府利用特務組織嚴厲整肅不在自己管轄範圍內的租界媒體，「種荷花」成爲讓上海記者毛骨悚然的話。客觀地說，「九一八」事變後新聞界的報導對國民政府而言不能說是完全實事求是的，比如上海媒體對馬占山的江橋抗戰報導顯然有過度吹捧的嫌疑，後來的史實說明馬占山抗日的態度並沒有國民政府堅定，但這都不是國民政府壓制新聞自由的理由。

　　國民政府的新聞管制有一個特點，出版前的審查並不十分嚴格，但報紙雜誌如有宣傳赤化、共黨思想以及不利於政府言論的則查禁取締。以左翼報刊雜誌爲例，《巴爾底山》、《世界文化》、《五一特刊》、《文學導報》、《拓荒者》、《十字街頭》、《萌芽月刊》、《北斗》、《文學月報》等都因帶有較強的黨派色彩，宣傳與國民政府不一致的意識形態，出版幾期即遭到查禁。1933 年以後，國民黨的新聞政策發生了較大變化，改變了這種後置的審查模式，建立了事前預防的新聞檢查制度，直接干涉新聞業務工作。新聞界對此意見很大，報界頻繁出現「開天窗」事件（官方審查刪除後，報紙有意保留版面空

白以示抗議）。《閒話皇帝》風波事件之後，雜誌的審查力度也更加苛刻。爲對抗蓬勃發展的左翼文藝運動，國民黨實行「文化圍剿」，查禁了大量書刊報紙，查封了大量報館書店出版社，特殊情況下，採用特務手段恐嚇、殺害新聞工作人員。由於租界特殊的政治環境，上海報界如《申報》有大量的衍射時政甚至直接批評政府的報導，如先後刊登魯迅和陶行知化名爲「不除庭草齋夫」反對蔣介石政權的文章以及數篇《剿匪評論》，抗議蔣介石的「不抵抗」政策，刊登宋慶齡的抗戰宣言等一系列新聞報導。國民政府下令禁止郵遞《申報》，最後暗殺了《申報》總經理史量才。這使上海媒體以至全國媒體自我審查、自我設限，報紙上難以再看到對政府的直接批評。國民政府開展新生活運動以後，全國報界已經無法對國民政府的高級官員提出批評，和北洋時代總統可以被公開批評相比，這是新聞自由的嚴重倒退。

五、抗日戰爭期間的新聞管制

七七事變後，中國引發全民抗戰熱潮，建立了以國共合作爲基礎的抗日民族統一戰線。國民政府在抗戰初期也一改往日的專制，以比較開明的方式對待新聞管制，允許共產黨、青年黨等其他黨派在國統區辦報。中共辦理的《新華日報》，因此在國統區獲得較大發展。國民政府軍委會政治部第三廳也由郭沫若、陽翰笙等人負責，允許他們組織抗戰文化宣傳。在抗戰前期，國內政治勢力團結程度比較高，新聞一致性也比較高，國民政府除對涉及軍事部署的軍事信息等予以管制外，基本對新聞管制力度很小。在著名的長沙文夕大火事件中，國內輿論一邊倒地批評國民政府，國民政府也對此作出反應，嚴懲了相關責任人。但隨著抗戰進入相持階段，國內政治鬥爭加劇。以「皖南事變」爲標誌，國民政府強制刪除了《新華日報》的報導，《新華日報》開天窗抗議，周恩來在版面空白處寫下著名的「千古奇冤，江南一葉；同室操戈，相煎何急」。在國民政府統治區，基本看不到中共方面對皖南事變的意見。國民政府也利用其他黨派的報紙打擊政敵，如在趙侗事件中，國民政府大量轉載國社黨、青年黨等黨派發表的不利於中共的言論，而代表中共言論的觀點是看不到的。國共矛盾上升之後，國民黨下令取締中共刊物、搗毀其報館書店，採取恐怖手段對《新華日報》等報刊進行摧殘。在抗戰中後期，國民政府對新聞管制是很嚴厲的，嚴格戰時新聞審查，強化戰時新聞監控，依據《戰時新聞檢查辦法》、《戰時圖書雜誌原稿審查辦法》等法律法規實施嚴格

的新聞專制。為防止虛假消息、不良事件動搖人心，大量的勝利消息充斥報紙版面，報紙的真實報導是要冒相當風險的。以 1942～1943 年發生的河南大饑荒為例，除了極少數盡職的中外記者為這場大災難留下了片斷記錄外，它在歷史上幾乎一片空白，一場 300 萬民眾活活餓死的慘絕人寰的災難如此地被人忽視甚至遺忘，這是國民黨當局嚴密封鎖新聞的結果。曾有重慶版《大公報》刊登了該報記者從河南災區發回的關於大饑荒的報導，遭到國民政府有關部門當即勒令停刊三天的嚴厲處罰。唯有《時代》不顧阻撓發表了白修德披露河南災荒真相的報導，而協助白修德報導河南大饑荒的中國記者、電報員被處分。

六、解放戰爭時期的新聞管制

　　1945 年抗戰勝利以後，這本是恢復新聞自由的良好時機，但國民黨政府出於戡亂的需要，拒絕恢復新聞自由。憑藉手中掌握的政權，迅速收復淪陷區的大量新聞報紙，如著名的民營商報《申報》、《新聞報》，將其變為國民黨的宣傳工具。及至國民政府遷回南京時，國民黨已經建立了一個比戰前更為龐大的新聞網絡。這一時期的新聞自由度實際比抗戰時期還要小，「國民黨對新聞的管制變本加厲，內容審查更加嚴格，言論追懲極為頻繁，暴力事件不斷出現，輿論環境恐怖森然。」〔註6〕諸多進步報紙如中共主辦的《新華日報》、《群眾》、《聯合日報》、《建國日報》以及民主人士主辦的《民主報》、《民主》、《文匯報》等出版不久即遭查封和停刊。國民黨嚴酷的新聞出版統制激起了聲勢浩大的「拒檢運動」，新聞自由、言論自由的呼聲在戰後得到了最集中的體現。國民黨被迫廢止在國統區的新聞出版檢查制度。國民政府對新聞出版事業的些許讓步，文化界出現了較為寬鬆的新聞輿論環境。在國共政治談判期間，和平民主運動日趨高漲，引發了數量龐大的民主系列報刊。但國民黨並未真正放棄其一貫的新聞統制政策，以「李聞慘案」為例，說明國民政府的新聞管制仍然是殘酷的。隨著國共內戰的爆發，國民黨在加緊軍事行動的同時，嚴格控制社會輿論，強化新聞統制。先後頒布了《戡亂時期危害國家緊急治罪條例》、《戒嚴法》、《出版法修正草案》、《動員戡亂期間軍事新聞採訪發布辦法》，企圖壟斷新聞的報導權力，封鎖不利於其統治的新聞消息，放

〔註 6〕 杜寶花：〈南京國民政府統治時期的新聞管制與民眾的反抗〉〔J〕，《中州學刊》，2010（5）：279～280。

大符合自身需要的新聞消息，如對宋埠事件、長春圍困事件的大肆報導，而對不同意見的民盟等黨派實行嚴厲的新聞管制。軍事上的節節潰敗、經濟上的通貨膨脹、金圓券貨幣改革的破產等等，導致國民政府的信用降到最低，反映國民政府觀點的《中央日報》在上海幾乎無人相信，多數中立媒體此時也對國民黨政府不再持同情態度，如倡導「第三條道路」的《觀察》、主張「中間路線」的《大公報》最終都與蔣介石集團分道揚鑣。傅斯年在《世紀評論》、《大公報》、《觀察》連續撰文抨擊行政院長宋子文，以言論呼籲他下臺。《這個樣子的宋子文非走開不可》、《宋子文的失敗》、《論豪門資本之必須鏟除》等文章發表不過半月，宋子文繼傅斯年抨擊孔祥熙之後被迫辭職，這是有責任有擔當的知識分子以言論罷免政府首腦的重要例子。如傅斯年所言：「古今中外有一個公例，凡是一個朝代，一個政權，要垮臺，並不由於革命的勢力，而由於他自己的崩潰！」〔註7〕政治上、經濟上的崩潰，導致此時的國民政府，對新聞界的管制實際上已處於失控狀態。

結　論

在對民國時期新聞管制的研究中，我們可以發現以下特點：在國內多股政治力量相互牽制的時期，新聞自由度反而要高於政治力量缺乏異己勢力制約的統一時期。因此，從總體上講，在軍閥混戰的北洋時期，新聞自由度要遠高於國民黨統治的國民政府時期。在國民黨內部派系鬥爭複雜的國民政府前期，新聞自由度要高於蔣系一系獨大的國民政府中後期。在國內非主流異己派系較多的抗日戰爭前期，新聞自由度要高於整合了非主流異己派系的抗戰中後期和解放戰爭時期。不管是北洋政府還是國民政府，都是傳統意義上的威權政府，而威權政府的新聞自由度是和威權政府受異己勢力制約程度成反比的。此外，民國時期政府的權威統治與近代報人的政治參與熱情形成了矛盾與衝突。新聞出版自由本質上有助於權威政治的建立，專制獨裁統治某種程度上與新聞出版自由形成了內在的矛盾。

〔註 7〕傅斯年：《傅斯年選集》〔M〕，天津：天津人民出版社，1996：334。

限制下的空間：論抗戰時期圖書雜誌審查制度

黃 菊[*]

　　抗戰時期國民政府文學藝術的管理制度中，影響最大的莫過於圖書雜誌審查制度。圍繞這一制度的推行，國民黨政府推出了多項圖書出版相關的法令制度，明確了審查標準，建立了從中央到地方的嚴密的圖書雜誌審查機構，從而對抗戰時期大後方的文學創作產生了深遠的影響。創作自由、出版自由皆因圖書審查制度而受到限制，所有的文學創作皆必須服從於圖書審查的標準。這項制度的推行，在作家們中激起了不滿和反抗，其中最爲出版界和文化人詬病的是鉗制出版和言論自由。對於圖書雜誌審查制度怎樣嚴厲地查處圖書雜誌，怎樣阻礙了作家們的文學創作，妨礙言論自由思想自由，都已經有了很多精彩的論述。其實抗戰初期，民族團結抗戰的激情達到了前所未有的高度，此時雖然國民政府宣布了戰時圖書雜誌審查制度，引發了批評，也獲得了理解。可隨著抗戰的推進，經濟惡化，國內政治紛爭日益尖銳，創作、出版的自由被不斷縮小，戰時出版審查制度變成了遏制作家生存最大的力量。在圖書雜誌審查制度執行的過程中，很多時候呈現出混亂狀態，即在國民政府頒發的一系列限制性條款執行的過程中，有限制，在限制下也存在著可能。限制出版，圖書雜誌發行要取得圖書審查會的許可證，與此同時，重慶的出版業、書業在抗戰開始後卻處於興旺的狀態；作家的作品要原稿送審，作家們也能夠迂迴採用各種辦法，作品的創作和發行仍然有一定的空間。

---

*　黃菊（1976～），重慶人，現任職於西南大學圖書館，四川大學文學與新聞學院 2010 級博士生，主要從事抗戰文學與文化研究。

當然，儘管如此，原稿審查制度對出版發行的干擾，對作家創作心態的影響同樣不容忽視。當作家在創作過程中，頭上始終有原稿審查制度這一緊箍咒，在構思作品的時候，腦子裏還不得不思考如何去規避審查制度的限制，讓自己的作品順利過關。即使作品寫出來，送交發行，還擔心能否通過審查，為此殫精竭慮，甚至還花費更多的精力去相與周旋，這都會在心理上、生活上對作家構成嚴重的壓力。

本文以抗戰時期重慶圖書審查制度的執行為例，嚴密的圖審制度也並非不可突破，不少作家也能根據圖書審查的要求，委婉地表達自己的意圖，或嘗試通過別的途徑來獲取圖書審查的批准。只是到了抗戰後期，審查越來越嚴厲，這一制度在執行過程中變得逐漸更像一種鎮壓異己的手段。另一方面圖書審查制度標準的模糊也透露出國民政府文化管理政策的混亂。這一切，隨著抗戰形勢的變化，無疑加重了作家對圖審制度的不滿，最終將不滿發展為對國民政府的失望和懷疑。

一

執行圖書雜誌審查制度，並非自抗戰開始。1934 年國民黨政府就曾經實行過原稿審查制度，1935 年發生「新生」事件後撤銷。全面抗戰開始之後，國民政府將曾經廢棄了的圖書審查制度重新恢復，並依據戰時需要做了修訂。1938 年 7 月 21 日的國民黨第五屆中常會第 86 次會議通過了《戰時圖書雜誌原稿審查辦法》、《戰時圖書雜誌審查標準》、《通俗書刊審查標準》，1939年公佈實施的《防範淪陷區及敵國反動書刊流入內地辦法》、《修正印刷所承印未送審圖書雜誌原稿取締辦法》、《修正檢查書店發售違禁出版品辦法》、《圖書雜誌查禁解禁暫行辦法》，1940 年公佈實施的有新修正的《戰時圖書雜誌原稿審查辦法》，1944 年軍委政治部頒發的《戰時出版品審查辦法及禁載標準》、《戰時書刊審查規則》等，對圖書雜誌的出版、銷售提出了明確的要求。

在戰時圖書審查制度公佈後，所遭遇的批評和抗議並不強烈。戰爭年代對國家的新聞出版實施特別的管控，中國並不是唯一，「大多數的國家都在憲法等主要法律中規定，當國家進入戰爭狀態等非常時期後，國家實行全國總動員，暫時中止憲法等法律賦予公民的若干基本權利。」〔註 1〕出於戰爭

〔註 1〕展江：《戰時新聞傳播緒論》，頁 100，1999 年 12 月出版。

的需要，而對文化出版事業加以限制，也得到了出版商和作家文人們的理解。

國民政府遷到武漢，大批的文化人追隨政府西遷，有戰亂的原因，也有共赴國難的的激情。1938 年 5 月老舍在給陶亢德的信中寫道：「國難期間，男女間的關係，是含淚相誓，各自珍重，為國效勞。男兒是兵，女子也是兵，都須把最崇高的情緒生活獻給這血雨刀山的大時代。夫不屬於妻，妻不屬於夫，他與她都屬於國家。」〔註2〕郭沫若在總結抗戰第一年的文藝工作中也反覆地提及：「抗戰使各種的文化工作者堅強起來，團結起來了。」「抗戰團結了全國的文化工作者，抗戰建設了全國新文化底基礎。」〔註3〕民族國家的安危在這個時候被放到了最突出的位置，個人的情感、家庭在時代背景下隱退。抗戰初期高漲的抗戰熱情密不可分，那個時候全國上下達到前所未有的團結，不管持什麼樣的政治態度，文學理念，大家都自覺的站在抗戰救國的大旗下，目標一致。辦報、辦雜誌，用自己手中的筆為抗戰出力。對於國民政府的文化政策，對於圖書雜誌審查制度，更多展現出理解的態度。

即使對圖書雜誌審查制度表達了強烈抗議的鄒韜奮，也在呼籲取締的同時，也予以了理解：「國家民族到了這樣危殆的時候，全國同胞對於領導抗戰建國的政府和國民黨都當愈加愛護，同舟共濟，這是我們必須相信的真理，對於中央為適應戰時需要的動機，當然也是竭誠擁護的。但是納全國思想於三民主義最高原則之下，訂立比較具體標準以審查書報，這個原則固為必要，而採取審查原稿的辦法，對於文化的開展實有其莫大的妨礙，這在辦法上有研究的餘地。」〔註4〕「我們一方面諒解政府適應戰時需要及齊一國民思想的動機，一方面卻認為有了三民主義最高原則及比較具體標準以作書報的準繩，不遵從者又有法律以從其後，已經足夠。」〔註5〕

言下之意，對政府在戰爭狀態下重新啟動圖書審查機制的初衷還是給予了理解。當然，即便如此，針對原稿審查這一具體的審查辦法仍然提出了異議。呼籲的根本原因在於戰爭造成印刷、發行的多重困難，使得出版業本身就面臨極大困境。原稿審查制度限制了文化產品的出版和流通，尤其是抗戰

〔註 2〕舒濟編，《老舍書信集》，頁 50，百花文藝出版社，1992 年出版。

〔註 3〕郭沫若：《抗戰一年來的文化運動》，頁 53。

〔註 4〕韜奮：《審查書報原稿的嚴重性》，《全民抗戰·第九號》，1938 年 8 月 3 日出版。

〔註 5〕韜奮：《再論審查書報原稿的嚴重性》，《全民抗戰·第十號》，1938 年 8 月 6 日出版。

中印刷機關屢次遷移與收縮,「尋常時候,一本書的校樣可在同一時全部送閱,在戰時因設備的苦難,及材料的缺少,往往一本書的校樣要分做幾次送校,每次清樣送審,雖只延擱數天,合起來就是一二十天,在這期間,印刷所因材料不能撤除關係,又影響到其他書籍的排印。這種損失的總計,不僅是書業的苦難,不僅是抗戰期間文化界的苦難,也是國家的一部分的損失。」〔註6〕此外,所有的圖書雜誌都必須取得各地審查機關發給的許可證之後才能發售,也給處於困頓的出版業增加了更多的限制。他的擔憂更多集中在圖書出版的程序繁雜冗長將會給書業帶來的消極影響上。可是,即使後來商務、中華、開明等二十多家出版商聯合署名抗議,要求撤銷戰時圖書雜誌原稿審查及抗戰期間圖書雜誌審查標準,也未能影響圖書雜誌審查制度的執行。

不過,即使在如此艱難的情況下,陪都重慶的文化事業仍然呈現出繁榮景象。既有不少報刊、新聞社遷到陪都重慶,也有新的刊物在重慶誕生,據統計,重慶在抗戰八年中,經國民政府圖書審查處註冊行文審批的出版發行機構有 404 家,爲全國之冠。在 1938 年 1 月至 1940 年 2 月的三年間,在渝的中華書局出書 282 種,中國文化服務社出書 28 種,世界書局出書 22 種,正中書局出書 263 種。又據國民黨中央宣傳部出版事業處的統計,僅 1941 年,國民黨中央所屬的六家書店印書 305 種,其中正中書局 100 種,青年書店 53 種,獨立出版社 51 種,中國文化服務社 49 種,國民出版社 48 種,拔提書店 4 種。據 1943 年 10 月重慶市圖書雜誌審查處稱,1943 年 3～8 月,重慶出版圖書 1647 種;雜誌 534 種,均占全國出版物的三分之一。1944 年,在重慶文化處於低潮的情況下,出版的各種圖書仍多達 1450 種,平均每月爲 120 種。〔註7〕

二

事實上,看似嚴苛的原稿審查制度因其在執行過程中卻出現了審查機構重複、審查標準混亂等因素,以致倍受文化人和出版商的抨擊。在初期,文化界對出版審查制度的質疑更多地集中在它的標準、執行者、執行過程等因素上。

〔註 6〕 同上。
〔註 7〕 唐潤明:《試論國民政府遷都對重慶的影響》,重慶師範學院學報(哲學社會科學版),1991 年第 4 期。

　　按照原稿審查辦法的要求，「本會承中央執行委員會宣傳部、軍事委員會政治部、行政院、內政部、教育部及中央社會部之指導，掌理全國圖書雜誌原稿審查及各地方圖書雜誌審查委員會之指導與考覈事宜。」〔註 8〕但事實上，擁有圖書審查權力的機關似乎並不止圖書審查委員會，「南京的檢查所屬於中央宣傳部，漢口的新聞檢查所屬於警備司令部，重慶的檢查所屬於行營。」〔註 9〕而在同一城市，出版商也常常要面對來自各方面的檢查，「有時是憲兵團，有時是警察局，有時有黨部，有時有便衣密探（後來又加上三民主義青年團）」〔註 10〕

　　而不同的權力介入致使出版商不斷受到各種行政機構的騷擾，而多重機構均染指圖書審查的結果就是導致標準的混亂。縱觀整個抗戰時期，因標準的不同而引發對作品的爭議不時發生。儘管在抗戰初期有《抗戰期間圖書雜誌審查標準》，後來又陸續進一步將審查標準細化，分別又有《防範淪陷區及敵國反動書刊流入內地辦法》、《國民黨修正印刷所承印未送審圖書雜誌原稿取締辦法》、《國民黨修正檢查書店發售違禁出版品辦法草案》、《圖書雜誌查禁解禁暫行辦法》、《戰時出版品審查辦法及禁載標準》、《戰時書刊審查規則》等等，辦法不可謂不多，可是這些辦法在執行的過程中卻常常沒有一個統一的標準。一篇文章、一則新聞，在重慶被明令禁止登載，卻在成都的報刊上通行無阻。被一個機構認定為符合標準，准予發行，可能被另一個機關認為是禁書，禁止發行，「甚至有些機關藉口檢查，將大量書報滿載而歸，從不發還，亦不宣布審查結果。」

　　而在具體修改文稿的時候，到底哪條不符合標準，審查者心中也沒有譜，「看到『前進』的字樣，必須把它塗抹！有用到『頑固』字樣時，也必須把它塗抹！有時候他們看見『黑暗』兩個字要趕緊塗抹，看見『光明』兩字也要趕緊塗抹，都不許用！」〔註 11〕這些莫衷一是的混亂標準無疑讓圖審制度的合理性大打折扣。

　　類似的混亂在圖書雜誌的登記過程中也時有發生。按照《戰時圖書雜誌原稿審查辦法》的要求，圖書雜誌在出版之前必須獲得由審查機關發給的審查證，

〔註 8〕　《國民黨戰時圖書雜誌原稿審查辦法》，《民國史檔案資料彙編第五輯・第二
　　　　　編・文化》（一），頁 551，江蘇古籍出版社 1998 年出版。
〔註 9〕　趙炳烺：《抗戰以來的新聞事業》，《新聞學季刊》創刊號。
〔註 10〕　鄒韜奮：《對保障文化事業的再呼籲》，《韜奮文集》（第三卷），
〔註 11〕　鄒韜奮：《審查老爺對文藝的貢獻》，《韜奮文集》（第三卷），頁 202。

並在出版時應將審查證號碼標注在封面上，以備查考。可實際上關於登記一層，常常成為無實際意義的名詞，「尤其抗戰以後，有多少刊物，不論是報章或雜誌，未經登記或以『正在呈請登記中』為名而即發行的。」〔註12〕

曾有人對圖書雜誌報章檢查人員的選用提出建議，「應由中央主管機關統籌支配，其資格必須有從事出版事業三年以上的歷史，並得正式出版機關證明確有出版事業學識經驗者為合格。並可請中央選派幾位學者。如各地出版界能在中央允准之下，聯合推出數人，呈候圈定，參加審查，則尤為佳妙。」〔註13〕擁有出版經驗的專業人士和學者擔任圖書出版的檢查，能一定程度上避免審查的隨意性，更能使圖書雜誌的審查具有說服力。不過，顯然擔任圖書出版檢查的工作人員以政府官吏為主，這就讓圖書雜誌的命運因人而異了。

鄒韜奮和圖審會官員經常打交道，為了解救「應予免登」的文稿，為了莫名其妙被刪改的文稿，他親自跑到審查會去辦交涉，和負責審查的官員辯論，質問其為什麼要刪改。而那位出面接待他的官員也願意和他辯論，鄒韜奮好幾次辯論成功，而辯論失敗自認理屈的官員只能把稿子擲還。他將文章救了出來，自己也不免覺得高興，畢竟還能辯論，還有「講理」的機會。可是不是每一次都是這麼幸運，更多時候面對的是蠻不講理、官腔十足的審查「老爺」，根本就不給辯論的機會。

當然，如果遇上一位出自文藝界的人士出任圖審會的官員，情況自然另當別論。徐霞村出任圖書審查會第二科的科長就曾給作家們提供了諸多的方便。1940 年，負責國民黨文藝工作的中宣部副部長潘公展邀請徐霞村擔任中央圖書審查委員會第二科科長，主要負責審查文藝譯、著和社會科學譯、著。圖審會在文藝界人士中頗有不好的印象，因此當接到潘公展的要求時，徐霞村尚有躊躇，因為這將是一份得罪人的工作，而且得罪的很可能都是自己熟悉的朋友。

不過，據徐霞村後來回憶，他的朋友們卻對他進入圖審會給予了極大的支持。老舍和馬宗融就給他打氣，對他說：「只要你辦事合情合理，我們決不使你為難，將來有人罵你，我們負責替你解釋。」葉以群和曹靖華還專為這事兒請徐霞村吃了一頓西餐，以示支持。以張靜廬為代表的出版商和書店老

〔註12〕 《論戰時言論出版自由》，《新聞學季刊》（創刊號）。
〔註13〕 同上。

闊也都極力支持他接下這份工作，並表示如果他以後生活上有什麼困難，他們也可以幫忙。〔註14〕想來如果沒有眾多朋友的鼓勵，徐霞村估計很難有勇氣接下圖審會二科科長的職務。

在圖審會的一眾官員中，徐霞村是少有的出自文藝界的人士，和很多作家都有交往。他擔任這一職務，確實給文藝界的朋友們帶來了極大的便利。徐遲曾經給徐霞村寫信，請他幫忙讓朋友們的書稿早日通過，其中提及書稿有金克木的《甘地論》、洪深的《念詞與朗誦》、嚴文井的《南南同鬍子伯伯》、袁水拍的詩集、馮亦代翻譯的海明威小說等等。老舍也曾在信中委託徐霞村，一是為萬迪鶴的後事，「曾為萬迪鶴事致道公，祈順便與道公一談，給他點治喪費。」一是為書籍遭到盜版的事兒，「為盜印書事，祈早約見潘公。大家委託的事，未便久延也。」〔註15〕

徐霞村為郭沫若、陽翰笙、陳白塵、夏衍、田漢、洪深、宋之的、袁水拍、曹禺、老舍、張天翼、巴金、葉以群、臧克家、茅盾、靳以、吳組緗、葉聖陶、沈起予、任鈞、王亞平、徐遲、碧野、沙汀、艾蕪、黃藥眠、姚雪垠、田濤、曹靖華、金人、馮亦代、張駿祥、嚴文井、沉浮、歐陽予倩、王西彥等作家以及翦伯贊、王亞南、沈志遠、馬寅初、侯外廬等社會科學家的著作出版提供了很多的幫助。可是這位作家們的朋友卻未能在圖審會呆得長久，他的審查標準未能夠讓實際負責圖審會的副主任印維廉滿意，多次越過徐霞村將文稿交由自己的親信處理，甚至將經過徐霞村審定合格的文稿發還重審或者交由專門委員會重審。1943年徐霞村不得不向潘公展提出了辭職。

當作家們不能繞過圖書雜誌的審查制度時，他們在創作中也有意識地規避那些可能導致作品被禁、被刪的因素。1942年初，根據張天翼小說改編的劇本《禿禿大王》打算由孩子劇團搬上重慶的舞臺，可是最後卻被禁止。導演石凌鶴為此事找到陽翰笙，陽翰笙為此事頗有責怪石凌鶴之意。因為陽翰笙認為劇本審查獲得通過是最要緊的，應該特別留意，為此早就叮囑過石凌鶴。可是他並未將劇本給陽翰笙看，就先送交審查了。由此可見，對於什麼樣的劇本能夠通過，陽翰笙是比較有經驗的。而為了劇本能夠順利通過審查，能夠正式上演，在內容上做修改和調整，是非常正常的。後來陽翰笙就曾在

〔註14〕《女兒眼中的徐霞村》，《新文學史料》1994年第4期。
〔註15〕《致徐霞村》，《老舍書信集》，頁 144、145，百花文藝出版社，1992年出版。

自己日記中寫道：「看完了《禿禿大王》，非怪別人要說話，劇本的內容實在也成大問題。」〔註16〕

三

正是這樣的一種不統一的標準，使得抗戰前期，儘管出版商、文藝家們對圖書原稿審查制度有各種的不滿，但最終並未對抗戰時期陪都圖書雜誌的發行造成太大的干擾，文章要改動，畢竟還能出版。另一方面，作家們和國民政府主管文化的官員們並未彼此間劍拔弩張，還有相與往還的餘地。就如上文提到的《禿禿大王》上演所遭遇的經歷，陽翰笙親自去信給時任國民黨軍委會政治部副部長的梁寒操，表示願意對劇本做修改。後來梁寒操對修改後的劇本仍然不滿意，最後請陽翰笙替他對劇本內容作了修改。在那一時期作家們的生活中，與國民黨政府要員之間的交往，不過是他們朋友、工作、寫作圈子中尋常不過的事情。因此，圖書審查也就在管理制度和個人的情感間，呈現出可供商榷的一面。

可是，到了抗戰後期，情況就變得不一樣了。一方面經濟惡化，貧和病，已經成了抗戰中後期文藝界人士的普遍現象。生活困頓的作家們發現自己的作品在費盡心血創作出來之後，還不得不通過圖審會任意塗改刪除，甚至連出版發表的機會都異常渺茫，這讓依靠版稅、稿費生存的作家們感到異常地憤怒。

當圖書審查影響到了作家、雜誌、書店的生存時，圖書審查所帶來的問題就更加嚴重，也就更為文化界的人們所痛恨。圖書審查制度就已經從文化政策問題和國民政府的腐敗無能等等聯繫在一起，矛頭最終直指國民黨政府的統治。

1943年11月，國民黨新任中宣部部長梁寒操舉行茶會招待文化界人士，會上陽翰笙應邀發言，他的話真實地道出了文藝界的困境：

（一）現在文化界的人士一般都很苦悶，苦悶的原因依我看來有這幾點：

1、寫作上受的限制很大，不能得到應有的自由，一般人在未動筆之前，腦裏便先裝滿了三十六把剪刀。像這樣寫出來的東西，有時還是不一定能夠通得過。

2、文化活動上的困難很多，特別是在文化事業上抽收重稅（書籍抽稅，演戲抽捐），致使戲劇出版演奏展覽等文化活動均大受影響，幾至無法活動。

〔註16〕《陽翰笙日記選》，頁24，四川文藝出版社1985年出版。

3、生活上的困苦加重，一般作家藝術家因受物價飛漲的威脅，多已至無法生活的地步。

（二）有了上述的三原因，故一般人都很苦悶。但假如能夠得到寫作上的自由，能夠廢除文化事業上的重稅，每個人創作的東西都能很順利地得到出版、演出、演奏和展覽的機會，個人生活上的痛苦既可解除，精神上的苦悶也可由此消逝。這對於抗建大業，自會有很大的貢獻的。〔註17〕

寫作的自由受到限制，從作品的寫成、交付審稿、出版因審查制度的存在而大受影響。而在1943年時，在重慶的生活已經非常困難了。以陽翰笙為例，他供職於政治部文化工作委員會，家裏人都以為他在陪都當官，收入豐厚，誰知給父親買藥的錢都是靠賣衣服得來的。1944年8月，陽翰笙父親因病去世，因為經濟拮据，連回家為父奔喪的錢都沒有，只有忍痛作罷。

而與此同時，隨著抗戰進入相持階段，國民政府對文藝界的監控卻愈加嚴密，儘管國民政府的文化官員如潘公展等曾表示將放寬圖書雜誌的審查標準，「只求大同，不問小異」。並在1944年7月軍委會政治部頒布了《戰時出版品審查辦法及禁載標準》、《戰時書刊審查規則》，將原稿審查制度修訂為「原稿送審」和「自願送審」，「原稿送審」即「凡以論述軍事、政治及外交為目的之及雜誌暨單篇文字，均應在出版前一律以原稿送所在地審查處審查，其未送審者不得印行。凡劇本及電影片未經呈送中央審查委員會審准者，不得印行、上演或公演。」「自願送審」則為「凡圖書暨不以論述軍事、政治及外交為目的之雜誌，得不以原稿送審，由發行人著作人依據戰時出版品審查辦法及禁載標準自行負責審查。」可是這看似「自願」其實最後仍然要受到限制，因為按照規定，無論是原稿送審還是自願送審，「其發行人印刷人及著作人均應於印就後發行前四日，一律以兩份呈送所在地審查處，其未呈送者一律不得發行。」

因為圖書雜誌審查制度遭到越來越多文藝界人士的反對，國民政府為了緩和與文藝界的緊張氣氛，在1944年11月籌劃發起成立全國著作人協會。根據陽翰笙日記的記載，在協會成立之前，他曾先後與郭沫若、馮乃超、潘子農、張彥祥等商談議案，並在11月5日著作人協會成立時，提出了三個提案，即：

一、請轉請政府再度放寬圖書雜誌審查尺度。除違反抗戰建國利益與泄

　　漏國防、外交秘密者外，一律准予出版。

二、請轉請政府廢除劇本和演出的事先審查。

三、請轉請政府重審自本年七月以前被禁之一百種劇本，根據放寬尺度
　　之原則，一律准予自由出版。〔註18〕

　　可是這三條議案卻遭到了張道藩、潘公展的反對，最終未能獲得通過，這自然讓陽翰笙們非常的失望和憤怒，最後會未開完就不歡而散。

　　其實這個時候，即使掌控文化的官員們願意擺出一副樂意聽取意見的姿態，國民政府對文化的監控已日漸嚴密，政府的專制色彩越來越濃厚，圖審會較從前更無標準、更無理可講。作爲國民政府最高領導人的蔣介石，可以根據個人喜惡隨意決定一部作品的命運。曹禺的《蛻變》曾獲得由教育部評選的 1943 年度優良劇本獎，就是這部獲得第一屆劇本獎的作品 1943 年曾已通過了圖書審查委員會的審查，並被評爲優秀劇本，1943 年 4 月，中萬劇團演出《蛻變》，蔣介石應邀觀看了演出，據當時的《新華日報》報導，蔣介石對該劇頗爲「賞識」。可是隨後各劇團卻接到了一份《〈蛻變〉審查刪改表》，被要求必須遵照執行。同樣，1943 年 4 月《日本間諜》也被禁演，而《日本間諜》當時轟動重慶，在三家劇院同時上演。在上演過程中，中宣部部長張道藩轉告政治部部長張治中，說是蔣介石認爲該片內容有問題，要立刻停演。張治中則認爲電影已經通過審查，是合法的，不能隨意停演。於是《日本間諜》繼續在重慶上演。並且張治中準備親自面見蔣介石，向其詳細解釋，可是卻被蔣緯國勸回，並告知張治中不必解說，蔣介石對該片確實極爲不滿。無奈，張治中只好將《日本間諜》叫停。

　　在現存的一份《委員長侍從室密令》中，可以看到，政治色彩完全可以判定作品的命運，國民政府對政權的關注度日益變大。在這份密令中，被視爲是「奸僞活動」需要圖審會密切關注的人物，有郭沫若、茅盾、鄭伯奇、葉以群、宋之的、姚雪垠、臧克家、胡風、盧鴻荃、歐陽凡海、葛一虹等等左翼作家。這些作家中不少曾在抗戰中供職於國民政府，這個時候卻成爲了政府警惕的對象。

　　1945 年，一向溫和的葉聖陶發表了《我們永遠不要圖書雜誌審查制度》，在這篇文章中，圖書雜誌審查制度已經不再是對文化界的限制了，而是和秦始皇焚書、清朝的搜禁書籍以及篡改歷代書籍聯繫在了一起。圖書雜誌審查

〔註18〕《陽翰笙日記選》，頁 317，四川文藝出版社 1985 年出版。

制度已經成專制政權的佐證，葉聖陶在文中呼籲「我國向來行專制政治，處於牛羊地位的公眾無所謂發表的自由。現在專制政治要結束了，發表的自由成為公眾生活的要素，大家必須努力爭持，享有他，同時必須努力學習，使發表的自由收到充分的效益。一面爭持，一面學習，從今開始不算遲，可是非開始不可。」〔註19〕言辭中已經對圖書雜誌審查制度及其背後的專制政治無法忍受，這暗示著國民政府的統治在眾多文化人的心目中已經失去了昔日的威信，即使抗戰勝利，也無法挽回他們的失望。

〔註19〕葉聖陶：《我們永遠不要圖書雜誌審查制度》，《周報》，1943 年第 11 期。

政治博弈中的《廣西婦女》

呂潔宇[*]

　　1937 年盧溝橋事件掀開了全民抗日救亡的序幕，日本帝國主義的侵略也改變了當時中國的政治格局，民族矛盾上升成爲國家社會的主要矛盾，在民族生死存亡之際，國共兩黨暫時放下恩怨，促成了中國歷史上的第二次國共合作，轟轟烈烈的抗日運動在全國範圍內展開。1938 年 5 月，由國共兩黨婦女委員會參與的「戰時婦女工作談話會」在盧山召開，會議成立了戰時民族統一戰線的婦女組織：新生活運動婦女指導委員會，制定了指導全國婦女工作的綱要，將婦女的抗日工作正式納入抗日統一戰線之中。在國共兩黨的共同努力下，婦女工作出現了大好形勢，婦女刊物大量涌現，到 1941 年 3 月止，全國已有 60 種以上的婦女刊物，《廣西婦女》就是其中之一。

　　《廣西婦女》從 1940 年 2 月 25 日創刊到 1943 年 10 月 15 日停刊，先後出版了四十期。由廣西婦委會出版，對於創刊的目的，郭德潔在《創刊詞》上尤明確地說明：「我們爲了徵集各方面對於婦女參加抗戰建國工作的意見，檢討我們自己的工作，以及加強婦女工作的力量起見，還出版了這個刊物——廣西婦女，我們希望能憑著這個刊物，使廣西婦女運動，得到理論的充實，產生行動的力量。」[註1]《廣西婦女》意圖加強國內婦女抗日統一戰線，它一方面要求表達抗日的情緒，一方面又成了國共合作的一個重要婦女文藝陣地。但隨著抗日形勢的轉變，戰爭進入了相持階段，皖南事變的發生改變了國內的政治局勢，民族矛盾又漸漸地被國內的黨派紛爭取代，《廣西婦女》的抗日色彩漸漸淡去，婦女解放的重點轉移到了反封建，而《廣西婦女》由國共合作的文藝陣地轉爲了政治博弈的平臺。

---

[*] 　呂潔宇（1987～），女，湖北長陽人，西南大學 2012 級現當代文學專業博士，主
　　要從事中國現當代文學與現代思想文化研究。
〔註 1〕《廣西婦女》1940 年第 1 期「創刊詞」。

一

　　由於《廣西婦女》以一種民間刊物的姿態出現，經費的短缺也使得這本刊物不得不在一定程度上依賴於政府的資助，因而《廣西婦女》的辦刊內容也不可避免地更多受到蔣政府的政治導向影響。同時由於新桂系與蔣政府之間的摩擦，廣西省政府當局採取了較爲寬鬆的出版政策，自《廣西婦女》創刊至 1941 年皖南事變，也即《廣西婦女》第 17、18 期出版之前，這份雜誌一直處於較爲寬鬆的生長空間內，兩黨抱著合作的態度較爲自由地在上面發表自己的政治見解。

　　1941 年，廣西省政府制定《廣西建設計劃大綱》明確指出文化的最高指導原則爲三民主義。《廣西婦女》作爲一個廣西省影響最大的綜合性的婦女刊物，也自然成爲了介紹黨政思想的最好平臺，國民黨的大部分政策思想都能在這裏得到很好的宣傳。每期的《前哨》以介紹政府動態爲主，大量的會議記錄和領導講話被引用到文章之中，從而來達到宣傳的目的，這些話語都帶有強烈的煽動效果：「蔣委員長這次去西北解決了許多癥結問題之後，提出了『西南是抗戰的根據地，西北是建國的根據地』，對比的話，這就是昭示我人，在抗戰過程中建國時要以西北爲出發點，才能奠下一個牢固的基礎」〔註2〕這是對國民黨「開發大西北」運動的宣傳。「『青年爲革命之先鋒隊，爲國家之新生命。舉凡社會之進化，政治之改革，莫不有賴於青年之策動，以爲共主力！』『我們絕對不能忘記總裁之明切訓示！青年地位之重要由此可見一斑。』『青年是時代的推動機，民族的新血液！』先進的時賢對青年的期望之中，尊崇之高，由此更可得到明證。」〔註3〕國民黨組織「三青團」這個新的革命組織爲國民黨服務，進而在廣大青年中大肆宣傳，這篇文章也是其產物之一。而對國民黨的各種運動和政策，報刊的誇大和美化都會讓民眾被虛僞的表面所迷惑。「本省黃主席關於『革新政治風氣』的號召，現在已展開爲全省的一個實際運動了。是這時的一個正確的、而且具有對當前現實的一般指導意義的……事實上，革新政風就是要建立一種適應於抗戰建國需要的政治風氣。這種風氣的基本精神就是三民主義政治的基本精神，說得具體一點，就是民主精神。」〔註4〕國民黨虛僞的「革新運動」在這篇文章中變成了「眞正的」

〔註 2〕 寅初：《西北安多區的婦女》，《廣西婦女》第 30 期。
〔註 3〕 曾英：《女青年應如何完成抗戰建國的使命》，《廣西婦女》第 28、29 期。
〔註 4〕 普若：《革命政風與民族精神》，《廣西婦女》第 28、29 期。

民主精神的革新。此外還有對婦女憲政運動的宣傳和鼓勵，這些文章都出現在報紙的頭版，以新聞速遞的形式表現出來，對國民黨的相關政策進行了最積極的宣傳，同時相關記者也會對此進行正面的評論，國民黨利用輿論的正面報導來進行宣傳造勢，掩蓋其真正的目的，從而使一切不合民眾利益的決議變得合理化。

除了宣傳美化國民黨的革新政策之外，很多文章也對國民黨的抗戰政策進行了宣傳，以突出國民黨在抗戰中的積極態度和重要作用，鞏固其政黨的領導地位：「反侵略的戰爭雖屢遭挫折，但在我們賢明的領袖——蔣委員長領導之下，反侵略的立場始終堅持著」〔註5〕、「由於本省政治修明，民眾的要求才能反映到政府的措施，這種自下而上的動力，是有廣大的群眾做基礎，有賢明的當局做領導，將來的工作成果，一定非常美滿。」〔註6〕文章贊頌了這種「正確積極」的領導，同時更表現出對執政者的擁護和服從：「委座訓示我們：『中國抗戰之中心，不在南京和各大都市，實寄於全國鄉村與廣大強固之民心。』為了實現我們第一項的工作目標……我們必須加強省的領導作用，擴大工作地區，切實推進各縣婦運。」〔註7〕「我們實在更應當求力進步，團結一致，擁護黨政當局之抗戰措施，站在個人的崗位上，發揮最大的能力，以求國家之勝利與自由……國際局勢這種有利於我的變化，乃由於我國堅持抗戰的結果。我全國軍民，在偉大領袖蔣委員長領導之下，同心合力，不畏艱辛，肅清叛逆，克服重重難關，打出了這個光明的局面。」〔註8〕這些言論表現出了較為明顯的排除異己的意味。在強烈的政治打壓之下，共產黨也較好地利用了這一媒介進行反擊。新桂系較為寬鬆的文化政策使得各種言論能夠較自由地發表，也在一定程度上打破了國民黨的「一言堂」，為維護抗日統一戰線起到了積極的促進作用。

二

抗戰時期的廣西政治主要由新桂系把持，新桂系一直是國民黨內有很強實力的軍事政治派系，與國民黨中央政府也存在著很多的摩擦。當日軍的鐵

〔註5〕 慕昭：《迎接勝利的新年中我們的任務》，《廣西婦女》第21期。
〔註6〕 慕昭：《本省徵屬的福音》，《廣西婦女》第24、25期。
〔註7〕 宋慕昭：《從艱苦奮鬥中成長——檢閱並報告本會三年來的工作行程》，《廣西婦女》第26、27期。
〔註8〕 邵傳學：《紀念抗戰六週年與我國婦女之任務》，《廣西婦女》1943年第8期。

蹄大舉進犯中國的國土時，黨派紛爭也因抗日的炮火暫時擱置。隨著國土的不斷淪陷，大批愛國人士和文人學者避居廣西，抗日救國運動也在此地如火如荼地開展了起來。新桂系因雄厚的軍事實力成為了國民黨抗擊日軍的主要力量，在國民黨中央政府中的影響越來越大，蔣介石加緊從政治、經濟等方面向廣西進行滲透。面對蔣介石的全面進攻，新桂系在軍事政治上採取了攻守相結合的政策，而在文化方面則從省外廣攬人才，重視報業宣傳，提倡輿論自由，宣傳「團結抗戰」的思想，擴大社會影響，使得廣西的期刊出版業達到了鼎峰。1938 年至 1941 年間，《新華日報》航空版、《掃蕩報》、《力報》、《大公報》、《救亡日報》等在國內具有巨大影響力的報紙先後在桂林出版，桂林成了僅次於重慶的報業中心城市。同時放寬了出版發行、審查制度方面的要求，使得輿論導向相對自由，新桂系上層領導人較開明的文化政策在一定程度上打破了國民黨的文化專制。

這一時期，廣西省政府以國民黨中央政府制定的《修正出版法》為法律依據，對廣西新聞出版業進行管理和約束。1937 年 7 月 8 日，國民黨中央政府的《修正出版法》頒布實施。這是一部關於新聞出版的基礎性法律，包括總則、新聞紙及雜誌、書籍及其他出版品、出版品登載事項之限制、行政處分、罰則等六章。在新聞紙及雜誌發行前登記項目中，除規定新聞紙及雜誌的名稱、刊期、發行所及印刷所之名稱及所在地、發行人及編輯人的姓名、年齡、住所等事項必須登記外，還要求登記「社務組織、資本數目及經濟情況」，且「必要時派人檢查其社務組織」。對於書籍及其他出版品，則規定書刊在首次發行前必須申請登記，於其末幅記載發行人之姓名住所、發行年月日、發行所，印刷所之名稱及所在地，經批准後才得發行。在第四章出版品登載事項之限制中，更是做了多項規定，其中「意圖破壞中國國民黨或三民主義者，意圖顛覆國民政府或損害中華民國利益者，意圖破壞公共秩序者，妨害善良風俗者」不得登載，「公開訴訟事件之辯論」不允許登載，危及國民黨的言論和消息不許登載，不利於廣西當局建設或領袖的言論不許登載等等。在隨後 1938 年 7 月國民黨公佈《修正抗戰期間圖書雜誌審查標準》裏，審查條例變得更為嚴格，規定所謂「惡意抨擊本黨、詆毀政府、污蔑領袖與中央一切現行設施者」，將以「反動言論」罪名論處，「1940 年，國名黨又公佈《戰時圖書雜誌原稿審查辦法》，並在有報刊出版的城市設立圖書雜誌審查委員會或審查處，實行原稿審查制度，其後，又相繼公佈《雜誌送審須知》、

《圖書送審須知》、《新聞記者法》、《圖書印刷店管理規則》、《通訊社報社管理暫行方法》、《修正圖書雜誌劇本送審須知等法令》等法令」〔註9〕，對圖書、報社、印刷廠實行嚴格的審查和管理，嚴密控制輿論出版的政治導向。

但是，作為新聞出版的基礎性法規，《出版法》各項規定的可操作性並不強，尤其是限制出版品登載事項的條文，在具體實施的過程中很難界定，這就為廣西的出版檢查工作留下較為寬鬆的空間，客觀上有利於廣西新聞出版事業的發展。當時的新桂系智囊團——廣西建設研究會文化部由大量的國民黨民主派和桂籍以及旅桂的進步文化人士組成，他們利用桂系和蔣政府之間的矛盾，把抗戰時期的文化建設向著大眾化、通俗化的方向進行了有力的推動，他們明確提出書報的審查當「由省黨部遵守中央頒發的審查標準，以寬大態度，簡單方法，敏捷手續辦理」。新桂系廣西當局據此採取了相對寬鬆的書報審查制度，因而共產黨才有可能逃避審查，在報刊上宣傳自己的政治思想。

在抗日統一戰線之下，國共兩黨也存在著思想交鋒，在相對寬鬆的審查體制之下，《廣西婦女》的撰稿人可以較為自由地發表自己的政治見解。其中很多文章都暗含了傾共的色彩，如在《「五四」前後的婦女解放運動》中，作者介紹了婦女解放運動提倡的發生和發展過程，其中將李大釗和魯迅的婦女言論作為重點提及，對李大釗的無產階級理論做了較為詳細的介紹：「他的結論是『我以為婦女問題徹底解決的方法，一方面要合婦女全體的力量去打破那男子專斷的社會制度，一方面還要合全世界勞動階級婦女的力量去打破那些有產階級，專斷的社會制度』」〔註10〕並號召進行革命，打破二七年之後的文化和政治專制。這些有明顯傾共色彩的文章也正是共產黨對國民黨政治獨斷的反抗。另外對國民黨政策弊端的批判也在文章中多有顯現，廣大的民主人士在文章中提出了很多中肯的建議，促進了國民黨政策實施的先進性，也在一定程度上撥正了國民黨的反動立場。但是這些帶有政治立場的言論並非文章的主流，當時的社會形勢更多地要求站在統一立場上，加強團結，一致對外。因而此時政黨的紛爭被國內的統一聲浪所掩蓋，更多的關注焦點仍在統一抗戰之上，「這個戰爭是持久的是全面的，換句話說，就是要爭取最後的勝利必須動員每一個人民，不論階層，不論黨派，無分老幼，無分男女，都

〔註9〕《中國新民主革命通史》第七卷，人民出版社2001年4月版，頁514。
〔註10〕宋雲彬：《五四前後的婦女解放運動》，《廣西婦女》第4期。

要為抗戰而努力，支持抗戰的工作。」〔註11〕

在《廣西婦女》中，除了有對抗戰和婦運中的重大問題的評論之外，還發表了大量反映抗戰時期的婦女兒童生活與參與鬥爭的文藝創作，這些豐富的內容向讀者傳達了更全面、豐富的信息。每期《廣西婦女》中的《文藝》主要發表文學作品，涉及到小說、散文、詩歌等多種文學體裁。從第 1 期開始至第 15、16 期，《文藝》每期有 5～7 篇文章，這些小說都無一例外的是抗日題材，作品表現了主人公對抗日的信心，抒發了抗日的豪情壯志，充滿著悲壯的激情，風格昂揚向上，充滿著強烈的浪漫主義色彩。此時的抗日文章主要分三類：對抗日英雄的歌頌、描述婦女勇敢走向抗日道路的歷程、民眾對抗日戰爭的支持。

作為中國的勞苦大眾來說，日本的侵略讓他們流離失所，在戰亂中飽受了困苦和欺辱。在抗日洪流的強烈衝擊下，廣大婦女勇敢地走出來，加入到轟轟烈烈的抗日隊伍之中，開始了新的生活。《腿》敘述了婦女加入到抗日隊伍之後，在不斷的訓練中磨煉了自己的意志，他們充滿了對勝利的信心：「抗戰真是偉大，抗戰已經將許多太太們的兩條腿，訓練成了鋼鐵……現在，千百萬人的腿，都已練成鋼鐵。這事實是昭示國人，只要我們堅持抗戰，一切都有辦法」〔註12〕《一個女兵》敘述了一個女兵在戰爭中成長的過程，她因在工作中受傷而目睹了戰場的慘烈，這更堅定了她投身戰場的信念：「我現在已是一個女兵了。我決為著我的理想使中華民族真正達到獨立自由，中國的婦女同胞得到解放而奮鬥到底」。婦女們的覺醒也標誌著全民抗戰的開始，更激起了中華民族抵抗外辱的決心。革命者前仆後繼加入到革命的浪潮中，書寫著一個民族奮起的詩篇。《歸來吧，負傷的戰鬥者》、《南行》、《贈予一個新兵》、《自由與神聖的五月之花》等詩都充滿了對革命者的鼓勵和崇敬，這些詩有強烈的戰鬥激情，以堅定的語調和和沉重的力量鼓舞著戰鬥者，它們是民族戰爭中最振奮人心的詩篇。除了表現抗日前線的官兵之外，民眾對抗日也抱有著最積極的支持，他們也在抗戰中貢獻著自己的力量，是最有力的且不可忽視的堅強後盾。《抗日戰士的母親》寫這位偉大的母親不僅將自己的兒子送上前線，並且對所有的戰士都視如親人，她的友愛和慈善也正是所有中國母親的真實寫照，「我們驚歎這新中國的母性！但這樣使我感動的已不止一

〔註11〕 《三八感言》，《廣西婦女》第 2 期。
〔註12〕 魏晉：《腿》，《廣西婦女》第 1 期。

次了，從我踏進了冀察晉邊區已遇到好幾次，深深的印在我的腦海裏」〔註13〕
這些文學作品都眞實地反映了當時的革命浪潮，富有強烈的戰鬥精神和民族
情懷，對當時的婦女運動和抗日活動都起到了積極的促進作用。

可以說，新桂系與蔣政府的政治權利制約，給予了《廣西婦女》自由生
長的空間，這種權利的制約形成了一個寬鬆的文化機制，使得民主人士和共
產黨可以在較爲自由的空間內發表自己的見解，在一定程度上促進國民黨的
政策的先進性，鞏固了抗日統一戰線。新桂系的文化政策對廣西的抗日文化
的繁榮起到了重要作用。

三

隨著抗戰拉鋸戰的持久和戰事的轉機，國民黨發動了第二、三次反共高
潮，1941 年皖南事變之後，新桂系也呈現出了較明顯的反共態度，大量的愛
國民主人士被驅逐出廣西，對報刊言論的控制也變得嚴格，因此如何在報刊
雜誌上保留甚至擴大自己的生存空間變得尤爲艱難。《廣西婦女》的主編和工
作人員全部換班，刊物的風格和內容發生了重要的轉變，主要內容由反帝轉
爲反封建，《文藝》風格由激昂的浪漫主義轉爲痛擊時弊的現實主義，而文章
中則開始隱晦地加入了更多的政治色彩。

從皖南事變之後的 17、18 期開始，《廣西婦女》中的《文藝》版的內容
由早期革命的昂揚鬥志轉爲描寫弱勢群體的悲苦，提倡婦女平等自由和解
放，在悲慘的現實敘述中控訴黑暗不公的社會。《產婦》裏的金太太是受過高
等教育的女大學生，即使這樣她也難逃悲慘的命運。爲了與法官金先生結合，
斷然與家庭決裂，可在她懷孕之後，丈夫卻有了新歡並要求解除婚約，可憐
的產婦遭到親人的辱罵和丈夫的拋棄，最終扔下襁褓中的嬰兒在痛苦和絕望
中死去。《被踐踏的人》裏的丁家英在生活的重壓下沒有放棄對愛情和自由的
渴望，可是這種渴望卻被他所愛的人毀滅的支離破碎，她所愛的科長違背了
他的承諾，留下懷有身孕的她在戰亂中漂泊。由於懷有身孕，她找不到工作，
靠著變賣對象換取生活費，在陰暗潮濕的地下室過著凄慘的生活。她向這不
公平的社會發出了最沉重的呼喊：「我的不幸，只是千千萬萬女同胞中的一
人，多少女人，可曾不像我現在的不幸，多少女人，何曾不處於更不幸的境
地，而多少人寄予她們的同情，多少人伸手去援助她們？」在那個動亂的社

〔註13〕 田工：《抗日戰士的母親》，《廣西婦女》第 4 期。

會，帝國主義野蠻地侵蝕著我們的國土，封建主義更是頑固地鉗制著人們的精神，處於底層的婦女們目睹著社會的黑暗，默默地承受著這不平等社會和現實給予她們的一切磨難，而國人卻未曾給這些經受磨難和苦痛的最偉大女性給予同情和援助，反而在無數次的剝削和壓迫中享受著男性在社會絕對的優越權，這些忍辱負重的堅強背後是無數的血淚，在封建社會的倫理綱常之下埋葬著眾多被人遺忘的靈魂。這些作品是千千萬萬受壓迫女性的真實縮影，《廣西婦女》以敏感細微的筆觸向我們展示了身處囹圄中的婦女的真實訴求，喚起社會的關注，促使女性自我的覺醒。

深受壓迫的廣大婦女仍在默默承受著，而很多的新女性開始走向自我解放的道路。隨著婦女運動的不斷深入，很多的女性開始掙脫束縛，勇敢地尋求自我的價值。《歸》寫一個知識女性因父親去世回家探親的過程，一路上同行的有公務員、軍官等上流社會者，也有窮苦的普通大眾，作者通過描寫短暫旅途中的所見所聞將各人的性格態度和矛盾衝突表現得淋漓盡致，表現了這個社會的等級壓迫和民眾的麻木。由軍官惡狠狠的姿態和公務員仗勢壓人的嘴臉，更顯得車上抱孩子母親的可憐和艱辛。在擁擠的車廂裏，軍官「竟占據了一條可容三人坐的長凳。之後，他把一件用軍帽裹好的被包放在上面，就不顧一切的伸直了四肢躺在那長凳上打著鼾睡。」經過婦女的苦苦哀求，軍官才拿走行李，為她騰出了一個位置，並表現出鄙夷的神情「早不該到三等車來，搭三等車的盡是些下流人，一點也不懂得禮貌」，而面對軍官的責罵，抱孩子的婦女泰然地坐下，對身邊援以幫助的人沒有絲毫感激，對軍官也無半點不滿，這個婦女在生活沉重的壓迫之下早已只剩下麻木的靈魂。因為車子故障，司機不得不冒雨下車修理，車上另一個公務員毫不體諒修車司機的勞累，不停地催促和責罵：「你是什麼東西，我是趕時間赴會的呀！你的時間不值錢，我的時間可太寶貴，你簡直不把國家大事放在眼裏，真可惡！」〔註14〕這個小小的車廂可算是一個腐朽上層社會的縮影。而當「我」回到家，見到思想閉塞、觀念陳腐的鄉親更增加了「我」掙脫這個腐朽環境的渴望，作為新時代女性的「我」最終果斷地選擇了再次離開這個死氣沉沉的家庭，尋找自己的自由生活。《麗妮》中的女戰士麗妮因不滿丈夫的奢侈和貪圖享受而離開了他，在貧困的農村中繼續自己艱苦的戰鬥。這無數次的「出走」正是廣大婦女覺醒的證明，是女性在解放的呼聲中邁出的重要的一步。

〔註14〕洵漾：《歸》，《廣西婦女》第 30、31 期。

　　正是由於戰爭時局的改變促使了輿論的中心發生了轉移，而對於國共兩黨來說，兩黨的矛盾已經公開化，國民黨對輿論的進一步控制導致了共產黨文藝陣地的失守，大量的民主人士被逐出廣西，而少量的反抗的聲音也只能通過各種較隱晦的方式傳達出來，很多民主人士較為含蓄地表明了自己對政治和社會的態度。其主要表現在兩個方面：對蘇聯作品的翻譯和評論文中的蘇聯傾向。二者都較為含蓄地表達了對紅色政權的偏向。

　　《廣西日報》中有大量翻譯作品，它通過對外國文學的譯介，向廣大讀者介紹國外的婦女解放運動，這其中以蘇聯的居多。蘇聯詩人涅克拉索夫的《卡特琳娜》中詩人以哀怨的口吻描述了一個妙齡女子被嗜酒的丈夫責罵和毆打的痛苦遭遇，經受了身心巨大折磨之後去親人面前哭訴，可是「誰也不同情──不管是外人還是自己人！『忍耐著吧，親人呀！』老人重複地說」，親人懦弱的忍受和勸阻，讓我不禁感歎「丟卻一點東西──並不是好大的損失。親愛的人的毆打，是不會痛得很久嗎！」。逆來順受成為了婦女在男權社會的生存法則，婦女無可奈何地在痛苦中掙扎，卻無力動搖這個龐大的封建思想體系，這些婦女用血和淚的悲劇在控訴這個不平等的社會。在萬千卑微的生命軌迹裏，我們從這些渴望被解放的呼號中尋找生命的價值。這個腐朽的社會給了婦女無盡的痛苦，而只有鬥爭能帶給她們以光明，在革命的潮流中，大批蘇聯女性投入了戰鬥之中，尋找自由和解放，作者痛訴這個充滿剝削的社會，同時也向我們展示了女性追求自由的無謂抗爭精神，而這其中也不可避免地間接地夾帶了蘇聯革命的思想。「讓我們引用一些她所選錄下的語句吧，它們是能使我們瞭解曹雅的……當一個共產黨員──就是說有膽量，有思想，有希望，有勇敢（馬耶可夫斯基）」〔註15〕這些主人公光輝形象的描寫對共產黨思想的傳播是有益的。《想像的光閃》裏「在我底想像中有一個新的普羅米修士凝望著我；『你怕一些半人半鬼的東西用大而發黑的嚙咬你的人格嗎？』我昂然一笑呵！那位真理獻了身給土地的我底朋友，我的人格是不會減少一點他們的光輝。」而即使「我」有一天在抗爭中倒下，我的朋友「還有一種想像不到的力量啊！使我蘇醒過來，使我復生，使我能夠過更艱難的日子。」詩人向我們展現了這個偉大革命者的不卑不亢，在艱苦卓絕的鬥爭中，忍辱負重的婦女同胞奮鬥在前線的炮火中，無數的生命在彌漫的硝烟中走向毀滅，而她們的靈魂也將得到永生！《女飛行員蘇娜》講述了蘇娜勇敢追

────────────────

〔註15〕列道夫：《蘇聯女英雄唐妮之死》，蘇凡譯，《廣西婦女》　第30、31期。

求自己的夢想，自豪地成爲了蘇聯第一個女飛行員的傳奇故事，她深受民眾喜歡，並激勵了無數的女性參與到這個原本屬於男性的職業中，她是職業女性追求自我價值和理想的表率。這些蘇聯女戰士無所畏懼，而這些勇氣本身來源於對自由的渴望和對理想的信仰。《廣西婦女》上的文學作品以抗戰後方婦女生活的各方面爲素材，向我們展示了戰時婦女對自由的渴望和積極抗爭的勇氣，對這些平凡而偉大的婦女給予了最高的贊譽，同時也向廣大婦女發出了爭取自由與解放的呼號，作爲民族解放的一部分，婦女運動深入到了封建思想根深蒂固的鄉村，婦女在這場戰役中要求掙脫男權社會的枷鎖，獲得社會地位，實現自我意識和思想的革新，眞正走向了自我獨立和解放的道路，從而眞正實踐了「五四」以來更大範圍內的婦女解放。

除了文學作品的翻譯之外，《廣西婦女》還翻譯了大量文學史料，這些文章更爲細緻地介紹了蘇聯的各種政策。于卓《列寧夫人文選》的翻譯文本從第 24、25 期開始在《廣西婦女》上進行連載，讓讀者更全面地瞭解了蘇聯的婦女政策。它向讀者介紹了蘇聯法律賦予婦女兒童在教育等各方面的權利，原文中極力表現了新政府領導下的民眾獲得自由和解放的喜悅：「在我們蘇聯，經過勞動民眾反對他們的敵人的那種不間斷的鬥爭，資產階級終於消滅了。在我們國家內，沒有資產階級立足的地方。我們沒有貧困和剝削的存在了。」〔註16〕除了系統的翻譯文本之外，《廣西婦女》還大量刊載有關蘇聯教育、福利等各種社會狀況的文章，如《蘇聯兒童的幸福》向中國婦女介紹了蘇聯完善的保育體系，學校、醫院以及配套的設施爲兒童提供了很好的醫療衛生和教育保障。蘇聯的文學向中國民眾介紹了無產階級思想帶給他們的種種福利，這對於渴望眞正獲得解放的中國人來說，無疑有著巨大的吸引力，蘇聯的成功給我們的解放描述了另外一種可能。而當時的解放區對蘇聯很多政策加以借鑒和利用，理論的傳播和實踐的成果讓無產階級理論更深入人心。

另外，很多文章比較含蓄地點明了政府的官僚資本主義性質；「我們的政府對於占全國極少數字的大學生往往待遇特別優良，而對於擁有最大數目的小學生，以及整個民族國家的文化基礎的國民教育卻反而不聞不問，這種倒因爲果，不切實際的辦法，實在是太危險了……對於其他幾個典型的資本主義國家如英、美、法、德等，他們的教育制度都是金字塔式的。他們的整個

〔註16〕《妻子——丈夫的友人和戰友——在紅軍指導員妻子會議上的演詞》，於卓譯，《廣西婦女》第 24、25 期。

教育中心是著重在最下層的國民基礎教育，越到上層便越變成資本主義性質，不能做到一般化。所以也不見得高明。據說我國的教育制度所追隨的正是英美路線。然而事實上卻連英美那種不見得高明的金字塔式制度還沒有學好，畫虎不成，至於類犬，金字塔式的教育制度從西洋渡海到中國來了以後，一變而呈陀螺式的怪現象了。」〔註17〕在批判了這種不合理的教育制度之後，作者將蘇聯的教育拿出來與之相較，體現出其優越性：「現在全世界的教育制度，只有蘇聯比較尚能平均，無論國民基礎教育也好，最高的大學專門教育也好，凡是蘇聯的公民，都可以有機會享受。」作者的立場有較明顯的偏蘇傾向，這也是對國民黨教育政策的不滿。

他們不僅在思想政策層面表現出了對蘇聯政策的偏向，更對社會制度予以了否定，明確地說明了當今婦女不能擺脫家庭奴役，走向真正平等的原因在於私有制的存在，這也是對國民黨政治統治根基的動搖。「婦女要求真正的解放，惟有使家族制度根本改變它的性質，換句話說，惟有到了社會主義的階段，這種願望才能實現。社會主義的理想是反對一切人類的剝削，榨取，建立完全自由平等的社會生活，私有制度在社會主義的社會中是無法存在的……」〔註18〕接著作者在文中介紹了蘇聯憲法中對私有制的杜絕和對婦女權利的保護的相關條文，這些都帶有很明顯的意識形態的偏向，但由於政治原因，這種言論也只能點到即止，不能作為根本措施來描述。同時，作者在文章結尾處也巧妙地加入了一些言論來對其政治立場進行「撥正」：「我們覺得我國女子教育只有以三民主義以及國民黨政綱中女子在經濟、政治、法律、教育、職業上地位平等的女子政策，作為最高原則，此外沒有和這個原則不同或者相反的內容可以決定。」相對於對私有制的大篇目抨擊，這句話雖微不足道，卻能幫助它逃過國民黨的審查，可見當時共產黨在報刊的政策宣傳是具有較大的靈活性和藝術性的。在國民黨的層層審查中保住自己的宣傳陣地，將政治思想巧妙地融入論述之中，不僅僅需要堅定的政治信念，更需要對文字很好的駕馭能力。大批地下共產黨員在《廣西婦女》上發表文章、傳播思想，為無產階級理論在廣西的傳播起到了重要的作用。

這個時期的《廣西婦女》已不再是單純支持婦女解放的刊物了，它染上了更多政治的色彩，國民黨對文化輿論的控制，在一定程度上激起了民主人

〔註17〕黃素秋：《戰時女子教育的幾個重要問題》，《廣西婦女》第 28、29 期。
〔註18〕金楓：《家族制度與婦女地位》，《廣西婦女》第 24、25 期。

士和共產黨的反抗。而《廣西婦女》也因其政治色彩最終被日僞漢奸利用，最終爲政治犧牲。

結　語

　　《廣西婦女》在抗戰的大背景之下，在各種政治力量的博弈中發生和發展。在皖南事變之前，由於新桂系的較爲寬鬆的文化政策，使得該刊上各個政黨的輿論博弈得以相互制約。它一方面積極地宣傳了戰時國民黨政府的婦女政策，中肯地評判了當前婦女運動的成就和不足，讓廣大婦女及時瞭解了相關動態與政策，更有目的、有效地參加到運動之中。同時又制約了國民黨的文化專制，廣大中共地下黨員和愛國民主人士得以給政府提出了許多中肯的意見，積極調和了國民黨政府某些言論的反動勢頭，在一定程度上促進了國民黨政府政策的正確性，使統一戰線循著更堅定的路線往前邁進，在共同努力下最終取得了抗日戰爭的勝利。而皖南事變之後，政治博弈重新浮出水面，國民黨的專制政策使文化受到了重創，《廣西婦女》也由宣傳統一抗戰的進步刊物變爲了宣傳政論的工具，《廣西婦女》最終在強大的政治壓力下停辦，因而，政治的鉗制對於文化的發展而言，絕對是弊大於利的。

第三編　民國法律與文本、文體及性別

民國法律形態與女性寫作

倪海燕*

民國法律形態的變化對作家的寫作產生了一定的影響，這已是不爭的事實。法律所規定的言論出版自由拓展了寫作空間，帶來了寫作生態的變化。法律文本中所體現出來的人權、平等等現代觀念和現代意識，也必然滲入作家的文本當中。對於民國時代的寫作來說，一個很重要的現象值得關注，那就是女性寫作數量的增多和質量的提高，出現了當時和之後引起人們廣泛關注的一系列女作家，如蘇青、張愛玲、蕭紅、陳衡哲、淩叔華、林徽因、蘇雪林等。這些寫作的女性有一些共同的特點，如都受到良好的新式教育，其作品都通過現代傳媒而得以發表出版。民國法律條文中對女子參政、受教育權利、婚姻自由等的規定，在客觀上對女性寫作起到了非常積極的作用。

一、法律與女作家生存空間的拓展

在中國漫長的封建統治中，女性獲得教育的機會並不多，將女性受教育權寫入法律更是絕無僅有的。儘管士大夫家庭中幾乎都要求女子知書識字，其主要的目的還是爲了將來的相夫教子做準備，或是作爲父親或丈夫炫耀的資本。也就是說，女性受教育只是爲了服務於男權制度或僅僅是作爲點綴。因而教育的內容，無非是女德和詩詞、音樂、繪畫等方面。19 世紀下半葉，與「廢纏足」運動相對應，中外人士紛紛主張「興女學」，當時的《民報》、《大公報》、《女子世界》等刊物也不斷在輿論上造勢。

* 倪海燕（1978～），女，四川郫縣人，中國現當代文學專業博士，肇慶學院文學院教師。

1904 年，清政府頒布了《奏定蒙養院章程及家庭教育法章程》，依然將女子教育歸入家庭教育範圍，同時將女子教育內容嚴格限制在持家教子之內，反對女性多讀西書。1905 年，清廷成立學部，第二年明定管制，將女學納入學部執掌。1906 年由西太后面諭學部實行女學，正式宣告女學開禁。而女學真正進入法律章程則是在 1907 年，清政府頒布女子學堂章程，女子教育被納入了學校系統。但這時的女子只允許進女子小學和女子師範學校，女子教育實行的是兩性雙軌制。從 1912 年 9 月到 1913 年 8 月止，教育部頒發了一系列有利於發展女子教育的法令和章程，總稱爲「壬子癸丑學制」。該學制在女子教育方面有以下特點：一是初小可以男女同學；二是女子高小以上，可設立女子中學、女子師範及女子高等師範；三是女子學校不另立系統。該學制部分地打破了男女兩性教育的雙軌制，規定女子和男子一樣，可以接受中高等教育，這爲男女平等創造了條件，只是高等學校除師範外，女子還是不能進入。直到 1922 新學制即壬戌學制出臺，才使女子獲得了平等教育權——從小學到大學，實行男女同校，由此取消了各級各類學校限止女子入學的規定，課程從原則上講也不再有男女校之別。這是我國第一個不分性別的單軌學制。〔註1〕

這些法令和章程的規定是非常有意義的。教育內容的擴大使得女性的智力可以得到更大限度的開發，教育走出家庭的範圍之後，也將開拓女性的視野和心胸。考察這一時期的女性作家，筆者不僅感歎於她們整體所受教育程度之高。她們大多出生於官宦家庭，有家學淵源，後又進入各種新式學堂。女性進入各種學校，不僅獲得了學習知識的機會，也獲得了接觸社會的機會——男女同學之間學識上的砥礪，最新的文化思潮，尤其學校往往成爲革命或新思潮的起源地，許多女作家曾經參與過學潮。這些，都爲寫作提供了豐富的素材和情感激發。不僅如此，這些女作家大多還曾留學歐美，接受了最好的教育，獲得了在今天也爲人所羨慕的「國際視野」。1914 年，陳衡哲考上留美預備學校清華學堂，成爲首屆九名留美女生中的一員。1921 年，蘇雪林懷揣著父親給她的六百銀元，遠赴法國留學。1923 年，冰心從燕京大學畢業，考入美國威爾斯利大學。學識和見識上的積纍爲她們的寫作奠定了基礎。

受教育權的變更之外，對女性衝擊更大的應是婚姻制度的變化。婚姻法中，結婚的原則、婚姻中的財產問題、離婚的原則及離婚後的撫養問題等是

〔註 1〕 楊菁，民國浙江的女學教育∥浙江萬里學院學報〔J〕2005（2）：43～47。

最關鍵的。傳統中國沒有獨立的民法，民事法律關係主要依靠大量的習慣法來調解。中國幾千年的婚姻都遵從習俗，採取「父母之命，媒妁之言」。婚後妻子沒有財產，《禮記·內則》：「子婦無私貨，無私蓄、無私器；不敢私假，不敢私與。婦或賜之飲食、衣飾……則受而獻諸舅姑。」除了嫁妝之外，其餘東西都是夫家的。丈夫死後，妻子也沒有繼承權。如《大清律例》中「立嫡子違法」律文中仍規定，無子的婦女在丈夫死亡之後，只有不再改嫁，才能負責管理丈夫的財產，直到族內男性繼承人成年。如果改嫁，則丈夫的財產全部歸前夫家，甚至包括此前使用的妝奩之物。在「卑幼私擅用財」律文中規定，親友只有在戶絕的情況下，即：財產無同宗承繼之人，才能承受遺產。〔註2〕夫妻離婚被稱為「出妻」，主動權仍在男性一方。這些都顯示了女性在家庭中不平等的地位。1926 年，國民黨第二次全國代表大會通過了《關於婦女運動決議案》，該案第九項規定，應督促國民政府，從速依據黨綱對內政策第十二條「於法律上、經濟上、教育上、社會上，確認男女平等之原則，助進女權的發展」之規定，實施下列各項：（1）制定男女平等的法律；（2）規定女子有財產繼承權；（3）從嚴禁止買賣人口；（4）根據結婚離婚絕對自由的原則，制定婚姻法；（5）保護被壓迫而逃婚的婦女；（6）根據同工同酬，保護母性及童工的原則，制定婦女勞動法。〔註3〕

　　儘管法律條文的實施和現實之間往往存在著差距，尤其是婚姻問題更多受到文化和習俗的影響，但法律的調整畢竟也是習俗變化的一個體現，會反過來進一步促進習俗的變更。民國時期的女性寫作者尤其關注婚姻自主的問題，她們不僅在文本中大量探討自由戀愛、婚姻、離婚，還身體力行對舊的婚姻制度進行反抗。然而，無論是在文本還是在現實之中，這些問題都充滿種種悖論，而正因此，才使得她們的作品呈現出豐富性。

　　女性寫作的繁榮，還得歸功於彼時的新聞出版法律。1912 年 3 月 12 日，南京臨時政府頒布了具有憲法性質的《中華民國臨時約法》，其中規定「人民有言論著作刊行及集會結社之自由」。〔註4〕雖然民國也有書報審查制度，但畢竟

〔註 2〕陳同，從民法的制定看清末民國時期男女平等地位的法律構建／／史林〔J〕
　　　　2012（5）：108～120。
〔註 3〕譚志雲，民國南京政府時期的女性財產繼承權問題／／石家莊學院學報〔J〕
　　　　2007（2）：79～83。
〔註 4〕傅崎、葉繼衛，民國初年新聞法制的演進／／法制與社會〔J〕2009（6,上）：
　　　　311。

賦予了人民言論自由和開辦媒體的權利，這為女性寫作所提供的舞臺可以說是前所未有的。早有研究者注意到，中國古代女性的寫作一直沒有停止過。明代婦女的詩作超過了明以前各代婦女創作的詩詞的總和，清代婦女的詩作又超過了歷代婦女創作的詩詞的總和。正如冼玉情在談到才女成名的三種條件時所說：「其一是名父之女，少稟庭訓，有父兄之提倡，則成就自易。其二是才士之妻，閨房倡和，有夫婿為之點綴，則聲氣易通。其三為令子之母，儕輩所遵，有後嗣為之表揚，則流寓自廣。」〔註 5〕除了家庭教育的優越條件之外，重要的是這三類人佔有傳播的先機，因而能夠成名。民國時期出版法律的頒布及出版技術的進步，使得出版業空前繁榮。女性作家的寫作有了刊登和出版的機會，這必然對她們的寫作是一種莫大的鼓勵。同時，這也為女性提供了一種全新的相對自由的職業形態，為其自我才具的展示提供了舞臺。

二、文本空間的拓展

作家生存空間的拓展，為其文本空間的拓展提供了可能。古代女性囿於狹窄的閨閣當中，缺乏豐富的人生經歷，對閱讀經驗更為依賴。中國古代詩詞的情感內容本就狹窄，閨閣之中，更容易學到的是傷春悲秋、閨怨閨思。而民國女性由於生活閱歷的豐富，其寫作題材幾乎無所不包。她們在與男性分享世界的同時，也開始在文本中展示她們眼中的世界。如陳衡哲在自傳中寫到了她求學的苦樂；馮沅君寫到了反抗封建包辦婚姻、爭取愛情自由的女子；淩叔華較多關注婚姻制度中的舊式女子；張愛玲則寫盡都市中女性謀愛與謀生的矛盾糾結；蕭紅寫東北那片土地上的生與死，《商市街》中更寫到底層文人的艱難生存……這些，都是在過去的女性寫作中不曾有過的。

以女作家對戀愛自由及婚姻家庭制度的思考為例。處於新舊制度的交替之時，婚姻家庭問題也往往是女性寫作者最關心的。馮沅君的《慈母》、《誤點》等小說，都是在寫女性反抗封建包辦婚姻、爭取愛情自由的鬥爭，塑造了一批叛逆女兒的形象。《隔絕》、《隔絕之後》、《旅行》主要取材於她的表姐吳天的遭遇。吳天由父母做主許配給一個地主的兒子，她卻愛上了北京大學物理系的同鄉王某，與父母發生爭執。母親將她關在屋子裏，不許她再去讀書。吳天以絕食抗議。後來，在馮沅君勸解下，吳天決定與王某一起參加河南省教育廳的官費留學考試。吳天的經歷，本身就很有代表性：首先，吳天與王某之所以能認

〔註 5〕轉引自康正果，風騷與艷情〔M〕·上海：上海文藝出版社 2001：391。

識，是因爲教育的放開；其次，儘管婚戀自由已經寫入法律文本，而習俗的影響仍然強大。——雖然《關於婦女運動決議案》1926 年才得以通過，從 1912年民國成立至民法最終頒布之前的近 20 年時間，處理所有民事問題所依據的法律文本爲《現行律民事有效部分》。然而由於社會風氣的影響，「男女平權」思想的深入人心，司法解釋已有所進步，如大理院 1916 年關於婚姻的解釋例（統字 454 號）指出：定婚須得當事人同意，若定婚當時，未得女方之同意，其女訴請解除婚約，亦無強其成婚之理。在關於繼承權、離婚等具體案例上，大理院的判決也已經開始體現了男女平等思想。〔註6〕最後，兩人並沒有走入絕境，像過去那些時代一樣，自殺或沉塘，也是因爲他們生活空間的擴展，女性有了出國留洋的可能。而馮沅君以此爲題材的這些小說中，男女的反抗更有一種神聖感。「我們立志要實現易卜生、托爾斯泰所不敢實現的」；「身命可以犧牲，意志自由不可以犧牲」；「我們開了爲要求戀愛自由而死的血路。我們應將此路的情形指示給青年們，希望他們成功」（《隔絕》）。戀愛婚姻的自由，成爲了「我們」一代人追求的中心，最高的價值，也早已超越了法律的意義。

在淩叔華的作品中，更多的是對舊式婚姻制度的反思。舊式婚姻制度戕害了女性生命，成爲她們的牢籠。面對「父母之命，媒妁之言」的婚姻，高門大戶的小姐們能做的只有等待，如同待宰的羔羊。《繡枕》、《吃茶》、《茶會以後》寫的就是這樣的小姐們。《繡枕》裏的大小姐，經年累月所做的事情，就是刺繡。刺繡既是她寂寞閨中的消遣，也是她體現自己價值的唯一可能。她用整整半年的時間繡了一對靠墊，卻被喝酒打牌的人吐上穢物，任意踐踏，最後在面目全非後又回到了她的手中。這象徵著她那不由自己做主的命運。《中秋晚》則寫了另外一類女人，即包辦婚姻制度下的太太。敬仁妻雖有太太的名分，卻無法獲得丈夫的心，因爲她是他包辦的妻子，她只能戰戰兢兢地等待著團圓。女人從來不是抽象的，而是具體的女人。在一些女人感受著新的婚姻制度帶來的好處時，另一些女人卻要承受著對新制度的不適應，甚至被淘汰的命運。就如纏足習俗的廢除，對於女性來說自然是一件好事。但是，已纏足的女性卻有另一種不幸：她們當初纏足是爲了嫁一個好人家，廢纏足之後，卻被接受了新式教育的男性看不起，反而阻礙她們嫁一個好人家。時尚在不斷變化中，最後的承受者仍是女性。

〔註 6〕陳同，從民法的制定看清末民國時期男女平等地位的法律構建／／史林〔J〕2012（5）：108～120。

　　蘇青的《結婚十年》、《續結婚十年》不僅講述了一個女性如何在婚姻中的掙扎，更展示了她在男權勢力仍舊強大的社會中求職的艱辛，謀愛和再婚的困難。這一時期的女性寫作最值得稱道的是，已經開始具有鮮明的女性意識，而以蘇青為甚。肖珊娜·費爾曼質疑道：「身為婦女就具備了以婦女身份說話的全部條件嗎？以「婦女」的身份說話「實際上是由某種生物條件決定的？是由一種理論策略位置決定的？還是由解剖學或文化決定的？」〔註7〕（著重號為作者所加。）也就是說，作家的性別不是界定女性文學的唯一標準，女作家並不天然就為女性說話。一部作品是否女性文學，關鍵在於作家們究竟寫作了什麼樣的內容，使用的是什麼樣的原則和標準，正如古代那些閨怨詩對男性話語和思維的模仿。在蘇青這裏，兩性的不平等是她控訴的一個中心，並透過對婚姻制度的思考呈現出來。女主角蘇懷青是包辦婚姻而結婚，為了適應時俗，先讓倆人認識通信。結婚後，懷青先是隨公婆生活，之後隨丈夫到上海建立小家庭。經過十年的婚姻生活，各種瑣事磨盡了感情，最後不得不以離婚告終。小說中，蘇青寫到女性生產的痛苦，她的筆觸大膽而坦率，這即便是在民國女性的寫作中也是特出的。當懷青歷盡辛苦生下孩子後，卻沒料到她一出生便受到歧視，當醫生毫不經意地說「是女的」，「頓時全室中靜了下來，孩子也似乎哭得不起勁了，我心中只覺得一陣空虛，不敢睜眼，彷彿慚愧著做了件錯事似的在偷聽別人的意見，有一個門口女人聲音說：『也好，先開花，後結果』」。〔註8〕婚姻算是自由了，女性也有了尋求職業的可能，但是，男人卻依然不能改變舊有的觀念，哪怕是接受了新式教育的男性。起初賢賺錢少，也不肯給懷青生活費，於是懷青就寫作賺稿費。第一次賺到五塊錢使她體會到了自己的價值，獲得了自信，然而丈夫並不喜歡她讀書報，更不喜歡她賺錢。於是蘇青發了一通感慨：「女人讀書原也不是件壞事情，只是不該一味想寫文章賺錢來與丈夫爭短長呀，我相信有志氣的男人都是寧可辛辛苦苦設法弄錢來給太太花，甚至於給她拿去叉麻將也好，沒有一個願意太太爬在自己頭上顯本領的。」〔註9〕《結婚十年》裏懷青堅決堅定地與丈夫離了婚，恢復了自由，可以做自己想做的職業了。但《續結婚

〔註7〕肖珊娜·費爾曼·婦女與瘋狂：批評的謬誤〔C〕伊格爾頓，女權主義文學理論，胡敏、陳彩霞、林樹明譯，長沙：湖南文藝出版社，1989：63～64。
〔註8〕蘇青，結婚十年·續結婚十年〔M〕·廣州：花城出版社 1996：42。
〔註9〕蘇青，結婚十年·續結婚十年〔M〕·廣州：花城出版社 1996：112。

十年裏》，她卻發現了更多的不公不平。「男人若稍有地位，中年喪偶比青年未婚時更吃香，然而女人呢？賢的年齡比我大兩歲，現在我們離婚了，他很容易找到一個年齡比我輕十歲的女人，但是我卻只可以找年齡比他大十歲的男人了，而且還不容易，因為年齡比他大十歲的男人，在原則上仍舊是想娶年齡比我小十歲的女人。」〔註 10〕這個總結現實殘酷也無奈。正是求學、反抗包辦婚姻、自由戀愛、結婚、離婚、求職等人生經歷給予了這一代女性更多認識社會、認識自身的機會，使她們的寫作呈現了前所未有的豐富性。

三、在法律文本與文學文本之間

　　儘管法律形態的變化帶來了女性生活空間和文本空間的拓展，然而法律文本與現實之間、文學文本與現實之間、法律文本與文學文本之間總是存在著各種差距，有著無法彌合的裂隙。

　　從法律角度考察女性寫作者的生活經歷，會發現一些很有意思的現象。比如，清末的呂碧城，因為父親和兩個哥哥都去世了，被家族的人侵吞搶奪財產，迫於無奈才出外求學。可以說，假如彼時的法律已經有明確的關於女性繼承權的規定，那麼呂碧城也許就會繼承產業，就不會被退婚，她也許就會循著一般閨閣中女性的道路，做一個賢妻良母了。對於寫作者來說，幸有時是不幸，而不幸卻常常是幸運。同樣的，對於婚姻關係，正如羅素所說，「關於離婚，那最奇怪的現象之一，就是法律和習俗往往是兩回事。最寬鬆的離婚法絕不總能產生最多的離婚案。」〔註 11〕民國政府制定的民法草案中，正式規定：「有配偶的，不得重婚；夫妻不相和諧，兩願離婚的，得離婚。」〔註 12〕但擁有這個權利與是否行使它還是不同的。婚姻本來是人世間最複雜的一種人際關係。很多女性寫作者要麼囿於成規，要麼出於善良，而與愛人保持了一種情人關係。廬隱與哲學系學生郭夢良相愛，郭已有妻室。廬隱不忍他離婚，傷害另一個女人，而與其同居，生下了一個女兒。後來郭去世，才又嫁與李唯建。又如蕭紅，為了逃避包辦婚姻而出走，後來卻又被包辦的未婚夫王恩甲拋棄，差點被賣入妓院。她的這一段經歷頗讓人不解。究竟是走投無路終於妥協，還

〔註 10〕蘇青，結婚十年・續結婚十年〔M〕・廣州：花城出版社 1996：269。
〔註 11〕〔英〕羅素，現代婚姻與智慧／／蕭瀚，婚姻二十講〔C〕・天津：天津人民出版社，2008：287～315。
〔註 12〕法律編審會編印，民律親屬編草案（第 3 章）〔M〕，1915 年，轉引自王奇生，民國時期離婚問題初探〔M〕・成都：成都出版社，1993：169。

是一時迷糊，以為王並非自己想像中的紈絝子弟，而投身他的懷抱，不得而知。然而，蕭紅的這段經歷，卻是分外令人深思的。

在民國女作家的文本中，除了贊頌戀愛婚姻自由之外，也思考了它的悖論。「五四」女性「新」的背後往往是「舊」，「男女平等」、「自由人權」等理論在她們常常只是浮面的。而「新」未必是好的，「舊」也未必不好。法律條文規定的平等也不一定是真正的平等，也許倒是製造了新的謊言……

法律規定了戀愛自由、婚姻自由，很多人也真的實現了，但實現了之後呢？也許仍是空虛寂寞。沉櫻的小說《愛情的開始》、《喜筵之後》、《欲》等小說就是在思考這樣的問題，儘管從技巧來說很普通，內容也比較浮淺。《愛情的開始》寫女的犧牲了學業，犧牲了一切，與男的同居了。然而生活卻漸漸如同死水一般。男人又開始追求別的女子。女人只有通過吵架來製造一點事件，恢復一點激情。然而，「不想變更也不想逃避，就在其中把自己埋葬了吧」。吵架的結果，仍然是死一般了無生氣的婚姻生活。《喜筵之後》也是寫同居之後的寂寞。男人常常出去應酬，茜華整日在家裏非常寂寞，以前的交際圈子沒有了，女性朋友也沒有了。男人近來開始追求別的女人，而茜華仍然熱烈地愛著他。茜華去參加一個朋友的喜筵，遇上了舊時曾經喜歡過她的男人。她想要喚起一點熱情，然而男人的怯懦使她越發感到無聊。小說的調子都是陰沉的，灰色的。即便在一個法律規定男女婚姻自主的時代，男女仍然是不平等的。婚後的男性仍有自己的生活圈子，仍追求別的女人，而女性呢，則被限制於家庭當中，很難說與舊式女性有什麼根本的區別。

小說《女性》以「女性」作為題目，似乎在思考女性本質。小說使用的是男性視角，講妻子和「我」半年前由戀愛而同居，除了愛情而外，兩人都抱著文學的夢想。妻子卻意外懷孕了，為了不放棄理想，妻堅決去墮了胎。然而這個未出生的孩子卻激起了她的母性。從對這個孩子的討厭，到墮胎，到懷念，她的母性是一個逐漸復蘇的過程。「妻對於什麼話題都常表示著冷淡，只要一提到這一類的話，就病態似的興奮起來了，但總是一味的作著玩笑的口吻，把自己的真情無意識地壓制著，常常取笑著我說：

你又想那孩子了？把他拿回來好不好？他一定還在醫院裏呢？

〔註13〕

女性是什麼？在這裏，她是否又簡單地將女性等同於「母性」了呢？母

〔註13〕沈櫻，女性／／喜筵之後〔C〕·廣州：花城出版社。2003：168～190。

性本身也是被文化所定義的。波伏娃指出：「根本不存在母性的『本能』，反正『本能』這個詞對人類不適用。母親的態度，取決於她的整體處境以及她對此的反應。」〔註14〕而在沈櫻的這篇小說裏，卻暗含著這樣一個意思，即女性再有偉大的理想偉大的抱負又如何，母性才是根本的。

在對家庭婚姻的思考中，冰心是「五四」女性中比較特別的，她的特別在於她的「舊」。在「五四」反抗「父母之命」的潮流中，當吳文藻向她求婚時，她卻讓他去問她父母的意見，她說「得不到父母祝福的婚姻是不會幸福的」，她與吳文藻的婚姻也的確非常平穩，是那一代女作家中少見的。而這種對家庭的觀念也顯示在她的作品當中。她的第一篇問題小說《兩個家庭》即是通過兩個家庭的對比來顯示自己的觀點。好的那個家庭之所以好是因為，三哥的妻子亞茜是一個新式的妻子，受過高等教育、趣味高雅、治家有方；而陳太太則低俗，不懂家政。娶得前者的家庭幸福，娶得後者的，則鬱鬱而終。在冰心這裏，新式的妻子只是新式的賢妻良母，仍是堅持傳統的以男性本位的家庭觀念。她後來的作品基本是一脈相承的。這種觀念有其合理性，尤其是對比其他女作家筆下的新女性所面臨的困境時更是如此。但，也可從中窺見那一代女作家在對女性自我的建構上的缺失和錯位。

法律直接規定了男女兩性的平等，這使得中國女性不曾經歷像英美等國那樣的流血就取得了一定的權利。這是一種幸運，同時又不見得是一件好事。因為是國家行政權力或者男性所「給予」的平等和自由，就使得女性很少去思考背後一些東西。即便是如前文所提到的一些作家，如馮沅君，在她對戀愛婚姻的追求中，更多扮演的是一種「五四」代言人的角色，並未突出女性自我的成長與矛盾。法律的規定，常令她們將這種權利的獲得看做理所當然，尤其中國那幾十年的複雜環境，革命的呼聲，民族的危難，都很容易讓她們的個體被裹挾，而失去女性自我的思考。丁玲就是一個很明顯的例子。

丁玲早期的《莎菲女士的日記》、《夢珂》等，女性敘事者都處於主體地位，改變了女性長期所處的被言說、被闡釋的地位，而直面女性自身的性愛掙扎，她們在這樣一個「自由時代」的無所適從。然而，到 1929 年到 1930 年間，丁玲的寫作卻發生了變化，比較有代表性的是《韋護》和《一九三〇年春上海》「之一」「之二」等。《韋護》以瞿秋白和丁玲最好的朋友王劍虹的愛

〔註14〕　〔法〕西蒙娜·德·波伏娃，第二性〔M〕·陶鐵柱譯，北京：中國書籍出版社，1998。

情婚姻生活為原型寫作的。王劍虹嫁給瞿秋白之後幾個月便因病去世，不久瞿又再娶，丁玲對此是有怨恨的。然而，在《韋護》中，寫作的中心變成了「革命與戀愛」的矛盾。麗嘉的愛情成了革命的阻礙，最後韋護選擇了革命，捨棄了戀愛。麗嘉於是按照韋護的要求進行了改變，也成為了革命者。這裏，女性又成為了被改造者，被導引者，失去了其主體地位。儘管後來丁玲的寫作又開始出現鮮明的女性視點和女性意識，比如《我在霞村的時候》、《夜》、《在醫院中》等，但其女性主體的搖擺仍顯示了那一時代女性寫作所存在的問題。

在《續結婚十年》中，蘇青這樣寫道：「一個鄉下的舊式太太是抵死不肯離開夫家的，她寧願死為某家鬼，男人沒奈何她，雖自作主意廢了她的名義，卻也不得不承認她的實際存在，得養活她到死，兒女照舊歸她撫養，慢慢的兒女大了，她自然是媽，男人也不肯不做現成的爸爸，他們仍舊會是團團圓圓的一家人」〔註15〕。這是她離婚後因為生存的艱難而發出的感慨，又何嘗沒有道理呢？古代的女性儘管沒地位，但基本的生存還是可以保障的，即便有「七出」之條，但也有「三不去」，要休妻也並非易事。女性苦熬一輩子，還有兒子的功成名就和「孝」作為抵償。而在新的時代，條文提供了男女平等的法律保障，文化的、習俗的東西卻遠為強大，而男女平等這個話題也實在太複雜，法律所能抵達的只能是很小的一部分。

參考文獻

1. 楊菁，民國浙江的女學教育／浙江萬里學院學報 J.2005（2）：43～47。
2. 陳同，從民法的制定看清末民國時期男女平等地位的法律構建／史林 J.2012（5）：108～120。
3. 譚志雲，民國南京政府時期的女性財產繼承權問題／石家莊學院學報 J.2007（2）：79～83。
4. 傅峙、葉繼衛，民國初年新聞法制的演進／法制與社會 J.2009（6，上）：311。
5. 轉引自康正果，風騷與艷情〔M〕，上海：上海文藝出版社 2001。
6. 肖珊娜、費爾曼，婦女與瘋狂：批評的謬誤〔C〕／伊格爾頓，女權主義文學理論，胡敏、陳彩霞、林樹明譯，長沙：湖南文藝出版社，1989：63～64。

〔註15〕蘇青，結婚十年·續結婚十年〔M〕·廣州：花城出版社 1996：309。

7. 蘇青，結婚十年，續結婚十年〔M〕，廣州：花城出版社 1996。

8. 〔英〕羅素，現代婚姻與智慧，蕭瀚，婚姻二十講 C.天津：天津人民出版社，2008：287～315。

9. 法律編審會編印，民律親屬編草案（第 3 章）〔M〕，1915 年，轉引自王奇生。民國時期離婚問題初探〔M〕，成都：成都出版社，1993：169。

10. 沈櫻，女性／喜筵之後〔C〕，廣州：花城出版社 2003：168～190。

11. 法西蒙娜，德，波伏娃，第二性 M.陶鐵柱譯.北京：中國書籍出版社，1998。

可見的婚制變革和不可見的女性解放
——「五四」女作家婚戀小說再解讀

譚 梅*

　　婚戀問題歷來是文學創作中的一個重要主題。「新體寫實小說的出現，浪漫的劇本和電影編製，動人聽聞的社會新聞，與一般青年男女所愛讀的雜誌材料，沒有脫得了戀愛問題」。〔註1〕更有人認為「絕大多數文學作品都把全部婦女問題歸結為婚姻問題」。〔註2〕因此，不僅男性作家從不放過解答探索的機會，每一位女性作家更是對此孜孜以求。在波瀾壯闊的五四時期，中國第一批現代意義上女作家集體性的浮出歷史地表。無論是最早出現在《新青年》上的陳衡哲，還是緊隨其後在北京《晨報》、《創造季刊》上嶄露頭角的盧隱、凌叔華、馮沅君、蘇雪林、丁玲等等，也都無一例外地將目光落在婚戀這個主題上。

一、將「自由戀愛」與「女性解放」、「個性解放」混為一談

　　跟中國古典文學相比，在中國現當代文學人物長廊中多了一類嶄新的人物形象：新女性。五四的女作家更是不遺餘力地圍繞「新女性」作了種種的探討。黃盧隱《海濱故人》、凌叔華的《吃茶》、《花之寺》、蘇雪林《母親的南歸》、馮沅君《隔絕之後》、《春痕》、《誤點》、沈櫻《舊雨》、丁玲《莎菲女

* 　譚梅（1979～），女，四川武勝人，四川大學文新學院 2011 級中國現當代文學專業的博士研究生，成都大學講師。主要研究方向：現代文化與現當代文學。
〔註 1〕沈雁冰，《解放與戀愛》，1922 年 3 月 29 日，《民國日報・婦女評論》。
〔註 2〕孫紹先，《文學創作中婦女地位問題的反思》，《當代文藝思潮》，1986 年第 4 期。

士的日記》等等都是這方面的佳作。「新女性」相對於「舊女性」而言的最大的特點就是敢於衝破家庭牢籠去追求婚姻幸福的自主權利。恰如茅盾所曾形象指出過的那樣就是：「就是發現戀愛」！〔註3〕

馮沅君《旅行》描寫了一對青年男女對眞摯愛情的嚮往和大膽的追求。在純潔無瑕的氛圍中，小說繪盡了他們的苦悶與歡欣、顧忌與勇敢。因爲他們「所要求的愛是絕對的無限的」，他們甚至做好了以身殉愛的思想準備：「萬一各方面的壓力過大了，我們不能抵抗時，就向無垠的海洋沉下去，在此時我們還是彼此擁抱著」。系列小說《隔絕》、《隔絕之後》中的男女主人公就踐行了爲愛而犧牲的諾言。當女主人公大膽的「越軌」行爲，被視爲「大逆不道」，受到社會的非難，家庭的阻攔，母親的幽禁和逼婚，她仍然心繫情侶、寧死不從。「生命可以犧牲，意志自由不可以犧牲，不得自由毋寧死。」（馮沅君《隔絕之後》）《海濱故人》更高唱了一曲生死難渝的現代戀歌，她們愛情至上，主人公露沙愛上有婦之夫，她在寫給朋友的信中說到：「唯沙生性豪宕，明知世路險峻，前途多難，不甘踟躕歧路，**鬱鬱瘦死**。」表明了他們在面對婚外戀時，追求愛情自由的決心和堅定態度。放眼五四女作家小說中主人公，瓊芳（《勝利以後》）、蘭田（《蘭田懺悔錄》）、沁珠（《象牙戒指》）、玲玉和宗瑩（《海濱故人》）等等都以勇敢的鬥爭去爭取婚戀自由。

郁達夫曾總結說：「五四運動的最大成功，第一要算個人的發現。」〔註4〕茅盾也發表了同樣的見解：「人的發現，即發現個性，即個人主義，成爲五四時期新文學運動的主要目標；當時的文學批評和創作都是有意識或下意識的向著這個目標。」〔註5〕基於這種認識，很多學者這樣評價廬隱們：「在這種「人」的發現的大背景下，首先覺醒了的知識女性，從封閉式的傳統意識中超越出來，發現了人的價值，人的尊嚴，人的自由和權利，於是，反叛傳統，張揚個性，追求人性自由。」〔註6〕「她從自我生活出發，憑著青年女性對社會、人生問題的獨特感受，選擇反封建的突破口，以戀愛小說反映了「五四」時期覺醒了的青年女性的心聲：敢於向束縛青年的封建禮教和封建婚姻制度挑戰，大膽地、熱烈地追求個性解放、婚姻自由和純眞的愛情。」〔註7〕「在

〔註 3〕沈雁冰，《解放與戀愛》，1922 年 3 月 29 日，《民國日報・婦女評論》。
〔註 4〕郁達夫，《散文二集・導言》，《中國新文學大系》，上海良友圖書公司，1935。
〔註 5〕茅盾，《關於創作》，《茅盾文藝雜論集》，上海文藝出版社，1981。
〔註 6〕周淑蓉，《論廬隱小說的現代意識》，《湛江師範學院學報》，2004 年 4 月。
〔註 7〕閆順玲，《冰心、廬隱、馮沅君、丁玲比較論》，牡丹江大學學報，2010 年 7

盧隱看來，「愛」便是一種激情，是現代女性生存價值的重要特徵。因此，盧隱塑造了一群以自己的全部心力和血肉來追求戀愛自由、人性解放的知識女性。」〔註8〕

眾所周知，在五四時期，「愛情」是與「民主」、「科學」等啓蒙話語同時出現的，主流話語對崇高愛情的謳歌，便使「自由戀愛」自然承載著反封建的意識形態功能。而馮沅君、盧隱、蘇雪林等等女作家的創作常常被認爲是構築五四愛情神話的較爲典型的範本。然而，大多學者放大了她們與「五四」時代的緊密關係，而忽略了對女性自身內在經驗的觀照，從而將女性與男性視爲同一精神主體，站在封建秩序的對立面。這樣一種批評邏輯直接把自由戀愛等同於女性解放，然後把女性解放拔高成個性解放，更有甚者將之拔高到現代意識的高度。將「自由戀愛」等同於「女性解放」不僅窄化了「女性解放」的內涵。而且將作爲社會問題而提出的婚戀問題漸漸演變爲女性狹隘且唯一的專屬需要。比如在 50 年代的批判中，學界不僅沒有看到莎菲對兩性關係的苦苦探索的價值，反而被簡單的認爲是「嬌生慣養、自私自利、善於欺騙人、耍弄人」有著「殘酷天性」的女性和極端個人主義者。因此，莎菲的悲劇被描敘爲由於玩弄了別人，結果玩弄了自己。將「女性解放」拔高成「個性解放」，就會忽略「女性解放」中眞正存在的種種問題，從而阻礙眞正的女性的解放，社會的進步。「中國新女性以『戀愛自由』爲口號、以『幸福婚姻』爲歸宿，精彩地演繹了少女『思春』、『閨怨』、『情愁』、『紅娘牽線』、『出走私奔』的反抗程序，最終使現代『才子佳人』在傳統『家』文化的體制之內，實現了她們符合於時代思想啓蒙要求的個性解放！但是，中國『娜拉』卻並沒有通過現代版的婚戀敘事，眞正獲得西方『娜拉』那種人格獨立與自由意志。」〔註9〕因此，在這樣一種錯位的誤讀中，無論是自由戀愛還是婦女解放、個性解放在層層交錯中變成一個空洞的能指。

除了文學評論之外，社會文化言說中也有一種與之類似的聲音。「自光緒二十年（民國前十七年）甲午之戰以後，中國婦女生活，開始變動了，一直到民國四年，實算起來，足有二十年。這二十年中，由『無才便是德』的生

月。
〔註 8〕 周淑蓉，《論盧隱小説的現代意識》，《湛江師範學院學報》，2004 年 4 月。
〔註 9〕 宋劍華，《錯位的對話：論「娜拉」現象的中國言説》，《文學評論》，2011 年第 1 期。

活標準改到『賢妻良母』的生活標準化由閨門之內的生活改到學校讀書的生活，進步不爲不快。但婦女有獨立人格的生活，實在是在新青年倡導之後。而『五四』是一個重大之關鍵。」〔註10〕陳平原也肯定了五四時期女性人格崛起的事實。比較而言，費孝通的觀察可能更準確一些：「現在中國的青年對於婚姻有了一種以前的人所沒有的，或可以沒有的新要求。他們要在婚姻配偶身上獲得感情的滿足。……就是婚姻的配偶必須是志同道合的好朋友，一對知己。」〔註11〕也就是說，五四青年僅僅是愛情觀念發生了變化，跟「女性解放」「人格獨立」「自由意志」正在實現相去甚遠。

二、誤讀的依據：「可見」的婚制變革

爲什麼學界要做出如此的混淆或說是拔高呢？很多學者已從社會革命、教育的發展、大眾媒介的興起等等方面作出了解釋。我個人認爲，婚制的變革也是其中最重要的原因之一。五四前後，這種可見的變革一方面體現在法律條文不斷的修改上面，另一方面體現在具體的司法實踐中。

中國婚姻法（注：這裏所說的婚姻法草案爲親屬法草案中的有關婚姻章節，本文爲行文方便，以婚姻法替代親屬法，以下同。）的近代化變革始自清末修律，止於南京國民政府時期。在 1930 年正式的婚姻法頒布以前，婚姻法草案五易其稿，歷次草案爲：清末婚姻法草案、北洋政府時期的 1915 年法律編查委員會草案和 1926 年修訂法律館草案、南京國民政府時期的 1928 年國民政府法制局「三原則」草案和 1930 年立法院民法起草委員會「先決意見」草案。

清末婚姻法草案雖然在內容上體現了對本國傳統的極力強化，但也出現了幾千年來十分難得的鬆動。《大清民律草案》親屬法第 16 條規定：成婚年齡，男滿 18 歲，女滿 16 歲。對我國歷來的早婚習慣進行了強制性的抵制，客觀上讓女性有更多的時間進行自我發展；親屬法第 52 條規定：離婚後，妻仍可獲得其特有財產；親屬法第 53 條制定如果是因爲夫之過錯而離婚的，夫應暫給妻以生計程度相當之賠償。在離婚中採用過錯主義，無過錯方可以獲得賠償。並且還摒除了傳統的定婚程序，直接規定成婚，簡化了繁複的儀式，實施文明結婚。北洋政府時期 1915 年法律編查委員會草案基本沿襲清末婚姻法草案。1926 年

〔註10〕 陳平原，《中國婦女生活史》，上海書店出版，198 年，頁 365。，
〔註11〕 費孝通，《鄉土中國　生育制度》，北京大學出版讓，2003 年，頁 155。

修訂法律館草案由於《婦女運動決議案》的通過而稍採男女平等的原則。1926年1月，國民黨第二次全國代表大會通過《婦女運動決議案》，該決議案將國民黨政綱中規定的「於法律上、經濟上、教育上、社會上確認男女平等之原則，助進女權之發展」轉化為具體的法律政策，即規定女子有財產繼承權、根據結婚、離婚絕對自由的原則，制定婚姻法、保護被壓迫而逃婚的婦女等等。隨後，男女平等原則被嘗試著貫徹於1926年修訂法律館草案和司法中。南京國民政府時期的1928年國民政府法制局「三原則」草案和1930年立法院民法起草委員會「先決意見」草案因為社會形勢的變化，又在某些制度上進行了根本性的應對和改變。首先不再堅持採家屬主義而採個人主義，但設專章規定，承認家制的存在。其次以男女平等原則分類親屬，將親屬分為血親（分直系血親、旁系血親）、姻親、配偶三種；婚姻以自由平等為原則，在法律限定範圍內男女雙方可以自由締約。再次，不再明文規定同姓不得結婚。最後，規定夫妻財產制和在法律上不明文規定妾制存在。〔註12〕

在具體的司法實踐中，北洋政府時期（1912～1928），由於當局對婚姻法修訂的謹慎而造成立法的缺省，只能援用前清的法律。但是《臨時大總統令》賦予了審判機關對《現行律民事有效部分》進行變通適用的權力。因此，大理院作為新型司法機構除擔任審判工作外還負有解釋法律的職能。

從大理院的判例來看，在訂婚方面，五四前後期間仍將定婚作為成婚的要件。而主婚人雖為定婚構成的要件，但大理院判例漸漸趨向於重視男女結婚當事人本人的意思，定婚有主婚人者須得男女本人同意。民國九年九月十八日上字1097號判例：「按現行法定婚須得當事人同意，若定婚當時未得女之同意者，其女自得訴請解約。」在婚約方面，民國十一年上字第1009號大理院判例：「父母為未成年子女所定婚約，子女成年後如不同意，則為貫徹尊重當事人意思之主旨，對於不同意之子女不能強其履行」。在財產方面，夫妻各可以有自己的財產。民國七年十二月十四日統字909號解釋：「夫私自利得，及承受之財產即為私產」。民國七年八月十二日上字665號判例：「妻以自己之名所得之財產，為其特有財產」。在離婚方面，大理院採用的協議離婚即是絕對自由離婚制度的一種，只要雙方合意就能達成，不需要理由。大理院在

〔註12〕中國國民黨中央執行委員會政治會議第236次會議議決的《親屬法先決各點審查意見書》；民國十七年國民政府法制局纂擬親屬法草案（乙）分章說明部分；民法典親屬編起草說明書，《中華民國民法制定史料彙編》（下），頁340～590；頁641～643。

以後的判例中重申了這一制度，民國三年上字第 460 號判例：「協議離婚並不是要式行為，無一定方式，按當時慣例，有休書，有立契贖身，又有僅由言詞聲明。雖未經一定之方式，而事實已為離婚之協議確有實據者，就算有效。」就離婚權而言，大理院在某種程度上也擴大了女性的權利，使離婚不再是男性專有的權利，夫妻之任何一方可以根據法律上規定的理由提出離婚。在離婚後財產處理上，大理院體現出了有責主義的傾向，即如果離婚是由一方過錯造成的，應對相對方承擔一定賠償責任。在某種程度上表現出了對於女性的保護。大理院在民國八年上字第 1099 號明確表明：夫婦於訴請離婚以後，其財產上之關係，現行律並無規定明文。惟據通常條理，若離婚原因由夫構成，則夫應給妻以生計程度相當之賠償或慰撫金，但給付依據和標準是妻的身份、年齡、自營生計能力以及夫之財力。民國三年上字 1085 號、四年上字 1407 號、六年上字 1187 號等等都說明，即使離婚之原因由妻造成，夫對於妻亦只得請求離婚而止，妻之財產仍應歸妻。

縱觀五四前後歷次婚姻法草案以及北洋時期的司法實踐，都對傳統法律對婚姻的規定及實踐作出了非常難得的突破。比如傳統法律賦予定婚以強制效力，實質不過是以禮入法、明刑弼教的道德含義。定婚由強制改任意，在某種意義上暗示了禮法合一正逐漸走向崩塌。如果說社會文化的變革、教育的發展、大眾媒介的興起等等這些軟性的指標還沒有足夠力量證明女性解放已實現的話，那麼學界認定在社會革命和制度變革過程中的婚姻法就能夠清晰地揭示近代變革年代民族情感和民族心理的變遷和歸宿；認為在這樣的婚姻制度的變革中，女性的自由與獨立以法律的形式得到了強有力的保證；因此堅信中國女性在帶有強制性法律條文的庇護下真正地獲得了解放。

然而，無論是法律條文有限的修改，還是具體的司法實踐中有限的現實應對，都是婚姻法變革的表象特徵。其表象背後的實質才讓人覺得意味深長。「鴉片戰爭，拉開了中國社會近代化的序幕。但這種近代化，卻是被動之下的社會變遷，既缺少內在驅動力，也缺少足以適應變遷的社會基礎。中國法律近代化正是發生在這種社會背景之下。」〔註 13〕「中國法律近代化，最終體現為由國家最高統治者發動、通過自上而下的行政程序推行的全方位法律改革」。〔註 14〕的確，自清末以來，中國一直致力於收回領事裁判權。而西方

〔註 13〕 王新宇，《民國時期婚姻法近代化研究》，中國法制出版社，2006 年，頁 6。
〔註 14〕 朱勇主編，《中國法制史》，法律出版社，1999 年版，第十五章。

列強允諾放棄領事裁判權的條件是中國律例及審斷辦法等都趨於完善。鑒於此，清末法律家普遍認為收回治外法權是變法自強的關鍵。

因而，從根本上而言，自清末以來的婚姻法的修定帶有強烈的政治色彩。主要是為了實現政府的政治目的，所以親屬編和繼承編或者說婚姻法草案的修訂，都以「採取各國新法」作為立法原則，深受西方法典的影響。也就是說政府歷次修律的直接目的是追求富國強兵，即當時當局者所理解的現代化。至於具體的「自由」和「平等」或抽象的「正義」以及對於弱者的保護，原本就不是當時的立法者所追求的理念。因此，雖然歷次婚姻法草案對傳統法律對婚姻的規定中有一些難得的突破，傳統法律的核心特徵禮法合一也漸成分離之勢。但是，相對於民律其它各編，中國政府對婚姻法修訂的態度更為拖泥帶水，在具體的司法過程中執法機關也是百般為難而不得不變通。可以這樣說，歷次修律雖然傚仿各國新法，但是無論是法律條文修改還是變通的司法實踐對外國法律都是捨棄神而取其形，而糾纏在本國實力派之間的較量，遠離西方法典平等、正義、自由等核心要義。

三、再解讀：夢幻的破滅與「不可見」的女性解放

婚制的變革、教育的惠施以及社會革命等等不僅沒有使「新女性」因此而歡欣鼓舞，相反卻使她們全部都陷入了精神苦悶，這是一個值得我們去深思的文學現象。「新女性」在經歷了時代「自由戀愛」的狂歡之後，開始對於自身行為進行深刻反省。

回顧歷史，從《詩經》開始到《西廂記》、《牡丹亭》、《紅樓夢》，都對封建婚姻觀念進行了劇烈衝擊，但最終都沒有超出婦女人身依附的範圍。「問題的焦點按照封建家長從門第、宗族關係、仕途前程等等方面來選擇，還是更多的從外貌、性情修養、興趣志向等等方面來設計自己的情侶。無論前者還是後者都是以為婦女尋找人身依附作為共同的目標。」〔註15〕返觀五四，這種以人身依附為婚姻最終目標的情況是否得到了改善了呢？「我叛逆了我的家，自以為是獲得了新生」（梅娘《魚》），換來的卻是「女人，眞也難怪被人輕視，什麼自命不凡的新女性，結果仍是嫁人完事，什麼解放，什麼奮鬥，好像戀愛自由，便是唯一目的，結婚以後，便什麼理想也沒有了」（沈櫻《舊

〔註15〕孫紹先，《文學創作中婦女地位問題的反思》，《當代文藝思潮》，1986 年第 4 期。

雨》）。更讓她們意想不到的是，男人們近來正在向別的女性追求著自由戀愛的無窮樂趣，卻讓妻子獨守空房，「就是舊式的丈夫對待也不過這樣了吧」（沈櫻《喜宴之後》）。「新女性」繼而淪為怨婦「我就不明白你們男人的思想，為什麼同外邊女子講戀愛，就覺得有意思，對自己的夫人講，便沒意思了」（凌叔華《花之寺》）。也不可避免再次淪為棄婦，深深感受到了解放的「虛偽」與荊棘人生的悲涼。並且還不得不漸漸退出社會舞臺重回家庭繼續亘古不變辛苦的家務操持，重回依附的角色之中。沁珠所追求到的不就是一個舊女子所重複走過的路——有個名份，有個能供養她的丈夫，有個孩子。（廬隱《勝利以後》）。夢幻破滅之後，甚至墜入比傳統女子更蒼涼的境地，「我吐血的病，三年以來，時好時壞，但我不怕死，死了就完了。」（廬隱的《麗石的日記》）所以我們不得不質疑，所謂現代自由婚戀與傳統相比只不過多了張「新派的外殼」（梅娘《蟹》）。

　　1923 年 2 月《婦女雜誌》刊登了一篇名為《我自己的婚姻史》紀實文章。這篇文章在刊登時附有編者的按語：「這篇文章，是國立大學教授鄭振鐸先生敘述他自己婚姻的歷史。現代青年男女，因不滿意於機械式的婚姻，從而發生破裂，像鄭先生這樣的，正不知有多少；但能像鄭先生一般把他們經過的事實和感情，很忠實的描寫出來的，實在可說沒有。所以我們覺得這一篇是現代很有價值的文章。」顯然，鄭先生《我自己的婚姻史》一文並非是偶然地獲選刊登的文章，而是在具有相當大的普遍性。事實上刊登之後，引起了很大的轟動，獲得了廣泛的共鳴。文章主要敘述了他與一位半新半舊的時代女性從締結良緣到離婚的經過，以及他作為時代的「新青年」在具體處理婚戀問題是的感受和態度。一方面我們感受到了青年男性渴求知己愛情式的婚姻的迫切心理，他希望心愛的知識女性與妻子兩種身分能合二為一。但是，另一方面當婚姻生活出現問題的時候，他要求妻子完全地順從，文章中屢次出現這樣的句子：「我忍痛的對她提出議和的條件，就是以後都要聽我的話。」「我正式的對她說假使你能都聽我的話，我重新認你是夫妻。」在這裏，我們從男性的現身說法中切實地感受到「丈夫在家庭內對妻子行使家父長的威權在男性的觀念中還未發生根本的動搖，雖然部分男性和受教育的女性當中已經有人強烈質疑它的合理性，並加以反抗，不過男性在家庭內對妻子行使威權，依然是當時的主流觀念。」〔註16〕

〔註16〕周敘黎，《民國初年新舊衝突下的婚姻難題》，《百年女權思想研究》，頁 88。

　　曾經反對傳統婚戀最有力的新男性，在面對實際的婚姻難題時，不自覺地又回到了傳統的價值觀。「新女性」在被孤立地推向攻擊傳統的婚戀家庭制度的歷史前臺，完成了對幾千年來中國封建社會的宗法制度顛覆性的衝擊之後，又悄無聲息的被打回到人身依附的原點。五四時期的女作家不遺餘力地為我們展示了一個個奔騰著熱血又傷痕累累的傾斜了的內心世界。這可以說是第一代現代意義上的女作家在婚戀小說創作上的一大特色。

　　既然現代婚姻最終成了枷鎖，那麼「自由戀愛」就開始讓「新女性」望而怯步。在渴望「愛情」而又恐懼「愛情」的矛盾對立中反思「自由戀愛」究竟為何物？這是五四女作家婚戀小說文學創作的又一大特色。

　　毋庸置疑，對自由戀愛的要求本是女性解放歷程上偉大的里程碑。「新女性」也首先將「自由戀愛」「婚姻自主」作為體現自我存在的不可繞行的必經之路。她們懷著人生夢想，背井離鄉來到城市讀書、謀求發展，尋求人生的變量。然而當她們勇敢地為了愛情「犧牲了一切」時，（沈櫻《愛情開始的時候》）卻發現如夢珂一樣，她們自己及自己純潔的感情只不過是紈絝子弟們情場角逐遊戲中的一個籌碼。她們視為重生的「自由戀愛」也不過是一場鬧劇，「人生到底作什麼？……其實又有什麼可作？戀愛不也是一樣嗎？青春時互相愛戀，愛戀以後怎麼樣？……不是和演劇般，到結局無論悲喜，總是空的呵!」（盧隱《海濱故人》）。那到底什麼是自由戀愛呢？男性揭露了最終的謎底「自由戀愛就是弔膀子，扎姘頭」。蘇雪林也曾這樣去評說五四的「自由戀愛」：「男女同學隨意亂來，班上女同學，多大肚羅漢現身，也無人以為恥。」〔註17〕當洞察到這一切的時候，「新女性」昔日的夢想變成了的絕望哭泣「一次痛苦已經夠受了，何堪二次」。（馮沅君《春痕》）進而懷疑人生，墜入虛無之中，「悲哀成了我思想的骨子，無論什麼東西，到了我這灰色的眼裏，便都染上了悲哀的色調了。」（《盧隱自傳》）即便如莎菲般張揚狂放、冷蔑一切的新女性，也終將絕望地面臨死亡，丁玲《莎菲女士的日記》成了這類題材的絕唱。可以說陳衡哲、盧隱們將「新女性」的欣悅、焦慮、掙扎、痛楚和潛抑都細膩地展現了出來。

　　「新女性」的掙扎情緒使我們不得不想起盧隱在《海濱故人》中，曾反覆強調的「知識誤我」那句話。謝冰瑩也曾有這樣的回憶：「正在沉思間，忽然又聽到父親的咒罵了：學校不知是什麼魔窟，凡是進去的人，都像著了魔一般，

〔註17〕蘇雪林，《浮生九四：雪林回憶錄》，臺北三民書局，1991 年，頁 45。

回來都鬧著退婚，只要是父母代定的婚姻，不論好歹，都不承認。」〔註18〕離家求學不僅有助於吸收新文化、新觀念，而且，「脫離了舊有的社區和人際網絡，原有社群中對於個人不合宜行爲的懲罰力也不存在了。相反的，在新的環境中有不同的社交文化需要履行，婚姻問題的變量就更多了。」〔註19〕然而，新女性們以她們血淚般的親身經歷意識到了這種以「戀愛自由」與「婚姻自主」爲核心的新知識、新話語的冷酷，極爲深刻地意識到了男權社會啓蒙話語的自我性質。自由戀愛演變成了自由亂愛、隨性戀愛，「新女性」僅僅獲得了身體解放，而遠遠沒有實現人格獨立的自我解放。

結　語

「女性解放」是由男性社會所提出的啓蒙話語，「它在一定程度上反映了尊重女性人格的時代精神。」〔註20〕五四新文化運動尤其是婦女解放運動也確實催生了「新女性」自我意識的覺醒。經由自然交往建立友誼或愛情，繼而以愛情爲基礎而締結婚姻的觀念，逐漸爲知識青年所熟知。更爲重要的是，無論是具體的法律條文的修訂還是具體的司法實踐，也在爲自主的婚戀、婦女解放保駕護航。時代的理想也是將女性塑造成一個獨立自主的人，能與男性平等社交。男性在接受新的戀愛婚姻的觀念後，也盼望與一位學識程度相當的新女性共結連理。

「弔詭的是他們在實踐過程中，遇到婚姻問題的時候，又期望以自己的想法和觀點改變對方，而改變的方式則透過上對下的威權方式來行使，這種威權方式和他們宣稱要成就的兩性平等的知己關係的婚姻情感的建立之間恰是互相矛盾的。」〔註21〕因此，表面的宣稱和眞實的實踐懸殊過大，從陳衡哲、盧隱們的敘述中，我們看到的是傳統家父的權威體制在兩性關係中依然存在，丈夫對於妻子的威權從未瓦解。這些頑固的因素潛入時代的新標準中仍然爲新式的戀愛結婚的理想繼續服務。從而與新時代的思想潮流結合在一起，構成新的性別壓迫關係。女作家們「擁有的特殊歷史位置，使她們擁有

〔註18〕 謝冰瑩，《女兵自傳》，北京燕山出版社，1998年，頁78。
〔註19〕 周敍黎，《民國初年新舊衝突下的婚姻難題》，《百年女權思想研究》，頁88。
〔註20〕 宋劍華，《錯位的對話：論「娜拉」現象的中國言說》，《文學評論》2011年第1期。
〔註21〕 周敍黎，《民國初年新舊衝突下的婚姻難題》，《百年女權思想研究》，頁88。

對既定的一切進行質疑與解構的敏感天賦。〔註 22〕「她們用自己身體講述生活中的那曾隱於光明與美之下的黑暗的醜的真實」〔註 23〕因此，我們雖然看到了表面的種種變革，而真正的女性解放之路可能從未開啟。「五四」女作家以她們特殊歷史位置和敏感天賦展示了「新女性」在「可見」的婚制變革與「不可見」的女性解放之間的尷尬處境。

〔註22〕林丹婭，《當代中國女性文學史論》，廈門大學出版社，1995 年，頁 241。
〔註23〕林丹婭，《當代中國女性文學史論》，廈門大學出版社，1995 年，頁 241。

從娜拉到鐵姑娘
——三個文本與三個時代的女性形象

袁　莉[*]

　　20 世紀的中國文學塑造了各種類型的女性形象。隨著時代與政策的變化，女性在不同時代的文學中有明顯不同的現形。新思潮涌動的「五四」及20 年代、革命風雲涌起的三四十年代、新中國成立後萬象更新的五六十年代，這是中國現代史上三個重要的轉折節點，也是中國女性意識逐漸蘇醒、掙扎的重要時期。本文擬從三個時代典型文本入手，通過對文本中的女性形象在身體、意識、姿態三個層面的分析，反觀女性形象在現代文學中的演變脈絡。

一、科學話語中的莎菲：性、啓蒙、出走

　　早在晚清時期，伴隨著民族話語的提出，女性問題已經成爲最具爭議的中心問題之一，譚嗣同、梁啓超都曾爲此搖旗吶喊，激進鼓吹過女性主義議程。進入「五四」時期，女性解放更是成爲運動浪潮中重要的一脈。雖然基本上是男性在爲此搖旗吶喊，但這種震驚體驗促使女性身心覺醒，「出逃」「遠走高飛」成爲強烈願望。1919 年 5 月的《新青年》上，陳衡哲發表了一首名爲《鳥》的詩：「我若出了牢籠，／不管他天西地東，／也不管他惡語狂風，／我定要飛他一個海闊天空！／直飛到筋疲力盡，水盡山窮，／順便請那狂風，／把我的羽毛肌骨，／一絲絲的都吹散在自由的空氣中！」儘管始於被動的接受啓蒙的身份困境，女性的呼喊終於蓬勃而出。「娜拉」這一概念的引

---

*　袁莉，1978 年 6 月生於山西，文學博士。現爲四川師範大學文學院教師，北京師範大學文學院博士後。

入，更是在中國引發了翻天覆地的社會影響，胡適、魯迅等男性作家直視女性問題，創造出田亞君、子君等女性形象，詮釋中國「娜拉」的新命運。

「五四」之後的十年，在思想自由的浪潮中，各種文學作品紛紛出爐，「她們」擰成一股前所未有的話語力量，漸漸從「女性解放」這一話語舞臺的外圍走入中心。《莎菲女士的日記》發表於 1927 年，此時「五四」浪潮已經遠去，「娜拉」們懷揣美好意願和滿腔熱血出發，走向了另一個迷茫淵藪。莎菲和她的姐妹們正是生活在這樣的空間：城市迅速現代化、商品化、娛樂化，月曆牌上的美女、舞廳女招待、電影明星等意象成為城市文化景觀；女性在身體上獲得前所未有的解放，卻也由於男女平等的呼籲遠未普及到更寬廣的人群中，因而遭遇形形色色的社會輿論，飽受非議；伴隨著女性追求經濟獨立、身體解放的現象，「花瓶」等詞彙被用於對摩登女性的暗含譏諷的稱謂。

作為新女性的代表人物，莎菲既不同於冰心筆下充滿溫情與愛的女兒，也迥異於凌淑華筆下的閨秀一族，更不是茅盾筆下放浪狂歡、安於享樂的交際花。她身上並未出現多少簇新的、令人歡愉的氣象，反而顯得面目模糊，充滿迷茫與歧義。莎菲這一人物濃縮了「五四」以來出走的娜拉們深層次的精神困境。她不再是以往文學作品中那些靜默無聲的女性：浮光掠影的花瓶、八面玲瓏的職業女性、忍辱負重的家庭婦女，她的現代性在於，首次以一個女性的視角（又超越了僅僅作為女性的身份）正視並表達了孤獨這一生命意識。她離開父輩溫情的家，無業可做，生活拮据，無聊到翻遍報紙上的訃告和廣告，身有病患，徹夜咳嗽、吃藥住院是生活常態；她身處報紙上天天都有「六○六，百零機，美容藥水，開明戲，真光電影」的都市，卻又與其遠遠隔絕；她生活的環境是有人時嘈雜如地獄、無人時又有「寂沉沉的可怕」，「四堵粉堊的墻。它們呆呆的把你眼睛擋住，無論你坐在哪方：逃到床上躺著吧，那同樣的白堊的天花板，便沉沉地把你壓住」；她不再擁有安逸的生活，女性的溫柔靜美被完全擯棄，陪伴她的是「破爛了的手套，搜不出香水的抽屜，無緣無故扯碎了的新棉袍，保存著一些舊的小玩具」；她身邊有各種各樣的朋友，但他們的存在更深化了她的孤獨感和絕望感，她既看不起同行的女友，也看不起追求她的葦弟，使她充滿欲火的凌吉士也最終因只談論金錢與享受被她拒絕；她骨子裏輕看朋友們安於組建家庭的戀愛觀，卻極度渴望被人瞭解和懂得：「我迫切的需要這人間的感情，想佔有許多不可能的東西」。這種人與人的隔絕、人在環境中的壓抑、明知不可得的溝通渴望，正是一個初被

啓蒙的女性最具現代性意味的竭力呼喊。

　　大膽的身體欲望的表達，更使莎菲這一形象具有石破天驚的意義。接受過「五四」思想啓蒙的莎菲顯然將性經驗豐富作爲驕傲，將有人追求作爲資本，無論對葦弟還是對寫信給她的安徽男人，其捉弄和厭惡的態度，都帶有拒人自喜的意味；說起「男女間的怪事」，也是洋洋自得的姿態：「其實，在這上面，不是我愛自誇，我所受的訓練，至少也有我幾個朋友們的相加或相乘」。可是對於面目俊朗的凌吉士，她卻有了難以自持、前所未有的衝動，那些可以「相加」或「相乘」的性體驗至此便顯出輕佻，或者也可看作是莎菲故意爲之，多次的性經驗不過是一種打破、挑戰、忤逆的姿態，看似並無幾分歡愉。所以，盲目而並未眞正動過情的她面對凌吉士的態度矛盾猶豫，心如烈火，既有「我不會打扮，不會應酬，不會治事理家，我有肺病，無錢」的自卑，又充滿「你以爲我所希望的是『家庭』嗎？我所歡喜的是『金錢』嗎？我所驕傲的是『地位』嗎」的清高。這種自卑與自傲雜糅的情緒，根源在於莎菲在偌大的社會及人群關係中無從立足的困境。最終莎菲拒絕了凌吉士的引誘，肉體欲望敗給了對思想境界的追求。對於莎菲這樣渴望被人理解的現代女性，物質條件優越、足以吸引一大批女性、樂趣在於「熱心於演講辯論會，網球比賽，留學哈佛，做外交官，公使大臣，或繼承父親的職業，做橡樹生意，成資本家」的凌吉士顯然太膚淺，志趣不投。她最終還是選擇了孤獨，哪怕孤獨地死去。

　　除了說不盡又無來由的愁緒、絕望，極度渴望被理解的娜拉的內心到底有什麼綺麗景觀，莎菲自己也說不清楚：「我，我能說得出我眞實的需要是些什麼呢？」中國娜拉們好奇又激動地走出封閉了千年的房門，闖入社會，本以爲步入自由美麗新世界，卻發現面臨的或許竟是絕望的無邊墓域，壁壘厚重，無從打破；而她們自身雖然接受了啓蒙，跳脫出父輩家庭，卻依然缺乏對生命的自主意識，陷入迷茫與絕望。「出走」成爲一個被定格的蒼涼姿勢，一次充滿勇氣卻又毫無目標的啓程。在「五四」之後乃至二三十年代的女性作家筆下，出走的女性幾乎面臨的都是悲劇結局。白薇在《悲劇生涯》中對「出走之後怎樣」做出了這樣的回答：「這篇東西，是寫一個從封建勢力脫走後的『娜拉』，她的想向上，想衝出一切的重圍，想爭取自己和大眾的解放、自由，不幸地又是陷到什麼世界，被殘酷的魔手怎樣毀了她的一切，而她還

在苦難中掙扎，度著深深地想前進的長長的悲慘生活。」〔註1〕

女性的身體、意識在覺醒，出走的姿態異常決絕，卻轉身就如泥牛入海，奔走呼號找不到自身的位置。直到遭遇革命，她們迎來了另一個重塑機會。

二、政策約束下的折聚英：性別模糊、翻身、革命

抗日戰爭爆發後，戰時地域劃分與政策分治使文藝作品中的女性形象呈現迥異面貌。女性一度被納入民族國家話語中，被賦予了新的使命。國民黨政府「新生活運動」仍在繼續，舉起「婦女回家」的大旗，號召女性做好賢妻良母，「告別娜拉」成為新的言論趨勢。然而文藝作品中的女性形象整體前景黯淡，無論是《傾城之戀》中的白流蘇還是《寒夜》裏的曾樹生，在長期以來父權、夫權的壓制下，即便有知識有文化、甚至有經濟能力，獨立人格、美好家庭和幸福生活於她們而言依然是奢望。

與之形成鮮明對比的是解放區的女性景觀。戰時解放區文化是銜接民國文化與新中國文化的重要轉折點。它將之前的民國文化引向了另一條道路，同時為新中國成立奠定了政治與文化基礎。延安是中國現代史上的一個方向性地標。《一個女人翻身的故事》不能算是一個優秀的文學作品，但卻是特殊環境中的典型文本、方向性文本。其主人公折聚英，也是特殊年代中的典型人物、方向性人物，她的故事濃縮了時代轉折中女性命運的變化。

莎菲在她所處時代，注定要成為漫無目的的小船，在商品社會的驚濤駭浪中，沒有靠山和方向。而到了折聚英這裏，一切變得不同。折聚英出身貧寒，給人做童養媳，從小挨打受辱，直到不堪虐待投奔紅軍。她在這裏得到自由和解放，走入婦女自衛軍：「每個人，一律短毛蓋子；大腳片；每個人，一律藍布衫子，白布褲；每個人，肩頭都扛著黃杆兒錨子，飄紅纓的；每個人，背上都背著黑色木刀，弔紅布的……三十個人是一個動作，三十個人是一個聲音。」〔註2〕在整齊劃一的團體中，在政策規定與輿論影響下，生活在延安的婦女身心都有極大變化，放足、剪髮、不戴首飾成了潮流，簡單的裝束有利於心無雜念地勞動、幹革命。莎菲為之煎熬的情欲在此時更被完全掩蓋，個人主義無處容身，細微的個人生命體驗也被捨棄。折聚英從她做童養

〔註 1〕 白薇：《悲劇生涯》，上海：生活書店，1936 年，頁 1。
〔註 2〕 孔厥：《一個女人翻身的故事》，收入《解放區短篇創作》，解放軍文藝出版社 2000 年 7 月版，頁 35。

媳的家中出逃，和一個在戰場上受傷瘸腿的老幹部組成了家庭。

決定折聚英人生方向及文本敘事的，是共產黨關於婚姻法的政策實施。1931 年《中華蘇維埃共和國婚姻條例》裏有這樣三條：廢除一切封建的包辦、強迫和買賣的婚姻制度；實行一夫一妻；男女一方堅決要求離婚的，即行離婚。毛澤東等中共領導人對農民的需求、農村家庭婚姻的狀況有準確的判斷，用法律條文實行了對女性身體的再分配，使許多娶不上妻子的中農貧農有了歸屬，建立了家庭，也培養了對共產黨的信任和好感。同時，被壓迫已久的農村婦女一旦放開婚姻束縛，首次擁有了話語權，家庭地位發生了逆轉性的變化。折聚英在組織的領導下和叛變革命的丈夫離了婚、和老幹部組成了家庭，正合時宜地發生在這個歷史契機。

不過，解放區關於婚姻家庭的方向性規定並非鐵板一塊，性、婚姻、家庭這些元素在革命這一決定性力量的牽制中逐漸出現了微妙的失衡：婦女走出了傳統婚姻習俗，可以隨時提出離婚，很快引起男性的不滿；有一些軍人家屬由於常年見不到丈夫，要與紅軍解除婚姻；由於延安時期主張婦女參加勞動，許多婦女靠紡織等勞動賺錢，收入甚至超過了丈夫：「十萬以上的婦女，都不只是『縫衣補爛，燒鍋煮飯，養兒抱蛋』，而且還開荒、耕地、紡花、織布、飼養牲畜、參加了邊區國防經濟建設的活動，響應了毛澤東同志生產運動的號召。」〔註3〕婦女有了經濟上的保障，對婚姻的處置更為隨意。滿足貧農的婚姻需求、穩定的家庭本是革命勝利的有力保障，延安時期的《解放日報》、《中國婦女》等報刊不斷出臺各種社會輿論，根據延安出現的社會問題，對婚姻條例進行重新闡釋，時而號召婦女走出家庭投入勞動、時而號召群眾安於家庭不搞破壞，皆是為了政局穩定，不影響革命；同時也有遏制破壞軍人家庭、規避性自由、引導「破鞋」問題等輿論引導，盡力平衡婚姻家庭與革命的微妙張力，使其形成最穩固的共生關係。

「娜拉」們是如何在文學中漸漸變形，成為折聚英、孟祥英（趙樹理《孟祥英翻身》的主人公）這些所謂的「女英雄」的？折聚英們並非橫空出世，丁玲、陳波兒、沈霞等知識女性在抗戰初期的延安，也曾留下了知識女性們內心輾轉苦痛的歷程，丁玲《我在霞村的時候》、《二八節有感》沈霞《延安四年》裏，都有從性別視角對女性自身命運的深刻思考。但丁玲在整風運動後轉變了她一貫的女性立場，而沈霞則因不堪忍受懷孕給革命形成障礙，選

〔註 3〕　《陝甘寧邊區婦女生產運動通訊》，《中國婦女》第一卷第四期，頁 9。

擇流產，並最終意外逝於手術感染。女性的掙扎從未停息，只是在這一時代，它們不符合革命主題，而在共產黨有意識的政策制定和文藝宣傳中，參與革命洪流與體力勞動的女性勞動英雄成爲時代主角，短髮、粗胖、無腰身的勞動服、泯滅性別特徵成爲女性審美新方向，無病呻吟的莎菲們毫無容身之處，大批折聚英這樣的邊區女英雄們出現了，並在黨的大力宣揚下走入了現代文學史的史冊。

娜拉們在延安能否眞正實現女性解放、人格獨立的夙願？實際情況並不樂觀。輿論傾向和過多的政治任務使女性的身體變化成爲被關注和集體嘲諷的對象，不僅不能塗脂抹粉美化身體，大多數女性懷孕以後因爲擔心影響革命、被人笑話便想盡各種辦法墮胎（沈霞的悲劇便是典型），懷孕以後依然要在自衛軍內參加集訓，活動量十分巨大，「根據不完全的統計，在**會**訓團第一團女生大隊的學生中，有二十分之一是已婚的，已婚的女學生中，九分之一是因爲墮胎或流產而得病或甚至死亡的。」〔註4〕「許多人想像，延安一定是娜拉的世界，這想像有幾分對，也有幾分不對。當娜拉的丈夫命令她尊重爲妻爲母的神聖任務時，她宣布：『在爲妻爲母之前，比什麼應該更要緊的，是對於自己的義務。』假如是延安的娜拉，他的話便應該改爲這樣：『在爲妻爲母之前，比什麼應該更要緊的，是對於群眾的義務』。」〔註5〕對於魯迅「娜拉到哪裏去」的問題，「延安的解答是：到機關，學校，醫院，保育院，工廠，農村，秧歌隊，婦紡小組去！」「可是我要說清楚，出路雖然甚多，但是條條都通到一個叫做『群眾』的粗糙的地方去。在這條路上休想保持你個人的喜怒愛憎，連塗脂抹粉都是犯批評的事情。英美的女性就是穿上了軍裝也是忘不了塗一下胭脂，延安人似乎還迷信愛美與工作的不相容的。從家庭獲得解放，在群眾中又失卻了女人之所以爲女人的個性，是幸福還是苦痛？這之能等待她們自己回答。」而在婚姻、戀愛方面，「戀愛與結婚差不多是標準化了。」「在『增強黨性』、『削弱個性』的政策之下，延安人的思想、態度、品性、趣味、生活似乎都定型了。個性的差別是愈來愈狹小。」「這在擇偶上的確省了許多麻煩。」〔註6〕折聚英與老幹部的結合是標準化婚姻的典範。關於這個結合，文章著墨甚少，當事人的情感血肉被抽空，

〔註4〕 吳群：《反對殘害母親和孩子》，《中國婦女》第二卷第四期，頁11。
〔註5〕 趙構超：《延安一月》，上海書店1992年版，頁167。
〔註6〕 趙構超：《延安一月》，上海書店1992年版，頁169～170。

感情的緣由只有折聚英的一句話：「就是他身上帶的這些花，這些革命的花，她愛呀！」〔註7〕

《一個女人翻身的故事》是一個女性在黨的領導下翻身解放、投奔革命的真實故事；對於整個現代文學史中以及被塑造的女性形象系列來說，折聚英能成為典型人物，卻是一個削足適履的結果。經過共產黨的政策引導，延安新女性誕生了。這一時段的輿論導向及審美趨勢一同為建國後「鐵姑娘」形象的誕生奠定了基礎，也為共和國文化中女性形象的樹立提供了最初的樣板。

三、國家控制語境裏的李雙雙：去性別化、平等、勞動

李雙雙與折聚英初看很像：出身於赤貧農戶，嫁人後常年挨丈夫打，熱衷於參加集體勞動。但細看，這兩人卻有本質不同。從中國婦女解放的意義上說，李雙雙向前邁了一大步。

與折聚英相比，李雙雙具有鮮明的、超越性別意識的自主性。四十年代解放區的折聚英不堪忍受童養媳的受虐地位而逃出家庭，加入了學習、革命的大潮。與悲慘的身世相比，她在解放區所遭遇的一切都使她滿足，嫁給大她十歲的瘸腿老幹部更像是對共產黨的報恩行為。她是一個空洞的典型、被動的英雄，就連名字也無法自己做主：她年幼時沒有自己的名字，只是被隨意地叫做「女子」，後來做童養媳時被丈夫取名「折聚英」；被吸收入婦女組織的時候，女宣傳給她取了個官名「折蘭英」，她連為什麼都不清楚；嫁給老幹部以後，老幹部又建議她改回「折聚英」，因為他認為「蘭英」太女性化，「女性不該是花兒，給男性玩兒！」〔註8〕雖然被樹立為典型，但折聚英的成長步步都是被動的、無主見的：被丈夫、公公打，被改名，被結婚，被評為邊區勞動英雄。相比之下，李雙雙則要主動的多。雖然她也在舊社會屬於無名狀態，被別人稱為「喜旺他家的」，是丈夫眼裏的「俺做飯的」，但新中國一成立，她立刻踴躍走向前臺。李雙雙以一張自己書寫的大字報開始了《李雙雙小傳》的敘事：「家務事，真心焦，有干勁，鼓不了！整天圍著鍋臺轉，

〔註7〕 孔厥：《一個女人翻身的故事》，收入《解放區短篇創作》，解放軍文藝出版社2000年7月版，頁37。
〔註8〕 孔厥：《一個女人翻身的故事》，收入《解放區短篇創作》，解放軍文藝出版社2000年7月版，頁37。

躍進計劃咋實現？只要能把食堂辦，敢和他們男人來挑戰」，並署上了自己的大名。這一理直氣壯、帶有挑釁意味的開場方式，將一個潑辣能幹、不甘心窩在竈臺邊的新中國女性形象推到了社會舞臺中心，「敢和他們男人來挑戰」的豪言更是透露著「男女絕對平等」甚至「比男人更男人」的壯志。

「身體」與「情愛」依然是被遮蔽的話題。但李雙雙並不缺少支持和愛，她和喜旺雖然時常打架，小倆口的感情卻是很好；她還有桂英等可以聊知心話的村裏姐妹。更大的支持則來自組織。李雙雙嫉惡如仇、政治正確、雷厲風行，不僅勞動上獨頂半邊天，而且在政治敏感度和對黨的忠誠度上，均顯示出比她的丈夫喜旺更大的決心，她也是喜旺得以進步的引領者、督促者。

李雙雙從何而來？作為一個女性，這種浩然正氣、堅定不移、張貼大字報的勇氣又從何而來？在文藝作品中尋找，也許可以發現端倪。1950 年，蕭也牧發表了小說《我們夫婦之間》，本著塑造新人物、真實表現生活的出發點，塑造了一個新中國後隨夫進城的農村婦女形象。她的背景和折聚英幾乎完全一樣：娘家赤貧、童養媳、被丈夫毒打、參軍、殺日本人、學習識字、積極勞動、當上了邊區勞動英雄。文章中的男主人公李克受組織要求去採訪她，「我們談了整整三個晚上。就在那個時候，我愛上了她」。他們在農村相處融洽，被視為知識分子和工農兵結合的典範，但進城之後，革命背景撤離，日常生活凸顯，矛盾浮出水面。二人本是不同的階層，生活經歷與品位截然相反，吸引李克的城市霓虹、紅男綠女，在她看來都是資產階級腐朽物、而她的滿嘴粗話、土氣、固執，也讓李克懷疑婚姻是否還能繼續。最終，她對社會不公的凜然正氣讓他自慚形穢，重新喚起了對她的初戀一般感情。這篇文章對進城的農村婦女的遭遇和心理描寫是具備邏輯性和真實性的，結局也是光明的。但是，因為涉及到了工農兵的落後面貌，流露出知識分子對工農兵的嫌惡情緒，還是引起了當局的反感，1951 年《人民日報》、《文藝報》均等報刊發表文章，以「醜化工農兵形象」等理由對蕭也牧大力批判。50 年代在三番五次的、國家控制下的、帶有強烈政治力度的文藝爭鳴之後，在多次的批判、調整、宣傳之下，文藝作品中的工農兵形象越發偉岸，社會主義國家的女主人、鐵姑娘的形象最終成為國家吹捧的女性成長方向。50 年代，隨著向蘇聯學習的國家熱潮，蘇聯作品中的女拖拉機手形象深入人心，1960 年的《人民畫報》上，出現了一個中國典型的「鐵姑娘」形象——邢燕子。邢燕子也是一個真實人物，她是一個天津城市青年，1958 年自願去農村參加農業勞動，

因為拼命勞動、舍己為人，最終被樹立為青年典型，以她名字命名的突擊隊事迹名揚全國，被邀請參加過毛澤東的生日家宴，郭沫若也寫了《邢燕子歌》，讚揚她的光榮事迹。她在《人民畫報》中的造型是：皮膚黝黑、身材強壯、留齊耳短髮、穿白色襯衫、頸上搭一條白毛巾、右手鐮刀、左手竹筐，擡頭眺望遠方。女性的審美再一次被塑造，黑壯健康、拼命勞動、超越男性，成為這一時代模範女性的關鍵詞。

李雙雙正是另外一個邢燕子，政治正確，立場堅定，勤勞能幹。最重要的是，她們已經從莎菲時期的被喚醒後的迷茫無緒、從折聚英時期被解放後的被動，走向了社會舞臺的中央，不僅掌握了自己的命運，而且引領了男性的成長，成為一個集體的領袖；她們的姿態也由折聚英時期的感激涕零、對黨報恩，變成了當仁不讓、理直氣壯地做新中國的女主人。至此，中國的娜拉們徹頭徹尾變換了形象。隨著這一脈絡繼續前行，文革時期的「鐵梅」們拿起了接力棒，姿態更堅決、模樣更黑壯、對黨更忠心，女性特質、細微內心則被抽空地更為徹底。

在她們各自的時代，莎菲、折聚英、李雙雙這三個形象，都能在許多文本中找到面目相似的姐妹。她們雖然出身、身份、生活軌迹各有不同，卻同樣受制於時代、政策、話語，傳承著女性自身的限制；她們之所以成為各自時代的典型，並不是女性自身解放的必然成果，而是在時代思潮的影響下、在黨的政策和宣傳下被逐漸塑造出來的結果。她們以虛構之身鮮活了文學史，更以被呈現、以及被遮蔽的內心，為女性解放的艱辛之路做了注解。

婚姻・理想・哲思
——《二月》文本的三重意蘊

高博涵*

　　柔石的小說《二月》是一篇意蘊豐富的小說，表面上講述了進步青年蕭澗秋走入芙蓉鎮又走出芙蓉鎮的故事，但內蘊裏可延伸出許多討論空間。按照英伽登等現象學學者的理論，文學文本是一種意向性客體，文本意蘊的生發不僅有賴於文字自身的呈現，更有賴於讀者的闡釋。〔註1〕多年來，不同的研究者對《二月》文本給出了不同的體悟，有人從主題切入，有人從人道主義切入，有人從主人公形象切入，有人從女性角度切入，均提供了不同的研究思路。〔註2〕在本文看來，柔石的《二月》蘊含著三層意蘊空間：表層的婚姻問題、深層的理想問題，以及更深層的哲思問題。婚姻問題使我們看到進步青年在具體情境下面臨的困境，絕非口號式的進步觀念可以遮蔽。理想問題使我們看到，借助具體情節的描述，文本生發出某些象徵涵義。哲思問題

* 　高博涵（1987～），女，天津人，四川大學文學與新聞學院 2012 級博士生，主要從事中國現當代文學研究。

〔註 1〕可參考英伽登：《對文學的藝術作品的認識》，陳燕谷、曉未譯，中國文聯出版公司，1988 年版，以及其他相關文論。

〔註 2〕從主題切入如陳俊濤、楊世偉、王信：《關於〈二月〉的再評價》，《文學評論》，1978 年 6 月。從人道主義切入如李力：《柔石在〈二月〉中的人道主義探索》，《河南教育學院學報（哲學社會科學版）》，2004 年第 1 期。從主人公形象切入如聞鼎：《重評蕭澗秋形象的典型性》，福建師大學報（哲學社會科學版），1980 年 4 期，如顏敏：《「道路前面還是道路」——析柔石〈二月〉主人公的回歸與離去》，《景德鎮高專學報》，2002 年 9 月。從女性角度切入如林芝：《柔石〈二月〉中的兩位女性》，中國現代文學研究叢刊，1984 年 2 期，如程玖《反思〈二月〉——一種女性主義解讀視角》，《楚雄師範學院學報》，2007 年 1 月。

使我們看到，《二月》文本形成了獨特的文本向度，並在這一向度中闡釋出形而上的人生困境。這三層意蘊逐步推進，豐富著《二月》文本的表達空間。本文將分三個部分，逐一討論婚姻、理想、哲思三層意蘊。

一

　　歷史以它獨有的鏈條線性延遞著，是不可更改的一維結構。但歷史也是複雜的，在某一時間段中，針對歷史變化的衝擊，不同的承載者反應出的行為特徵並不盡相同，甚至還會出現對立，最終又彼此勾連地納入整體的歷史維度中。這種統一中的對立使得歷史發展的內部張力十足，構成了完整意義上的血肉豐滿的歷史。民國歷史就是這樣一段充滿張力的歷史，在大幅度的社會變革中，倫理問題被推上首要改革的位置，婚姻問題更是重中之重，但在進步輿論、民國法律、及作家文本中所體現出的婚姻變革意識並不盡相同。本文要討論的《二月》，正以小說文本的形式涉入了婚姻問題及該問題引發的歷史張力之中。對照同時代的另外兩個參數，我們可以更清晰地看到《二月》文本的獨特意義。

　　倫理批判興起於五四運動，這其中又以揭露男女不平等和婚姻不自由為重要批判內容。陳獨秀譯文《婦女觀》、吳虞《女權平議》、魯迅《我之節烈觀》、胡適《貞操問題》、李大釗《戰後之婦人問題》均是《新青年》上批判「三綱五常」、「三從四德」等倫理對男女精神的壓榨與扭曲的文章。〔註3〕女性自身在追求男女平等及婚姻自由問題上，也勇敢地邁出了自己的步伐，在爭取男女平等應從女子教育入手的呼籲下，「1920年寒假後，鄧春蘭等9名女生走進北大學習，成為中國國立大學第一批女大學生。」〔註4〕在爭取婚姻自由的呼籲下，「1919年11月，長沙青年女子趙五貞被父母強迫出嫁，反抗無效，在迎親花轎中自殺身亡。」〔註5〕「1920年2月，長沙又發生了女青年李欣淑為反抗父母包辦婚姻而毅然離家出走的事件。……在長沙自治女校讀書的李欣淑由於受到了新文化的影響，堅決反對父母包辦的婚姻，決計離家出

〔註3〕陳獨秀譯德國麥克斯・奧瑞爾《婦女觀》（《新青年》創刊號），吳虞《女權平議》（《新青年》第3卷第4號），魯迅《我之節烈觀》（《新青年》第5卷第2號），胡適《貞操問題》（《新青年》第5卷第1號），李大釗《戰後之婦人問題》（《新青年》第6卷第2號）。

〔註4〕蕭愛樹：《20世紀中國婚姻制度研究》，知識產權出版社，2005年版，頁116。

〔註5〕蕭愛樹：《20世紀中國婚姻制度研究》，知識產權出版社，2005年版，頁119。

走，到北京參加工讀互助，自謀自立。」〔註6〕且不論進步作家更深層次的思考，〔註7〕也不論這些行爲最終能否改變女性的地位和生活境遇，僅從進步輿論的效果上看，這些主張及行爲無疑很具有波及性。進步輿論向我們展示了五四時期追求男女平等、婚姻自由的強大的力量，蘊含的衝破意義不容小覷。這種力量在整個民國時期始終存在，構成了以主觀進步意願爲主導的民國婚姻探索的一維空間。

進步輿論使我們看到推動社會前進的光明而果敢的力量，彷彿借助這種力量的散播，社會便可很快剔除傳統文化中糟粕的部分。但在第二個維度——民國法律規約上，即明顯體現出相當的保守性。「人類之始爲社會，其間固自有種種慣習以爲之制裁，是即法律之所由起也。……主治者與受治者之關係既確定，慣習變爲慣習法，主治者復以其意之所是非，制爲禁令，而一國人皆有服從之義務，此法律發達之第一級也。」〔註8〕因法律具有必然的普適性，所制定的規約就要符合全部國民的適應能力，所形成的條約具有一定的保守性。民國初期因政局動盪不安，民法規約一直沿用清朝《大清民律草案》，僅有小部分修訂。「《大清民律草案》的編撰者是在現代西方法制與傳統封建禮教之間小心翼翼地尋求一個均衡點，爭取清廷內部守舊派的支持，避免像《大清刑律草案》那樣，因引進西方法制的步子邁得太大，致被擱淺三年的命運。」〔註9〕可見沿用的舊民法不可能如進步輿論一樣激進，甚至步伐落後甚多。1927 年，南京國民政府設立法制局，著手草擬各重要法典。「1929年 4 月 20 日，立法院通過民法總則，5 月 23 日由國民政府公佈，定於 10 月10 日起施行，9 月 24 日又公佈《民法總則施行法》。……1930 年 12 月 26 日公佈親屬編和繼承編。」〔註10〕至此，《中華民國民法》才正式公佈運用，在這部法律中，對婚姻問題是這樣規定的：「明定結婚之最低年齡爲男子 18歲、女子 16 歲，限制親屬結婚之範圍，不治惡疾及重大不治精神病得爲解

〔註 6〕 蕭愛樹：《20 世紀中國婚姻制度研究》，知識產權出版社，2005 年版，頁124。
〔註 7〕 如魯迅並非一味地宣揚婦女解放，他也在深刻地思考《娜拉走後怎樣》文章中提到的問題。
〔註 8〕 梁啓超：《中國成文法編制之沿革》，引自百年回眸：《法律史研究在中國：第一卷 清末民國卷》，頁 3。
〔註 9〕 葉孝信主編：《中國民法史》，上海人民出版社，1993 年版，頁 606。
〔註10〕 《中華民國史・第二冊・志一》，四川人民出版社，2006 年版，頁 311～312。

除婚約、離婚之原因。婚約應由男女當事人自行訂定，但又規定未成年人訂婚、結婚，應得法定代理人之同意，而法定成年年齡定爲 20 歲，即部分保留了家長的支配作用。夫妻財產制分法定財產制和約定財產制二類，以聯合財產制爲法定財產制，以共同、統一、分別財產制爲約定財產制，夫妻得於數種約定財產制中擇一爲夫妻財產制，如無約定則適用於法定財產制，但又規定聯合財產由夫管理，在男女平等原則和習慣行爲上向習慣傾斜。並有妻以其本姓冠以夫姓，以夫之住所爲住所，子女從父姓，未成年者以父之住所爲住所……」〔註 11〕條約中雖反應出一定的男女婚戀自由、夫妻平等的思想，但家長的約束、習慣性男性中心依然沒有太大變化，聯合財產依然由丈夫管理，妻子依然要前綴夫姓，要入住丈夫的家裏。由此可見，民國法律和進步輿論之間明顯拉開了很大的距離。

在進步輿論、民國法律二維空間的對照下，我們將進一步考查第三維空間——作家創作的文本空間。在民國時期，以白話文爲主要表達方式的新文人，普遍主張婚姻自由平等的新思想，若僅按作家思想歸類，他們必然屬於進步輿論的群列。然而，有兩個問題需要注意：一是作家的文本創作不僅在表達個人的主張，同時也是對作家所處時期的各種社會現狀的客觀反映，其中也必然包含保守派人物及行爲，且對這些人物的描寫具有作家眼光的審視意味。二是作家的生存境遇、文本創作的眞實性、複雜性遠非一個簡單的主張所能涵蓋，在實際的文本創作中，勢必體現爲多側面的眞實寫照，絕不會是口號式的概念呈現。在柔石的《二月》文本中，以上兩點均有所體現，構成了民國婚姻問題的第三維闡釋空間。

《二月》中的蕭澗秋所抵達的芙蓉鎮，實際上是一個相對保守和封閉的區域。作者以蕭澗秋爲作品主人公，並大多以蕭澗秋的限知性視角行進全文，因此，小說中許多場景的描繪均帶有蕭澗秋眼光的審視意味，這種審視因蕭澗秋的身份差異而具備一定的局外性質。只是，這種局外的審視在具體的操作中顯得軟弱無力。在婚姻問題上，蕭澗秋明顯審視到了兩個人物：陶嵐、文嫂。陶嵐被稱作小鎮上的 Queen，其行爲作風無不追求個性、獨立，與舊氣息頗濃的芙蓉鎮產生了很大的悖逆。在與蕭澗秋多次的通信中，陶嵐表現出屬於她自己的勇敢、自信、直爽以及作爲一個人應有的喜怒哀樂，但蕭澗秋的反應卻是猶豫、閃爍、飄忽不定的。在《二月》文本中，我們雖能通過人

〔註11〕《中華民國史・第二冊・志一》，四川人民出版社，2006 年版，頁 313。

物情思的反應感受到蕭澗秋作爲審視者的力度，但具體到行爲層面，蕭澗秋則表現出難以言說的軟弱。錢正興是芙蓉鎮較爲有錢的大戶，一心追求著陶嵐，蕭澗秋的出現使得錢正興的追求有了羈絆，於是錢正興秘訪蕭澗秋，希望他可以放手，並出示許多誘惑條件。此刻的蕭澗秋正在以異鄉人，或言之進步青年的眼光審視著錢正興對陶嵐的愛情，他的內心自然對錢正興的行爲極其不齒。然而，蕭澗秋並沒有以居高臨下的姿態怒斥錢正興，而僅以「不要說了，錢先生，我一切照辦，請你出去罷。」〔註 12〕幾句話阻擋了錢正興繼續的攻勢，並自己出門逃逸。以上這些行爲即反映出蕭澗秋面對婚姻問題的複雜態度：他已不是一位剛剛步入社會的進步青年，對一切力的衝破不再帶有不可置疑的信心。《二月》文本虛設了一個前置語境：蕭澗秋在進入芙蓉鎮之前，必然曾經熱血激昂過，我們很難猜想他具體經歷了什麼，但至少知道進入芙蓉鎮的他在思想層面已受過較大的打擊，而對物事均有懷疑。蕭澗秋的身份並沒有轉變，他依然是一位進步青年，但在面對陳舊、複雜的相對封閉的芙蓉鎮時，在親身感受著保守姿態的侵擾時，他卻並不能發出一個局外審視者的冷靜而強大的聲音，只能側身擦過與他對立的姿態。這或許是保全自我的一個態度，同時也是感悟到社會問題複雜性後所做出的應激反應。在應對陶嵐婚戀的問題上，蕭澗秋的姿態使我們看到了進步青年退回生活實況後複雜而尷尬的境遇，這種境遇必然使得進步青年退出曾經激昂吶喊的主張，轉而進入更實際的思考。

而蕭澗秋的第二個審視對象文嫂，則帶給蕭澗秋乃至柔石更多的問題。在以往的討論中我們已經看到，蕭澗秋娶文嫂的行爲是人道主義占據個人主義的犧牲行爲。〔註 13〕但有一個問題尚待釐清：蕭澗秋一定要通過婚姻的方式來拯救文嫂嗎？作爲一個進步青年，他不懂得婚姻的眞正意義嗎？這裏存在著兩個隱在涵義：一是婚姻自由的鬥爭由社會與個人的外部鬥爭轉變爲個人與個人的內心鬥爭，二是在具體的環境下，任何思想情感的生發都必須代入具體規約下的符碼才有運轉的可能。處於芙蓉鎮，蕭澗秋進步青年式的思想卻只能通過守舊的婚娶形式才能完成。

〔註 12〕本文有關《二月》的文本引文均引自人民文學出版社 1962 年的《二月》版本。此處爲，頁 109。
〔註 13〕討論《二月》人道主義問題的論文有很多，如李力《柔石在〈二月〉中的人道主義探索》，河南教育學院學報，2004 年第 1 期，其中重點論述了人道主義和犧牲主義問題。

　　如果說面對陶嵐的愛情，蕭澗秋考慮的是敢不敢愛的問題，那麼面對文嫂，蕭澗秋考慮的則是愛不愛的問題。敢不敢愛尚是一個愛情範疇內的選擇，而愛不愛則是愛情與非愛情之間的抉擇。蕭澗秋願不願接受陶嵐的愛情，無論蕭澗秋站在什麼角度思考這一問題，這都是一個基於婚姻自由前提之下的思考。而娶不娶文嫂，無論結論如何，都已涉入婚姻自由／婚姻不自由的二元對立的思域。這裏需要我們注意到一個問題：這裏的二元對立並非社會強加於個體之上的，而是個體自我催生的兩難境遇。在談及進步輿論問題時，趙五貞和李欣淑為了反抗包辦婚姻，均做出了激烈的舉動，她們所處的矛盾是「社會──個體」之間對立的矛盾，只要堅定個人信念，衝破封建制度，個人的愛情前景似乎是相當光明的。而到了柔石筆下的蕭澗秋，早已沒有具體的封建規約限制蕭澗秋的愛情選擇，他可以自由選擇愛、或者不愛。〔註14〕但蕭澗秋依然陷入了婚姻自由／婚姻不自由的二元對立局面，造成這種局面的並非社會現狀，而是蕭澗秋個人本身。很顯然，蕭澗秋娶文嫂客觀上反映了他婚姻的不自由，在這一客觀性背後，實際存在著人道主義對婚姻自由的覆蓋。「五四」宣揚的個人主義實際上包含著個人主義和人道主義兩種涵義，周作人在《人的文學》中說：「這樣『人』的理想生活，應該怎樣呢？首先便是改良人類的關係。彼此都是人類，卻又各是人類的一個。所以須營一種利己而又利他，利他即是利己的生活。」〔註15〕實際上已指出利己與利他並非必然矛盾，但在蕭澗秋的語境中，這兩種涵義變成不相共存的兩個對立點，必有一種涵義覆蓋另一種涵義才能將事情解決。問題是，兩種涵義為何會出現對立的局勢？這裏就必須關注到蕭澗秋所處的地域了，蕭澗秋並非處於一個虛擬的進步的社會語境，而是處於一個相對封閉的擁有自己固定符碼的芙蓉鎮。蕭澗秋縱然殘留著自異鄉（或言之進步時代、進步地區）而來的人道主義情懷，一旦他涉入芙蓉鎮的語境，任何話語和行為表達均需符合這一地域的符碼規約才能生效。在芙蓉鎮，如何救助文嫂？每日施與其一定的物質補貼？時常登門給予精神關懷？這顯然只是進步青年一廂情願的設想，在實際操作中，我們依然看到芙蓉鎮輿論對蕭澗秋及文嫂的指摘。對於文嫂，唯一長久可施的救助辦法只能是與其結婚，一個異性男子只能以丈夫的形式存

〔註14〕這裏的不愛是指保持獨身的權利，不愛卻不意味著去娶一個不愛的人。

〔註15〕周作人：《人的文學》，引自《中國新文學大系・建設理論集》，上海文藝出版社影印本，2003年版，頁195。

在，才能長久地獲得保護對方的合法地位。於是，這裏出現了一個悖論：在
芙蓉鎮，以人道主義情懷關懷文嫂的動機卻只能通過守舊的婚娶形式才能實
現，人道主義與守舊的婚娶形成了等價交換，蕭澗秋也便呈現出了自己境遇
的尷尬，無論怎樣做，他的行爲終將悖逆自我的主張，或者不人道，或者婚
姻不自由。《二月》寫出了蕭澗秋自我主張的悖逆，也即豐滿而眞實地描寫了
當時進步青年所面臨的諸多困境，而不僅僅是平面式的贊歌，這使我們看到：
當歷史還原到某一部以生活爲藍本的文本時，婚姻自由等問題就變得不僅是
個人──社會的二元對立那麼簡單了。

　　以上分三個維度討論了民國時期的婚姻問題：進步輿論、民國法律、《二
月》文本，並發現不同的維度所呈現的民國婚姻問題並不盡相同。進步輿論
顯然帶有激進色彩，其符號意義大於實際操作意義。民國法律顯得相對保守，
雖顯示了一定的婚姻自由，同時也對固守成分做了保留，以適應社會緩慢更
迭的運轉速度，具有規約的普適性。而在《二月》文本中，激進成分和保守
成分形成了彼此纏繞的關係，困擾並生發於身處舊環境之下的進步青年身
上，使我們看到了新舊對立的複雜性、反覆性。在《二月》文本的討論中，
進步輿論與民國法律兩個角度爲文本的闡釋提供了相異的參照，可以看出，
在相對單一的進步輿論、民國法律主張對照下，《二月》文本表現出的進步青
年的心態、社會歷史現狀更多了糾纏，它的抒寫背景實際已暗暗納入了進步
輿論、民國法律的思維，〔註16〕又同時融入了主人公失意離開新環境融入舊
環境之後的兩難境遇。作爲文學作品的《二月》顯然更像是一幅較爲充實豐
滿的社會畫卷，它雖然不能提供給我們如社會輿論、民國法律一樣的理性定
義，但它的闡釋使我們看到──歷史絕非某種輿論主張、某部法律規約所能
簡單覆蓋的。

二

　　從婚姻角度切入《二月》，我們看到了進步青年在實際環境中婚戀的複雜
局面。但《二月》絕非僅是一部描寫進步青年婚姻困局的小說，蕭澗秋與陶

〔註16〕蕭澗秋是一位進步青年，縱然失意地進入相對落後的芙蓉鎮，他的許多行爲
　　　　依然擺脫不了進步的姿態，在他身上我們可以看到進步輿論的影響。而民國
　　　　法律有關婚姻的限定更是一個先在前提，否則陶嵐早已被父母包辦了婚姻，
　　　　也就不會出現之後的糾葛了。

嵐、與文嫂之間的關係，也絕非僅是男／女兩性關係那麼簡單。有論者提出，蕭澗秋與兩位女性之間的關係並不是愛情，而是一種理想的投射。〔註 17〕這可以看做《二月》文本的第二層意蘊，有關這一層意蘊，尚留有很多的討論空間。實際上，蕭澗秋的人生理想在陶嵐、文嫂、採蓮身上均產生了不同側面的投射，在本文看來，陶嵐代表著蕭澗秋曾有的理想，文嫂代表著蕭澗秋未完成的「自我」，採蓮則代表著蕭澗秋的終極追求。

蕭澗秋與陶嵐的關係並非直接明朗，而是多次纏繞，這其中又明顯存在著陶嵐強烈的攻勢和蕭澗秋撲朔迷離的守勢。可以說，陶嵐是在單向度地強烈需求著蕭澗秋，在蕭澗秋身上注入新女性的追求及愛情，蕭澗秋的表示卻是雙向度的，或者被感動或者是尋求規避，缺乏明確的情感態度，並且對於陶嵐，蕭澗秋並非強烈需求。文中出現一些有關蕭澗秋愛情姿態的表述，如：「愛情本來是無日無夜，無冬無夏的，但蕭澗秋好像沒有愛情。」〔註 18〕也出現了蕭澗秋的自述：「有家倒不能自由，現在我是心想怎樣，就可以怎樣做去的。」〔註 19〕「自由是我底真諦，家庭是自由的羈絆。」〔註 20〕但同時，蕭澗秋的許多行為又表現出矛盾性質，「他雖心裏記著回信，可是他並沒有要方謀出去的態度。」〔註 21〕「蕭澗秋獨自呆在房內，他不想讀她底信，他覺得這種舉動是非常笨的，可笑的。可是終於向書內拿出一條狹長的紙，看著紙上秀麗的筆跡。」〔註 22〕可見蕭澗秋在接受／拒絕陶嵐的選擇中始終處於游移不定的局面。蕭澗秋何以游移？在愛情層面，我們可以理解為他欲愛又不敢愛、覺得自己沒資格愛或是對愛情本身產生失望感的複雜心態，但涉入理想層面我們可以發現這樣的解釋：陶嵐代表的是蕭澗秋曾經執著、勇敢的進步姿態，是蕭澗秋曾經踐行過的人生理想。《二月》文本雖僅是一個不長的中篇，但小說的開頭實際上預設著一個漫長的歷史前提：蕭澗秋並非生來就帶有一副落魄的狀態，他必然是曾經滄海過的，這份滄海來自於他五湖四海的飄泊，來自於他對新時代的熱情與奮鬥，或許也來自於他曾有過的愛情。

〔註 17〕 如郝幸仔：《柔石〈二月〉的重新解讀——兼與藍棣之先生商榷》，鹽城師範學院學報（人文社會科學版），2003 年 5 月。
〔註 18〕 《二月》，頁 52。
〔註 19〕 《二月》，頁 53。
〔註 20〕 《二月》，頁 59～60。
〔註 21〕 《二月》，頁 49。
〔註 22〕 《二月》，頁 117。

具體是什麼我們不得而知，但蕭澗秋曾在給陶嵐的信中說到：「我已數年沒有流過一滴淚，不是沒有淚，——我少時也慣會哭的，連吃飯時的飯，熱了要哭，冷了又要哭。——現在，是我不要它流。」〔註 23〕這說明蕭澗秋至少是在經歷了一定滄桑之後主動選擇了自我的剋制，他或許已經不再相信曾經爲之執著的物事。但陶嵐卻呈現出與走入芙蓉鎮之後的蕭澗秋完全相異的性情與生活狀態，她無限嚮往嶄新的生活，積極地希望可以從蕭澗秋這裏獲得新的生命，在她寫給蕭澗秋的信中，我們可以多次看到她的渴望。在蕭澗秋與陶嵐之間，實際上存在著對話的錯位，陶嵐預設的溝通對象是已經逝去的昨日的蕭澗秋，而蕭澗秋面對的溝通對象又是曾經的奮發的「自我」。對於陶嵐來講，她的表達不存在障礙，因爲她一直將蕭澗秋假想成可以幫助自己走出狹小世界的人。但對於蕭澗秋，這種對話具有雙重的矛盾，當蕭澗秋拒絕對話時，他等於拒絕了曾經的「自我」，這使他清醒地感到生命的斷裂，故不忍爲之。當蕭澗秋接納這場對話時，他顯然又需要將現有的落魄心態束之高閣，而對於一個失望於理想的人來講，這無疑是不願也不可能做到的。於是，當陶嵐以故有理想的象徵意義呈現在蕭澗秋面前時，當這一理想的呈現又出現在保守的芙蓉鎮，當蕭澗秋來到芙蓉鎮只是想逃避自己的理想而做以喘息時，陶嵐帶給蕭澗秋本人的無疑是強大的影響的焦慮。從這一層面看，蕭澗秋對陶嵐的欲拒還迎暗喻著蕭澗秋與理想之間的纏繞關係。

　　蕭澗秋與文嫂的關係也具有理想層面的象徵意味。蕭澗秋在來芙蓉鎮的小輪船上已經見過文嫂和她的孩子，借助同船老婦之口，蕭澗秋得知這一對母子是李先生的遺孤遺孀，李先生已在戰爭中被打死：「李先生本是個有志的人，人又非常好；可是總不得志，東跑西奔了幾年。於是當兵去，是騙了他底妻去的，對她是說到廣東考武官。誰知剛剛有些升上去，竟給一炮打死了！」〔註 24〕蕭澗秋來到芙蓉鎮，又從陶慕侃口中得知李先生正是曾經同校的一位同學，並和陶慕侃過從甚密。蕭澗秋對李先生曾經的印象和評價是：「他讀了一年就停學了，人是很慷慨激昂的。」〔註 25〕陶慕侃由李先生的死引發了許多感慨，小說中寫到：「可是一忽，校長卻首先談起別的來，談起時局的混沌，不知怎樣開展；青年死了之多，都是些愛國有志之士，而且家境貧寒的一批，家境稍富裕，

〔註23〕　《二月》，頁 71。
〔註24〕　《二月》，頁 12。
〔註25〕　《二月》，頁 21。

就不願做冒險的事業，雖則有志，也從別的方面去發展了。因此他創辦這所中學是有理由的，所謂培植人材。」〔註26〕行文至此我們可以發現，陶慕侃、李先生、蕭澗秋三個人代表著三種不同的人生路徑：陶慕侃雖然支持進步，但顯然較為保守，不願做冒險的事業，只以興辦教育的方式實踐他「愛國有志」的主張，李先生則是鋌而走險為人生理想付出生命的人，而蕭澗秋也曾五湖四海地在中國游蕩過，也曾走過同陶慕侃志趣完全不同的道路，像李先生一樣為自我的追求而努力，但最終還是感到厭倦，回到了陶慕侃的生活境遇中，打算過幾年平靜的生活。陶慕侃與李先生均擁有明確的人生主張並為此踐行到底，唯有蕭澗秋在兩者之間徘徊。蕭澗秋因人道主義精神願意拯救文嫂、娶文嫂，這種說法的確可以解釋得通，但向更深層次挖掘，文嫂實際象徵著為實現自我理想執著不已而頭破血流的殘破後果。李先生已死，但承擔李先生死亡後果的人卻是他的遺孀和遺孤。在衝破理想遭致失敗之後，文嫂所要面對的即是悲傷、孤苦無依、貧窮等絕境，文嫂的境遇象徵著理想失落的最終承擔行為。蕭澗秋顯然自我規避了這一承擔行為，在理想的追尋尚未達至絕境之時，他主動選擇了放棄並退隱到封閉保守的芙蓉鎮，想要忘卻大世界中的風雨和遺憾。最終，文嫂和蕭澗秋在芙蓉鎮相遇了，「文嫂——蕭澗秋——芙蓉鎮」三者之間形成了微妙的張力，在封閉保守的小鎮，一位來此規避理想的青年卻目睹到理想失敗的直接承擔者，使其有意規避的可能性結果觸目地呈現在眼前。從這一角度看，蕭澗秋救助文嫂的行為就不再是簡單的人道主義關懷，而是對「自我」的救贖，這一「自我」正是蕭澗秋有意規避的未完成的自我，是理想的自我，也是理想遭致徹底毀滅的自我。蕭澗秋對這一「自我」心存敬意，但實際上卻又無能為繼。並且，在預設中，若蕭澗秋重返理想的陣地，文嫂的境遇很有可能便是蕭澗秋未來的境遇。

而蕭澗秋與採蓮的關係，象徵著「理想——毀滅」二元對立之外的終極境界，是脫離於現實語境下的心靈探求，僅以虛幻的形式呈現。藍棣之在《中國現代文學經典：症候式分析》一書中認為，蕭澗秋所愛為採蓮，〔註27〕若以理想層面理解這一問題，則可將蕭澗秋對採蓮的愛情歸於終極境界的追求。在蕭澗秋進入芙蓉鎮的文本描述中，出現過這樣的文字：「他自己有時也

〔註26〕《二月》，頁21。
〔註27〕詳見藍棣之：《中國現代文學經典：症候式分析》，人民文學出版社，2006年版。

感到對於都市生活有種種厭棄，只有看到孩子，這是人類純潔而天真的花，可以使他微笑的。」〔註 28〕蕭澗秋進入芙蓉鎮的主觀追求，實際是希望暫忘難以實現的理想，在教書過程中與孩子們相親近，獲得精神上的撫慰。採蓮正是這一精神撫慰的施與者，當採蓮出現的時候，蕭澗秋同陶嵐同文嫂之間的纏繞關係得以拋卻，呈現出一幅純淨透徹的畫面。小說中多次出現蕭澗秋親吻採蓮的描寫，「蕭澗秋走到她底身邊，輕輕地將她抱起來。在她左右兩頰上吻了兩吻，」〔註 29〕「他隨即又取了她底冰冷的手吻了一吻，又放在他自己底頭邊，」〔註 30〕「他重重地在她臉上吻了兩吻，吻去了她兩眼底淚珠，」〔註 31〕以及等等，這些畫面無不表現著蕭澗秋與採蓮之間純淨無阻滯的感情氛圍，大異於蕭澗秋與陶嵐、與文嫂的關係。採蓮與蕭澗秋的感情互動均是單向度的，採蓮渴望蕭澗秋給予的關懷，蕭澗秋渴望採蓮給予的童心的美好，各自的渴望均不夾雜矛盾成分，並且在《二月》文本中，只有採蓮與蕭澗秋是彼此互為需要的，〔註 32〕因此從溝通層面上看，在《二月》文本中，只有蕭澗秋和採蓮之間的情感互動形成了明確的回路，這似乎暗喻著：在逝去理想和不明未來雙重脅迫的壓力下，只有想像中的終極境界燭照著蕭澗秋乾涸的內心。這一境界顯然僅是蕭澗秋心目中的純粹美好的世界，僅是曇花一現或者僅是一種建構，很難在現實生活中實現，採蓮終有一天會長大成人，那時的她或許早已被納入俗世的限定之中。並且就算採蓮永遠也長不大，她的價值在現實世界中也只是虛無的不被看重的，文嫂對採蓮是漠視的，一旦死了兒子便再也沒有了活著的動力，僅有蕭澗秋、陶嵐諸人去賞識採蓮，採蓮僅在審美層面上具備較高的價值。但是，即便如此，蕭澗秋卻從未放棄對這一境界的貪戀，小說中多次著墨寫到蕭澗秋對採蓮的熱愛，即便蕭澗秋自身難保離開芙蓉鎮，他心裏對採蓮也是諸多不捨，在寫給陶慕侃的信中，蕭澗秋說：「採蓮的問題，恐怕是我連累了你們，但我之妹妹，就是你和你妹妹之妹妹，我知道你們一定也愛她的。待我生活著落時，我當叫人來領她，我決

〔註 28〕　《二月》，頁 9。
〔註 29〕　《二月》，頁 33。
〔註 30〕　《二月》，頁 33。
〔註 31〕　《二月》，頁 80。
〔註 32〕　前文已述，陶嵐和蕭澗秋之間的需要是一種錯位需要。而文嫂僅只在物質關懷層面需要蕭澗秋，並且這種需要還僅是被動需要，又間接加速了文嫂的絕境與死亡。

願此生帶她在我身邊。」〔註 33〕若從採蓮自身來考慮，被如陶嵐這樣的女子及陶嵐這樣的家庭撫養肯定要優於被一個單身男子撫養，蕭澗秋這樣的念頭實際上灌入了更多的假想成分，他欲帶走採蓮更多表達著他不願拋捨心目中對美好的終極境界的追求。

以上分三個人物關係——蕭澗秋與陶嵐、蕭澗秋與文嫂、蕭澗秋與採蓮，分別討論了《二月》文本理想的象徵意蘊。這三種關係完整地呈現出蕭澗秋與芙蓉鎮生存境遇的糾纏，並指涉出蕭澗秋內心潛藏的終極追求。越過表層「愛情——婚姻」的情節敘述，文本關乎人物理想的深層次意蘊得以展露。

三

一部小說除了表面描寫的情節意義、隱在描寫的深層意義，更在其中融入著一套哲思的觀念，控制著整部小說的運轉。在從婚姻層面、理想層面解讀了《二月》文本之後，本文將進入第三層角度的解讀——哲思層面的解讀。從哲思角度看：首先，《二月》存在著類同魯迅小說的「離去——歸來——離去」模式，並賦予其獨特的意味；其次，進入芙蓉鎮的蕭澗秋因其情感雙向度的矛盾性質而與小鎮其他人單向度的情感形成悖逆，並最終被孤立。

魯迅小說多以「離去——歸來——離去」為模式，寫知識分子為尋求自己的理想遠離家鄉，後失望而返，終發現連家鄉也早已無法容身，於是又無奈離去。柔石的《二月》也有著類同的模式：蕭澗秋早年離開家鄉漂泊多年，終又感到厭倦回到故鄉，想過一段寧靜的日子，卻又因最終的並不寧靜而無奈離開。蕭澗秋回到故鄉、來到小小芙蓉鎮卻並非想像中那麼簡單，幾年的漂泊生活使他形成了異於封閉區域的思想和意識，勢必使得重新的「走進」有了距離上的差異。蕭澗秋來到芙蓉鎮並不是來改造芙蓉鎮，或言之來傳播新思想，而僅是藉此地尋求栖息的場所，這便形成了一個問題：蕭澗秋進入保守的芙蓉鎮，其行為只有服從本地規則、納入地區場域的符碼系統，與芙蓉鎮整體行為構成共謀關係，才能較為順暢而安寧地居於此地。否則勢必產生或大或小的衝突，而一旦產生衝突，蕭澗秋來此地的預設意義便不存在。哈貝馬斯在《合法性危機》一書中認為：「人的機體具有明確的時空界限；它們維持其存在具有理想價值（Sollwerte），而這種理想價值只能在經驗確定的

〔註33〕《二月》，第 205。

承受限度內有所變化。」〔註34〕但是很顯然，蕭澗秋的行爲並沒有納入芙蓉鎮的規約中，甚至與之背道而馳，這就形成了蕭澗秋來此地的目的與實際施爲的矛盾。蕭澗秋自我的矛盾也就造成了他與芙蓉鎮的矛盾，自始至終，芙蓉鎮都在以封閉的姿態長期穩定著，以固有的準則運行著，形成了自己的圓環封閉結構。蕭澗秋進入這一結構，矛盾於這一結構，又最終被這一結構排斥，但這一結構本身並未發生任何的變化。魯迅在《〈二月〉小引》中說：「他其實並不能成爲一小齒輪，跟著大齒輪轉動，他僅是外來的一粒石子，所以軋了幾下，發幾聲響，便被擠到女佛山——上海去了。」〔註35〕從這一點上看，蕭澗秋的走進與走出似乎毫無意義，並始終游離在芙蓉鎮之外。

　　但有一點需要注意，這一封閉結構內部的成分曾在結構外與蕭澗秋構成勾連，其一是陶嵐，其二是文嫂。陶嵐曾在三年前的葛嶺見過蕭澗秋，她是這樣描述的：「是了，那時我和姊姊們住在葛嶺的旁邊。我們一到傍晚，就看見你在裡湖岸上徘徊，徘徊了一點鐘，才不見你，天天如是。那時你還蓄著長髮拖到頸後的，是麼？」〔註36〕陶嵐曾在芙蓉鎮這個區域之外與蕭澗秋照過面，雖然不曾相識，但彼此之間的勾連已溢出芙蓉鎮。在蕭澗秋無奈離開芙蓉鎮之後，陶嵐與之依然存在勾連，小說結果處表明了陶嵐的心跡：「那末，哥哥，我去，我同採蓮妹妹到上海去。在這情形之下，我也住不下去的，除非我也死了。」〔註37〕陶嵐很有可能會來到上海，並尋到蕭澗秋，與之在芙蓉鎮區域之外的地點繼續勾連。文嫂也曾經溢出芙蓉鎮之外，在前來芙蓉鎮的小輪船上，蕭澗秋早已邂逅了這母子三人，並在芙蓉鎮區域之外的地方得知了她們的遭遇。於是，《二月》的故事絕非只是芙蓉鎮之內的故事，雖著墨不多，我們依然可以發現：蕭澗秋與保守區域芙蓉鎮的關係是纏繞的難以釐清的，這不僅體現在他也是浙江本土人，同時也體現在陶嵐、文嫂與之在芙蓉鎮之外的勾連，這種勾連具備一定的象徵意義：無論求新的陶嵐、守舊的文嫂，她們都不可能只在某一個固定區域存在，蕭澗秋也不可能通過離開的行爲擺脫新與舊的纏繞。當蕭澗秋一個人走在遠離芙蓉鎮的路上，他看到了一對酷似文嫂及文嫂孩子的母子，他發出了驚愕：「莫非這樣的婦人與孩了在

〔註34〕哈貝馬斯：《合法化危機》，劉北成、曹衛東譯，上海人民出版社，2000 年版，頁 5。
〔註35〕魯迅：《〈二月〉小引》，《二月》，頁 2。
〔註36〕《二月》，頁 16。
〔註37〕《二月》，頁 207。

這個國土內很多麼？救救婦人與孩子！」〔註38〕這種呼聲既是魯迅式的精神呼籲，同時也是蕭澗秋纏繞境遇的體現：他已不能通過離去的方式解決人生的困境，就算他再次離開，進入另一個區域，進入其他的小鎮或是大城市，他都將重新面臨同樣的問題，他可能再次遇到另一個陶嵐、另一個文嫂、另一些他不能解決的問題。魯迅在《二月小引》中又說：「他極想有為，懷著熱愛，而有所顧惜，過於矜持，終於連安住幾年之處，也不可得。」〔註39〕蕭澗秋不能很好地處理好身存世界的纏繞關係，這與他所處的時代境遇有關，同時也與魯迅所說，與他個人的性格和處世方式有關，若蕭澗秋不能很好地完善自己的處世態度，他將永遠淪陷在這一複雜的關係網中。

蕭澗秋在纏繞的關係世界中，同時也是被孤立的，所有看似與他親近的人都並不曾與他處於同樣的境遇。在《二月》文本中，始終存在著「傳統」、「新潮」的對立關係，所謂「傳統」即是封閉守舊的思維模式，類同於芙蓉鎮居民的思想局面，所謂「新潮」即是以蕭澗秋為代表的進步青年所追求的新思想、新生活。這兩種思維在每一個人物身上均有所體現，並且每一個人物的情感流向都有一個固定的方向。我們可以以 A 代表「傳統」，以 B 代表「新潮」，則發現：除去蕭澗秋之外，《二月》中其他人物的情感流向都是單向度的，唯有蕭澗秋一人是雙向流轉。陶嵐嚮往嶄新的生活，她的情感流向由 A 到 B，並且沛然莫之能禦，無論蕭澗秋給予什麼樣的態度，她始終努力堅持自己的嚮往，即便蕭澗秋離開了芙蓉鎮，她也依然堅定地決定尋他而去。文嫂的情感流向存在兩種解釋：由 A 到 A，或由 B 到 A。單從文嫂個人心態來看，她始終都是一個順從的保守的舊時代婦人形象，無論丈夫做了什麼決定，她只能默許，丈夫死了，她只能承受這一事實，並守寡撫養幼兒，承擔下一切後果，無論她是否有能力承擔。因此無論什麼時候，文嫂的情感狀態均沒有改變，只在「傳統」到「傳統」之間凝固，或無限循環。但若從「李先生——文嫂」聯合行為的角度來解釋，則呈現由 B 到 A 的過程，李先生出外尋求理想或尋求出路，李先生一家的整體狀態就被懸置在「新潮」之上了，無論妻兒是否「新潮」，李先生都無可挽回地將她們代入了這一衝擊之下。然而，李先生死了，「新潮」的支撐者忽然倒塌，家庭的支撐者轉換為文嫂，文嫂是不懂「新潮」的，不懂尋出路的，因此她必然將整個家庭結

〔註38〕 《二月》，頁 202。
〔註39〕 《二月》，頁 1。

構從「新潮」狀態中抽回，重新回歸「傳統」，以求繼續謀生存，於是她們在索要撫恤金無果之後，必然重新回到芙蓉鎮，希求以舊有的模式繼續運轉生活，從這一角度看，文嫂的情感流向為 B 到 A。陶慕侃、方謀、錢正興雖各自持有各自的主張，但他們也都有一個固定的情感流向，是他們自己定義的 A 到 B，陶慕侃認為可由興辦教育支持愛國支持新人生，方謀信仰三民主義，錢正興贊成資本主義，每個人均對「新潮」有著自己不同的解釋，又都篤定地相信著自己的解釋。可以看出，在《二月》的諸多人物中，無論 A 到 B、B 到 A、還是 AA 之間的自我循環，情感的流向都有一個固定的指向。但蕭澗秋的情感流向卻獨異於出場的其他人，他不停地徘徊在 A～B 之間，表面上，蕭澗秋來此地是為了獲得安寧，可以指稱為由「新潮」回歸「傳統」，但他的內心從未忘記過「新潮」，並時常被諸如陶嵐這樣的人物勾連起未曾忘卻的衝動，但他又同時不願不敢不能去面對這種衝動，時常表現出逃避的姿態。我們或許可以大膽地猜想：蕭澗秋娶文嫂除了踐行人道主義之外，也存在著被動否定自我、被動割裂「新潮」的念頭：一旦娶了文嫂，他便有充分的理由不再接受陶嵐的干擾，也可以把自己真正放逐到保守封閉的芙蓉鎮中。﹝註40﹞但很可惜，無論蕭澗秋試圖抓住誰，又試圖怎樣融入芙蓉鎮，他徘徊於「傳統」與「新潮」之間的精神狀態始終存在，並始終大異於芙蓉鎮中的所有人，陶嵐表面上像是可以與之溝通的對象，但實際上兩者之間的關係是互不可交融的，表面的吻合潛藏著深層次的矛盾，並很難調解。在芙蓉鎮，蕭澗秋必然成為被孤立的對象，得不到任何人的理解。每一個人均按照自己的軌迹單向度地執著地流走下去，流向新人生，流向教育，流向三民主義，流向資本主義，甚至流向死亡，唯有蕭澗秋不能明確自己的流向，究竟是流向保守，流向新生，還是流向一種麻木的狀態。

由以上的論述可以看出，《二月》文本雖圍繞芙蓉鎮而展開，但作品的主人公蕭澗秋卻始終未真正涉入芙蓉鎮，始終以游離的外來者姿態存在，並在情感的流向性上悖逆於包括陶嵐、文嫂在內的文本中的所有人物，呈現出被孤立的局面。這一境遇使我們看到《二月》文本最深層的哲思意蘊：蕭澗秋所面臨的是無法被任何區域真正接納的人生困境，即便他離開芙蓉鎮，困境

﹝註40﹞作為一個單身男子，蕭澗秋在芙蓉鎮的個體地位仍然是一種飄忽游移的狀態，而一旦他在芙蓉鎮結了婚，個體的身份也就可以隨著家庭的確立而固定下來。蕭澗秋很可能在潛意識中希望通過與文嫂的婚姻使儘早結束自己不明確的身份，了斷曾經的追求。

的局面依然無法消失。

結　語

　　行文至此，有關《二月》文本的三層意蘊已經闡釋完畢。需要注意的是，這三層意蘊不是彼此割裂，而是以遞進狀態逐漸深入，共同構成《二月》文本詮釋的多角度空間。並且，婚姻、理想、哲思三者之間又是彼此嵌套的。1920 年代，革命加戀愛題材的小說一度風行，實際上，革命激情與戀愛激情具有一定的貫通性，合在一起可產生一定的互文意味。《二月》的婚姻、理想層面也具備這樣一種嵌套關係，借助婚姻問題，可影射出蕭澗秋的理想世界，借助理想的暗示，又明晰地看到婚姻問題的糾葛，婚姻、理想問題的雙重顯現，又最終浮露出文本背後隱藏的哲思。這三層意蘊逐一拉寬文本的厚度，又將之變薄，體現在哲思的總括意蘊中。《二月》文本也就不僅僅是一部單純意義的寫實文本或浪漫文本，而是一部具有多重思考空間的複雜文本。

現實反抗、文學書寫與精神資源
——論魯迅與法律的三個層面

黎保榮*

　　長期以來，魯迅與法律關係的研究未能充分展開。魯迅在現實層面是如何對待法律的？這種對待法律的精神是否遷移到其文學作品裏？或在其作品中得到呼應？這種對待法律的精神在歷史河流中能否成爲精神資源，爲中外知識分子所直接借鑒？這些問題都很值得探究。

一、現實反抗

　　魯迅在現實生活中對待法律的方式最饒有趣味的就是「用法」即運用法律，簡單來說就是打官司。

　　魯迅「用法」（運用法律）表現爲兩種方式，第一種方式是自作律師自我辯護。

　　例如 1925 年 8 月 12 日，當時的教育總長章士釗以魯迅聲援北京女子師範大學學生運動爲由，公報私仇，呈請臨時執政，免去魯迅教育部僉事一職。次日，章士釗呈文被批准，8 月 14 日免職令發布。

　　章士釗呈請臨時執政審批的免職文如下：〔註1〕

　　　　敬折呈者，竊查官吏服務，首先恪守本分，服從命令。茲有本部僉
　　　　事周樹人，兼任國立女子師範大學教員，於本部下令停辦該校以後，
　　　　結合黨徒，附合女生，倡設校務維持會，充任委員。似此違法抗令，

---

* 　黎保榮，男，漢族，廣東肇慶人，文學博士，四川大學文學與新聞學院中國語言
　　文學流動站博士後，廣東肇慶學院文學院副教授，主攻中國現當代文學。
〔註 1〕 薛綏之主編：《魯迅生平史料彙編》第三輯，天津人民出版社 1983 年版，頁
　　　 345。

　　殊屬不合，應請明令免去本職，以示懲戒（並請補交高等文官懲戒
　　委員會核議，以完法律手緒）。是否有當，理合呈請　鑒核施行。
　謹呈
　　臨時執政　　　　　　　　　　　　　　　　十二日（1925.8）

　　章士釗呈文中的「並請補交高等文官懲戒委員會核議，以完法律手緒」
是怎麼回事呢？依據當時的《文官懲戒條例》、《文官保障法草案》等法規，
「僉事」屬於「薦任官」，若需懲戒，必須由主管上級備文申述事由，經過
高等文官懲戒委員會核議後才能夠實行（即「鑒核施行」）。換言之，章士釗
的直接呈文免去魯迅僉事一職屬於先斬後奏，是不合法律程序的。

　　故此，魯迅 8 月 22 日向專門處理行政訴訟的機構「平政院」投了訴狀控
訴章士釗。其訴狀邏輯思路可謂層層深入：首先，顯示自己任職多年，勞苦
功高，忠於職守：「樹人充教育部僉事已十有四載，恪恭將事，故任職以來屢
獲獎敘」；其次，指出章士釗「無故將樹人呈請免職」；再次根據法律條文，
指出章士釗屬於「濫用職權」的「違法處分」：「查文官免職繫屬懲戒處分之
一，依文官懲戒條例第十八條之規定，須先交付懲戒，始能依法執行；乃竟
濫用職權，擅自處分，無故將樹人免職，顯違文官懲戒條例第一條及文官保
障法草案第二條之規定，此種違法處分，實難自甘緘默」。〔註2〕

　　根據當時行政訴訟的程序，「平政院」受理訴訟後，將原告訴狀副本呈送
被告官署，限令被告答辯（即「據被告答辯到院」），再將被告答辯書副本發
交原告（即「當即發交原告互辯」）；復令原告、被告進行第二輪書面答辯，
再進行裁決。當時章士釗則抓住魯迅訴狀中的「無故」一語，在答辯狀中大
造文章：其一是魯迅罪證的「有故」，違反文官服務令一、二、四和二十九條，
身為部員，違抗命令，勾結師生，有人作證；其二是章士釗違反法律程序的
「有故」，即「本部原擬循例呈請交付懲戒，乃其時女師大風潮形勢嚴重，若
不即時採取行政處分，一任周樹人以部員公然反抗本部行政，深恐群相效尤，
此項風潮愈演愈惡，難以平息，不得已將周樹人免職」。〔註3〕

　　但是魯迅在其 10 月 16 日的互辯書中，對章士釗這種惡人先告狀、違法

〔註 2〕　薛綏之主編：《魯迅生平史料彙編》第三輯，天津人民出版社 1983 年版，頁
　　　　346。
〔註 3〕　薛綏之主編：《魯迅生平史料彙編》第三輯，天津人民出版社 1983 年版，頁
　　　　346。

有理的答辯言論剝絲抽繭，條分縷析，顯示了非常嚴密的邏輯思維能力和極強的法律意識：一是所謂人證的虛妄，「信口虛捏，全無事實根據」：即「查該部稱樹人以部員資格勾結該校教員及不良學生妄有主張等語，不明言勾結何事，主張何事」；「該答辯稱：據接收委員報告，入校辦公時親見該員盤踞校舍，集眾開會，確有種種不法之行為云云。試問報告委員何人？報告何在？樹人盤踞何狀？不合何事？概未明言，即入人罪？」二是倒填日期，言不符實，把後來發生的所謂罪名預先加在魯迅頭上：「查校務維持委員會公舉樹人為委員係在八月十三日，而該部呈請免職據稱在十二日，豈預知將舉樹人為委員而先為免職之罪名耶？況他人公舉樹人，何能為樹人之罪？」三是魯迅職務與女師大停辦無關，卻將魯迅未陳述意見指為違反文官服務令，豈有此理：「樹人任教育部僉事，充社會教育司第一科科長，與女師大停辦與否，職務上毫無關係，故對於女師大停辦命令，從未一字陳述，乃反以未陳述意見指為抗違命令，理由何在？且又以未陳述意見即為違反服務令第一第二第四等條，其理由又安在？」四是不顧魯迅官員身份之外的另一種身份（女師大教師），既是兩種身份，當有兩種職責，自己都忠於職守，何罪之有？而且，作為教師就要做好教師的分內事（如維持校務），這不是教育部文官服務令的管轄範圍：「此次女師大應否解散，尤與樹人無涉，該部對於該校舉動是否合宜，從不過問」，但是「樹人在女師大擔任教員，關於教課為個人應負之責，若由團體發表事件，應由團體負責，尤不能涉及個人。」五是指出章士釗失職與違法處分的無效。針對章士釗的「本部原擬循例呈請交付懲戒，乃其時女師大風潮形勢嚴重，若不即時採取行政處分，一任周樹人以部員公然反抗本部行政，深恐群相效尤，此項風潮愈演愈惡，難以平息，不得已將周樹人免職」的荒謬言論，魯迅一針見血地指出其失職之處，「查以教長權力整頓一女校，何至形勢嚴重」；再斥其違法之處，「依法免一部員，何至用非常處分？且行政處分原以合法為範圍，凡違反法令之行政處分當然無效」。〔註4〕

　　面對魯迅的步步為營的答辯，章士釗只能步步退守，理屈詞窮。故此，1926年3月23日，平政院裁決正式下達，裁判魯迅勝訴。（查魯迅日記，1月17日，教育部發表「復職令」：「茲派周樹人暫署本部僉事，在秘書處辦事」，魯迅是日赴部復職。那時章士釗已經下臺，新任教育總長為易培基）

〔註4〕薛綏之主編：《魯迅生平史料彙編》第三輯，天津人民出版社1983年版，頁347～348。

隨後國務總理賈德耀簽署了給教育總長的訓令，依照平政院「依法裁決教育部之處分應予取消」的結論，命令教育部「查照執行」，於是魯迅得以正式官復原職。〔註5〕

這一次打官司，按照魯迅的說法是「從去年以來，我因爲喜歡在報上毫無顧忌地發議論，就樹敵很多，章士釗之來咬，乃是報應之一端……大用陰謀，想加謀害，但也沒有什麼效驗。只是使我很覺得無聊，我雖然對於上等人向來並不十分尊敬，但尚不料其卑鄙陰險至於如此也。」〔註6〕前有對《甲寅》反對白話文的冷嘲熱諷，後有《忽然想到（七至九）》、《並非閒話》、《我的「籍」和「系」》、《流言和謊話》、《女校長的男女的夢》等等文章對章士釗（章士釘）名字的考證和對女師大風潮的聲援，如此以下犯上、毫無顧忌，章士釗不發虎威才怪！但是這一仗，魯迅可謂先退後進，披荊斬棘，按照郁達夫的話說就是「壓迫和反抗，正義和暴力的爭鬥」。〔註7〕

魯迅「用法」即運用法律的第二種方式是聘請律師與接受調解。

當魯迅草擬起訴書，要和章士釗打官司時，尚鉞問他「找哪個律師」，魯迅回答：「律師只能爲富人爭財產；爲思想界爭眞理，還得我們自己動手。」〔註8〕所以在不是「爲思想界爭眞理」，而是爲自己爭版稅時，魯迅也找了律師。

這一次是跟北新書局打官司。根據郁達夫的回憶：「北新書局的創始人李小峰，本是北大魯迅的學生；因爲孫伏園從《晨報副刊》出來之後，和魯迅，啓明，語堂等，開始經營《語絲》之發行，當時還沒有畢業的李小峰，就做了《語絲》的發行兼管理印刷的出版業者。北新書局從北平分到上海，大事擴張的時候，所靠的也是魯迅的幾本著作。」〔註9〕

魯迅原來在北京，除了寫作所得，還有公務員的薪金和其他學校的課酬；後來到廈門大學和中山大學任教，待遇也很好，所以對於北新書局的版稅稿費不太在意；但是 1927 年 10 月到上海之後，沒有繼續任教，主要依靠寫作和編輯維持生活，就慢慢注意到版稅和稿費等問題了。只是由於魯迅的寬容

〔註 5〕 薛綏之主編：《魯迅生平史料彙編》第三輯，天津人民出版社 1983 年版，頁 348。
〔註 6〕 魯迅：《魯迅全集》第 11 卷，人民文學出版社 2005 年版，頁 528。
〔註 7〕 魯迅博物館等編：《魯迅回憶錄》（散篇上冊），北京出版社 1999 年版，頁 153。
〔註 8〕 魯迅博物館等編：《魯迅回憶錄》（散篇上冊），北京出版社 1999 年版，頁 143。
〔註 9〕 魯迅博物館等編：《魯迅回憶錄》（散篇上冊），北京出版社 1999 年版，頁 162。

使得他 1929 年 7 月份才逐漸發難：「北新書局自云窮極，我的版稅，本月一文不送，寫信去問，亦不答，大約這樣的交道，是打不下去的。」〔註10〕「北新近來非常麻木，我開去的稿費，總久不付，寫信去催去問，也不覆。投稿者多是窮的，往往直接來問我，或發牢騷，使我不勝其苦，許多生命，銷磨於無代價的苦工中，真是何苦如此。」〔註11〕總之，按照郁達夫的說法是「每月致送的款項，老要拖欠，再則所報之賬，往往不十分清爽。後來，北新對魯迅及其他的著作人，簡直連月款也不提，節賬也不算了。」〔註12〕於是逼得魯迅忍無可忍，一是停工，1929 年 8 月 11 日，魯迅嚴肅地寫信給李小峰：「奉函不得覆，已有多次。我最末問《奔流》稿費的信，是上月底，鵠候兩星期，仍不獲片紙隻字，是北新另有要務，抑意已不在此等刊物，雖不可知，但要之，我必當停止編輯，因為雖是雇工，傭僕，屢詢不答，也早該捲鋪蓋了。現已第四期編訖，後不再編，或停，或另請人接辦，悉聽尊便。」〔註13〕二是打官司。查魯迅日記，就在魯迅給李小峰寄信的次日即 1929 年 8 月 12 日，魯迅就開始與律師楊鏗聯繫；8 月 16 日，李小峰得知魯迅要延請律師向北新書局交涉版稅，趕緊來求和解，因為欠債還錢，天經地義，「是古今中外一定不易的自然法律」（郁達夫語），魯迅肯定會勝訴；李小峰並且電請郁達夫到滬調解，所以郁達夫 8 月 23 日造訪魯迅，魯迅答應調解。於 8 月 25 日在楊鏗律師寓所進行商議，參加者有魯迅、楊鏗、李志雲、李小峰、郁達夫。楊鏗依照《著作權施行細則》，反覆調解。是日會上主要議定：北新書局當年分四期償還拖欠魯迅的版稅共八千多元，次年起繼續償還，總共償還欠款約兩萬元；魯迅作價收回舊著紙型；此後北新書局出版魯迅著作，必須加貼版稅印花並每月支付版稅四百元；魯迅續編《奔流》，每期出版時北新書局將稿費交由魯迅轉發各作者。根據議定，魯迅自北新書局取得積欠版稅的百分之五作為律師辦理費。〔註14〕

　　從上可知，魯迅運用法律的精神在於第一，不怕打官司。第二，敢於以法律手段跟權力階層打官司，無論是代表政治權力（官）的章士釗總長還是

〔註10〕　魯迅：《魯迅全集》第 12 卷，人民文學出版社 2005 年版，頁 197。
〔註11〕　魯迅：《魯迅全集》第 12 卷，人民文學出版社 2005 年版，頁 199。
〔註12〕　魯迅博物館等編：《魯迅回憶錄》（散篇上冊），北京出版社 1999 年版，頁162。
〔註13〕　魯迅：《魯迅全集》第 12 卷，人民文學出版社 2005 年版，頁 200。
〔註14〕　魯迅：《魯迅全集》第 16 卷，人民文學出版社 2005 年版，頁 150～154。

代表商業權力（商）的李小峰老闆，這叫以法治權。但是魯迅不跟非權力階層打官司，例如陳西瀅在 1926 年 1 月 30 日在《晨報副刊》上發表《致志摩》一文，列舉魯迅的罪狀：「他常常挖苦別人家抄襲。有一個學生抄了沫若的幾句詩，他老先生罵得刻骨鏤心的痛快。可是他自己的《中國小說史略》，卻就是根據日本人鹽谷溫的《支那文學概論講話》裏面的『小說』一部分。其實拿人家的著述做你自己的藍本，本可以原諒，只要你在書中有那樣的聲明，可是魯迅先生就沒有那樣的聲明。在我們看來，你自己做了不正當的事也就罷了，何苦再去挖苦一個可憐的學生，可是他還盡量地把人家刻薄。『竊鈎者誅，竊國者侯』，本是自古已有的道理。」魯迅遂於 1926 年 2 月 8 日《語絲》上發表《不是信》進行反駁。一是自己沒有看過「沫若的詩」，更不知道所謂學生抄襲的事情，自己更沒有大罵，捏造者只是「發昏」「顯出本相」。二是自己沒有抄襲，「鹽谷氏的書，確是我的參考書之一，我的《小說史略》二十八篇的第二篇，是根據它的，還有論《紅樓夢》的幾點和一張《賈氏系圖》，也是根據它的，但不過是大意，次序和意見就很不同。其他二十六篇，我都有我獨立的準備，證據是和他的所說還時常相反。」〔註 15〕反駁得陳西瀅啞口無言。（1935 年，日譯《中國小說史略》出版，魯迅在《且介亭雜文二集‧後記》中舊事重提，再次反駁）本來，魯迅 1925 年就跟頂頭上司章士釗打過官司，這次也可以告陳西瀅誹謗，但是魯迅沒有這麼做，就是他跟權力階層打官司而不跟非權力階層打官司的思想所致。

　　魯迅的這種跟權力階層打官司的精神與做法在現代中國也是殊不多見，搜索中國現代文學史，打官司的作家不多，而且他們幾乎是爲了個人私事打官司：如梁實秋曾想和程季淑離婚，另娶龔業雅，程季淑與梁實秋打官司，梁實秋敗訴，被迫離開龔業雅。又如蕭紅背著未婚夫汪恩甲要到北京讀書，汪的兄長汪大澄認爲蕭紅「名聲不好」，所以代弟弟解除與蕭紅的婚約，蕭紅一怒之下跟汪家打官司，汪恩甲顧全兄長臉面，在法庭上自陳是自己想解除婚約，使得蕭紅輸掉了官司。再如梁宗岱要與原配何氏離婚，與女作家沈櫻結婚，被何氏告上法庭，最後法庭判決梁宗岱敗訴。故此，與其他作家相比，魯迅的獨特性就顯得尤其明顯。當然，這也是魯迅一貫的反權力、反奴役思想的表現。（當然，魯迅還有一種對待法律的方式同樣體現了反權力、反奴役的思想，那就是抗法：例如他在三十年代反對書報審查制度，抗議《危害民

〔註15〕魯迅：《魯迅全集》第 3 卷，人民文學出版社 2005 年版，頁 244。

國緊急治罪法》，利用各種手段鑽破文網，因研究甚多，此不贅述）

二、文學書寫

在歷史上，1911 年，南京政府起草了中國第一部有關律師制度的成文法草案《律師法草案》，只是因袁世凱奪權而未公佈實行。1912 年，北洋軍閥政府制定了《律師暫行章程》和《律師登記暫行章程》，這是中國第一部關於律師制度的成文立法。章程公佈後，中國律師職業慢慢興起，至北洋軍閥政府末期，律師達到 3000 人。1914 年 2 月，北洋政府發布《核准指定辯護人辦法令》。而國民黨政權於 1927 年公佈了《律師章程》，1941 年制定了《律師法》，這兩個法律，奠定了國民黨律師制度的基礎。而如有的論者所言：民國的律師界雖然存在弊端，但是律師從整體上還是起到了促進法制的健全，保護國家主權和民族利益，維護婦女權利的積極作用，相對於傳統社會的司法狀況而言，這種積極的作用更是不言而喻。〔註 16〕

但是魯迅的「律師只能爲富人爭財產」一語，反映出他認爲法律或律師作用具有局限性，或者說在一定程度上他是不太相信法律或律師的。

從現實層面看，魯迅曾經跟法律專業出身的章士釗打過官司，他用不著律師（巧合的是，胡適稱當時的著名律師鄭毓秀爲「太不愛惜臉面」，不願意與她交往）。

從作品層面看，魯迅作品中看不到律師的影子。與之相似，中國現代文學史上律師形象似乎也是缺乏的，筆者查找了幾十個現代新文學小說家的全集文集，大概只找到十篇左右涉及律師的小說，以律師作爲主人公的幾乎沒有；而且，這些小說中的律師形象大都是負面的，或者是如魯迅說的「律師只能爲富人爭財產」，唯利是圖，甚至欺壓貧民，例如茅盾《子夜》的律師秋隼，穆時英《貧士日記》中的律師，路翎《財主底兒女們》裏的金素痕是法律學士，爲爭家產告蔣家，蔣家與金家的仇敵名律師鄭成來往要打敗金素痕；或者是爲富人開脫罪名，如徐訏《精神病患者底悲歌》中的律師；或者是刻板地奉行契約化，表裏不一，缺乏生命力，如徐訏《禁果》中的律師，劉吶鷗《禮儀與衛生》裏的律師姚啓明；或者是雖然行俠仗義、打抱不平，卻又表現不出律師的法律知識、法律能力，簡直像法盲，如曹禺《艷陽天》裏的

〔註16〕陳同：《在法律與社會之間：民國時期上海本土律師的地位和作用》，《史林》
　　　　2006 年第 1 期。

律師陰兆時；或者根本不相信法律，例如蔣光慈的《少年漂泊者》裏的汪中要同劉老太爺到縣內去打官司，但大家都搖頭，因爲劉勢力浩大，縣知事都怕他。新文學如此，舊文學如當時的通俗小說也是如此，如《佛動心》、《新酒痕》裏的律師也大多是貪贓枉法、唯利是圖之輩，一如古代的訟棍。

從思想層面看，魯迅的《可惡罪》便表現了對法律和權力的雙重不信任：

我以爲法律上的許多罪名，都是花言巧語，只消以一語包括之，曰：可惡罪。

譬如，有人覺得一個人可惡，要給他吃點苦罷，就有這樣的法子。倘在廣州而又是「清黨」之前，則可以暗暗地宣傳他是無政府主義者。那麼，共產青年自然會說他「反革命」，有罪。若在「清黨」之後呢，要說他是 CP 或 CY，沒有證據，則可以指爲「親共派」。那麼，清黨委員會自然會說他「反革命」，有罪。再不得已，則只好尋些別的事由，訴諸法律了。但這比較地麻煩。

我先前總以爲人是有罪，所以槍斃或坐監的。現在才知道其中的許多，是先因爲被人認爲「可惡」，這才終於犯了罪。

許多罪人，應該稱爲「可惡的人」。

阿 Q 在未莊便是一個「可惡的人」，被人排擠嘲諷輕視，直到被審訊了還被蔑視爲具有「奴隸性」，直到死了還被人說三道四曰「壞」或「可笑」。而正是因爲可惡以及曾做小偷的經歷，便被舉報爲搶匪逮捕歸案，只是他最後被槍斃並非因爲「可惡罪」，而是把總故意製造的冤假錯案。

從《阿 Q 正傳》交代的搶案經過可知，第一，阿 Q 並未參與搶劫。第二，他有證人小 D 可以作證。第三，他猜測搶劫的「許多白盔白甲的人」是革命黨。第四，這是一宗搶匪人數眾多、規模宏大、目標明確、贓物數額巨大（「在那裏來來往往的搬，箱子擡出了，器具擡出了，秀才娘子的寧式床也擡出了，……擡得他自己有些不信他的眼睛了」）、作案條件良好（「這一夜沒有月」）、搶劫時間較長的搶劫案。第五，他對革命黨沒有叫自己參與搶劫憤憤不平，「白盔白甲的人明明到了，並不來打招呼，搬了許多好東西，又沒有自己的份，——這全是假洋鬼子可惡，不准我造反，否則，這次何至於沒有我的份呢？」第六，他因爲自己沒有撈到好處，假洋鬼子不准他造反，「造反是殺頭的罪名」，因此他想告狀，讓假洋鬼子滿門抄斬。只是他只知道造反是死罪，不知道搶劫也是死罪，所以後來他被抓到縣裏監獄，還誤以爲是因爲喊

過「造反」的罪名，所以才會對同囚一室的鄉下人爽利地回答「因爲我想造反」（從此可以判斷，他不知道審判他的正是造反的革命黨，而誤以爲還是原來清朝的縣太爺之類）。

　　再來看看審案的經過，可以說審訊的過程充滿了陷阱，括號內是本人的分析。

　　「你從實招來罷，免得吃苦。我早都知道了。招了可以放你。」那光頭的老頭子看定了阿Q的臉，沉靜的清楚的說。（知道什麼？官員故意不明說。「招了可以放你」也含糊其辭，招什麼呢？而且是關騙的話，不僅沒放，還判決死刑）

　　「招罷！」長衫人物也大聲說。

　　「我本來要……來投……」阿Q胡裏胡塗的想了一通，這才斷斷續續的說。（阿Q不知道招什麼，才糊裏糊塗；「要來投」在阿Q的意思是投革命黨，所以才有下面的「假洋鬼子不准我」的回答。但是對於官員來說，「要來投」是投案自首的意思，所以才有下面「胡說！此刻說，也遲了。現在你的同黨在那裏？」的質問）

　　「那麼，爲什麼不來的呢？」老頭子和氣的問。

　　「假洋鬼子不准我！」

　　「胡說！此刻說，也遲了。現在你的同黨在那裏？」（不說「同夥」而說「同黨」，就是讓沒受過教育的阿Q不明就裏）

　　「什麼？……」

　　「那一晚打劫趙家的一夥人。」（故意含糊其辭，不把話完整地表達爲「那一晚和你一起打劫趙家的一夥人在哪裏」，就是讓阿Q放鬆警惕自投羅網，否則阿Q肯定會喊冤枉，不肯回答）

　　「他們沒有來叫我。他們自己搬走了。」阿Q提起來便憤憤。（本來這就證明阿Q不是此案的同黨，因爲「他們沒有來叫我」，下同）

　　「走到那裏去了呢？說出來便放你了。」老頭子更和氣了。（這是詐騙，不僅沒放，還判決死刑）

　　「我不知道，……他們沒有來叫我……」

然而老頭子使了一個眼色，阿Q便又被抓進柵欄門裏了。他第二次抓出柵欄門，是第二天的上午。（在問不下去時老頭子使眼色，就是

讓第二天的審訊問話順理成章，水到渠成，也讓幕後捏造更方便）

大堂的情形都照舊。上面仍然坐著光頭的老頭子，阿Q也仍然下了跪。

老頭子和氣的問道，「你還有什麼話說麼？」（含糊其辭，此話完整來說是：「關於你的搶劫罪名，你還有什麼話說麼？」）

阿Q一想，沒有話，便回答說，「沒有。」（阿Q缺乏法律意識，也缺乏防備，如果他保持沉默，官員一時不能給他定罪，但是他回答「沒有（話說）」，在此情境下，相當於承認罪名，接受判決，故此官員馬上讓他畫押。如果他認得字的話，知道實情，不肯畫押，官員是不能馬上判決的）

……

（第二天上午）老頭子很和氣的問道，「你還有什麼話說麼？」（老頭幾次「和氣」的問話，就是要讓阿Q掉入溫柔陷阱，給他溫柔一刀和糖衣炮彈，讓他放鬆警惕。在已經畫押的情況下，這相當於問：「關於你的搶劫罪名和判決，你還有什麼話說麼？你對昨天的回答，有沒有需要補充和申辯的地方？你要提出上訴或者翻案嗎？」但是在含糊其辭中，缺乏法律意識的阿Q只能糊裏糊塗）

阿Q一想，沒有話，便回答說，「沒有。」（阿Q缺乏法律程序意識，也缺乏防備，他此刻回答「沒有（話說）」也就承認了罪名，放棄了翻案和上訴的機會，所以官員馬上執行示眾和槍斃的判決，就是讓阿Q缺乏上訴的時機）

在歷史上，直到1914年，當時的《懲治盜匪施行法》規定，對拿獲的盜匪各犯，由軍警長官立即審判執行，從小說中把總的話「這是我管的」可以斷定審判此案的就是「先前帶兵的老把總」。雖然把總的審判具備了合法的身份，但是整個審訊的過程則可以說是充滿圈套，而且不合法。其一，民國援用的《大清刑事訴訟律草案》明確規定：「訊問被告人禁用威嚇及詐罔之言」，但是小說中審訊過程充滿了「詐罔之言」，故意含糊其詞，模棱兩可，誘騙被告。其二，「招了可以放你」作為審判官的承諾，是不能違背的，否則就是誘供和欺詐。其三，沒有對被告宣判審判結果，所以阿Q糊裏糊塗地以為自己是因為「造反」（而非團夥搶劫）才被抓，後來遊街的過程才驚覺要被「殺頭」，

這明顯是不合法律程序的。其四，沒有給被告上訴的時間和說明，從抓人、審訊到執行死刑才兩天多時間。其五，根據民國援用的《大清新刑律暫行章程》，犯強盜罪並侵入第宅、結夥三人以上者，「處死刑」，此類案情嚴重者立決。即使認定阿Ｑ是團夥搶劫罪，但是無人證，無物證，沒抓住主犯，沒有追贓，這也是違反法律的，根據當時法令「鞫獄當視證據之充實與否，不當偏重口供。」而事實上，即使贓物、口供、同夥俱全，也可能是冤案，如明朝的「假盜眞贓」一案。〔註17〕簡言之，審訊過程言語詐罔、違背承諾、程序不明、證據不全，即使是口供也不足爲憑，因爲「他們沒有來叫我」就證明阿Ｑ不是此案的同黨，只是如上分析，糊裏糊塗、思維混亂的阿Ｑ被一步步引入陷阱，當時的審訊記錄肯定也做了手腳，才輕鬆給阿Ｑ定罪。這一切都是把總爲了面子找替罪羊，「懲一儆百！你看，我做革命黨還不上二十天，搶案就是十幾件，全不破案，我的面子在那裏？」這樣就樹立了威信，嚴明了法紀，也闚騙了愚民（所以老百姓才說阿Ｑ「壞」）。有的論者認爲「搶劫係與把總關係密切的軍隊所爲」〔註18〕，本人不同意這種觀點，因爲如果把總眞的作奸犯科心知肚明的話，他就不會帶領「一隊兵，一隊團丁，一隊警察，五個偵探」半夜包圍土谷祠，還在「許多時沒有動靜」的情況下，「焦急」地「懸了二十千的賞」讓團丁「冒險」抓捕阿Ｑ。只是這種爲了「面子」而迅速定案，草菅人命的違法行徑，倒恰恰證明了權力與法律的共謀，法律不過是權力階級的遮羞布罷了。

《阿Ｑ正傳》可以說是魯迅小說中與法律聯繫最密切也最集中的一部。其他如《示衆》不尊重人權（人的尊嚴和個人隱私），遊街示衆；《藥》的屠殺革命者以維護專制，盤剝、出售革命者的血中飽私囊；甚至與現代法律無關的《孔乙己》、《長明燈》是私設公堂，家法族法凌駕於國法之上。這一切都反映了魯迅對權力的批判與反抗，這一切都不是法治而是人治，不是法的教育，而是「酷的教育」，如魯迅《偶成》所言：「奴隸們受慣了『酷刑』教育，他只知道對人應該用酷刑。」「酷的教育，使人們見酷而不再覺其酷，⋯⋯人民眞被治得好像厚皮的，沒有感覺的癩象一樣了，但正因爲成了癩皮，所以又會踏著殘酷前進，這也是虎吏和暴君所不及料，而即使料及，也還是毫

〔註17〕北京政法學院法制史教研室編：《歷代冤案平反錄》，知識出版社1981年版，頁160。

〔註18〕曾鋒：《究竟是誰謀殺了阿Ｑ？》，《名作欣賞》2007年第10期。

無辦法的。」〔註19〕

三、精神資源

魯迅在現實中以法律反抗權力，抵製法律與權力的狼狽爲奸，又在文學中借法律亂象批判權力，體現了對法律和權力的雙重批判雙重懷疑。這種態度在《寫於深夜裏》有著明確表達：「出版有大部的法律，是派遣學者，往各國採訪了現行律，摘取精華，編纂而成的，所以沒有一國，能有這部法律的完全和精密。但卷頭有一頁白紙，只有見過沒有印出的字典的人，才能夠看出字來，首先計三條：一，或從寬辦理；二，或從嚴辦理；三，或有時全不適用之。自然有法院，但曾在白紙上看出字來的犯人，在開庭時候是決不抗辯的，因爲壞人才愛抗辯，一辯即不免『從嚴辦理』；自然也有高等法院，但曾在白紙上看出字來的人，是決不上訴的，因爲壞人才愛上訴，一上訴即不免『從嚴辦理』。」〔註20〕但是，魯迅對法律（及權力）的這種思想是否能夠成爲精神資源，爲中外知識分子所直接借鑒？

答案是肯定的，在國內直接借鑒的不多見，但是在國外直接影響甚大，尤其在日本。

有學者指出：魯迅思想文學在日本的傳播具有兩個互相關聯的層面，即屬於思想文化的學術層面和屬於社會實踐的運動層面，後者就是針對現實的法律或制度而言的，特別是 20 世紀五六十年代發生大規模抵抗運動的時期裏，魯迅在日本的影響遠遠跨出學界的範圍，其思想得以升騰飛躍，成爲一些青年投身安保鬥爭、反戰和平運動、沖繩反美軍基地鬥爭乃至學生造反運動的精神動力；日本之外，在 20 世紀八十年代韓國社會運動的高漲中可見此情景。總之，日本人致力於挖掘被壓迫民族的魯迅的文學中的抵抗精神、革命要素。〔註21〕例如日本魯迅研究專家丸山升先生認爲，魯迅作品中，給他印象最深、對他影響最大的是雜文。「1952 年，日本國內學生運動風起雲涌，魯迅先生寫的關於『三・一八』事件的雜文在青年學生中被廣泛閱讀，我作

〔註19〕魯迅：《偶成》，《魯迅全集》第 4 卷，人民文學出版社 2005 年版，頁 600～601。

〔註20〕魯迅：《寫於深夜裏》，《魯迅全集》第 6 卷，人民文學出版社 2005 年版，頁 521～522。

〔註21〕趙京華：《活在日本的魯迅》，《讀書》2011 年第 9 期。

為其中的一員，也受到了很大鼓舞。」〔註22〕

　　本文重點探討安保鬥爭（也稱安保運動）中魯迅的作用。

　　何謂安保鬥爭？1960 年 1 月 19 日，日美兩國簽署新《日美安保條約》（其正式名稱為《日美共同合作與安全保障條約》），但是日本國民最關注和敏感的幾個問題卻沒有得到解決：1、駐日美軍、美軍基地和刑事裁判權問題；2、駐日美軍基地核武器化問題；3、琉球和小笠原群島歸還問題。尤其是新條約的適用區域問題擴大了日本捲入戰爭的危險性。自日美開始修約談判起，日本國民就掀起一浪高過一浪的反抗鬥爭，即安保鬥爭。從 1959 年 3 月到 1960 年 3 月，反對安保條約的組織達到 1633 個，到 1960 年 4 月 26 日的第 15 次統一行動，參加請願的人數達到 330 萬，並在後來提出解散國會和對岸信介內閣的不信任案。但是 1960 年 5 月 19 日深夜，岸信介政府派 500 名警察用暴力手段拖出社會黨議員，然後由自民黨議員單方面強行批准通過了新《日美安保條約》以及附屬文件。這種粗暴的政府手段和不合理的法律使得安保鬥爭急劇高漲，在往後的一個多月時間內，舉行了幾次 600 萬人左右的示威遊行。最終，聲勢浩大的安保鬥爭雖然沒能阻止條約的生效，但卻促使了岸信介內閣下臺（辭職），使得美國艾森豪威爾總統中止訪日，調整對日政策的走向。〔註23〕可以說，在 20 世紀後 50 年，日本因為美國的軍事「保護」，國家主權長期被限制，因此「國家要獨立、民族要解放、人民要革命」成為大多數日本人民的心聲，正因此「日本人得以在魯迅的文字中照見自己的社會契機，魯迅也因此真正地進入日本知識分子和民眾的視野。」〔註24〕

　　當時的魯迅研究專家竹內好在安保運動前後成為知識界的精神領袖，安保運動是「竹內好作為公眾人物最輝煌的時期。投身於運動的緊張感覺，來自社會的思想需求，迫使竹內好不斷地對每天出現的新課題做出自己的解釋」。〔註25〕他在安保運動的文章與講演中引用了魯迅的啟發，如有的學者所分析的那樣：在二戰後初期的一篇與日本「優等生」式的人道主義者交戰的

〔註22〕《丸山昇：學術傳遞友誼》，《人民日報海外版》2005 年 12 月 1 日第 2 版。
〔註23〕薛曉光：《安保鬥爭與美國對日政策》，《大連教育學院學報》2003 年第 4 期。
〔註24〕趙京華：《活在日本的魯迅》，《讀書》2011 年第 9 期。
〔註25〕〔日〕竹內好著，孫歌編，李冬木等譯：《近代的超克》，三聯書店 2005 年版，頁 68～69。

演講《娜拉與中國——魯迅的婦女解放論》，竹內好總結了兩點啓示：第一是每個人自己日常生活中的點滴改良比好看的法律字句難得多，也重要得多；第二是解放的眞義不在於被壓迫者變成壓迫者，而在於根本消除壓迫。在數年之後的安保反對運動方興未艾之際，竹內好在題爲《基本的人權與近代思想》的演講中幾乎原封不動地重提了這兩個來自魯迅的啓示。他給安保運動揭示了一個沉重的課題，那就是通過這個運動重新打造日本普通市民的平等意識。即使是安保運動退潮時期的《我們的憲法感覺》一文，也與前文主旨氣韻貫通，雖然沒有出現魯迅的名字和作品，但是從中仍然不難發現魯迅的身影，在震蕩的歷史風雲中顯現了一個受益於魯迅而成熟起來的思想家眞摯穩健的風範。〔註26〕例如《我們的憲法感覺》中竹內好大聲疾呼：「我感到不管成文憲法如何的漂亮，那不過是與官樣文章同樣的東西」，「憲法或者說民主主義的民族化乃至主體化，或者內在化是絕對重要的，如果缺少這些程序，在目前這樣的權力之下，我們只能甘做奴隸。……不如此，就不會有日本的獨立，不會有作爲獨立之基礎的個人人格的獨立。」〔註27〕這難道不讓我們想到魯迅正面文章反面看的推背圖式的思維嗎？難道不讓我們想到魯迅對權力與法律的質疑嗎？難道不讓我們聯想到魯迅對奴隸性的批判與爲奴隸歷史的憂慮嗎？難道不讓我們聯想到魯迅對立人與立國關係的理解嗎？甚至在現實層面，竹內好在《日美安保條約》被強行通過兩天后，即 1960 年 5 月 21 日從坐立不安無所適從的狀態中脫離出來，決然辭去東京都立大學教授的職務以示抗議，也與魯迅因爲國民黨清黨而憤然到中大辭職存在著千絲萬縷的隱秘聯繫。至此甚至可以斷定，如藤井省三在 1977 年的悼詞《竹內好》中所言，他「把魯迅變成了自己一生奮鬥的精神原點」。

那麼，魯迅對法律的態度能否在中國知識分子中得到雖無直接聯繫但是精神相似的呼應？答案是肯定的。如章詒和狀告官員以「思想有問題」「因人廢書」爲由禁止她的書籍出版，一針見血地指出：「您個人將我看成思想犯，剝奪我作爲一個公民的言論出版權利，您在公然蔑視憲法。否則爲什麼不按照法律程序，而是像現在這樣幹些雞鳴狗盜之事，連自己說了的話都不敢承

〔註26〕靳叢林、李明輝：《竹內好：憑藉魯迅的文化反思》，《文學評論》2011 年第 5 期。

〔註27〕〔日〕竹內好著，孫歌編，李冬木等譯：《近代的超克》，三聯書店 2005 年版，頁 290～291。

認？還是『聲明』裏的那句老話：查禁我的書需要公開、公正、獨立的司法程序。我特聘請一個法律顧問團。首席顧問張思之先生，另有浦志強律師、付可心律師，其他律師暫略其名。他們會依法盡力維護我的權利。鄔先生，我講了這麼多，我與您之間有誤會嗎？基於我對您的瞭解，事態還可能會起變化，但我的立場不會變化。」〔註28〕這樣的抗爭得到了邵燕祥、沙葉新、盧躍剛等等文化界、新聞界代表人物的有力支持和配合。根據有關學者的分析：「章詒和聘請法律顧問，將其踐踏憲法規定的言論、出版自由的行為，直接訴諸法律，就擊中了要害，……並由此開拓了一條用法律的手段對付超越法律的體制的民間抗爭之路。」〔註29〕這不能不讓人們想起魯迅狀告章士釗的歷史事實。而當今某些作家的具有炒作性質的官司與他們的官司不可相提並論。

　　一言以蔽之，無論是現實反抗、文學書寫還是精神資源，都體現了魯迅對法律或權力的質疑及其影響，魯迅突破一般意義上的遵守法律的法律意識，而堅持其獨特的法律思考：一方面以法抗權，另一方面批判法律和權力的共謀，批人治又疑法治，堅持自由的精神，堅持反權力、反奴役的思想。

〔註28〕章詒和：《事態的變化和我不變的立場》，
　　　　http://www.cphoto.net/Html/syll/syxg/085120796.html
〔註29〕錢理群：《知我者謂我心憂》，香港星克爾出版有限公司 2009 年版，頁 411～412。

1933～1935年的魯迅：帶著枷鎖，如何跳舞？——論國民黨治下的文網與魯迅的鑽網術

楊華麗[*]

魯迅以十九年不間斷的雜文寫作，建構了80餘萬字的雜文大廈，而其中的絕大部分，寫於1933～1935這三年；在魯迅自己編定的十四部雜文集中，《僞自由書》、《準風月談》、《花邊文學》、《且介亭雜文》、《且介亭雜文二集》這五部收錄的文章，寫於且編於1933～1935年[註1]：這三年之於魯迅的雜文創作，是至爲關鍵的。

對於中國現代雜文這一文體的構建史來說，1933～1935年內，正是因了魯迅、茅盾爲首，唐弢、徐懋庸等眾多人士爲輔的雜文創作團隊的勤奮耕耘與精神堅守，「雜文」才在眾多質疑聲中慢慢站穩了腳跟，成了直面那一風雨如磐的時代的把把匕首、支支投槍；而魯迅對於雜文的意識，正是在這一時期，從自發、猶豫轉向了自覺、堅定：這三年之於魯迅的雜文意識及雜文文體的確立來說，也是至爲關鍵的。

而當我們注意到魯迅在《且介亭雜文二集·後記》中的提醒——「要論作家的作品，必須兼想到周圍的情形」[註2]，尤其是「評論者若不瞭解以上

---

[*] 楊華麗：女，1976年生，四川武勝人，綿陽師範學院文學與對外漢語學院副教授，文學博士，主要從事中國現代文學與文化研究。

[註1] 魯迅1933年所寫的一部分雜文，收錄於《南腔北調集》中，在後面的論析中，我將這些雜文一併考察。

[註2] 魯迅：《〈且介亭雜文二集〉後記》，王世家、止菴編：《魯迅著譯編年全集》第20卷，人民出版社2009年版，頁6。若無特殊說明，本文所引《魯迅著譯編年全集》均出自該版本。

的大略，就不能批評近三年來的文壇。即使批評了，也很難中肯」〔註3〕，從而去細考 1933～1935 年間圍繞著魯迅的「周圍的情形」，我們無法忽視的顯然是國民黨文化統制政策從 1927 年以來的逐漸升級，迫壓魯迅等進步作家至於幾乎窒息的殘酷，而循此去細讀收錄魯迅此期雜文的《僞自由書》、《準風月談》、《花邊文學》、《且介亭雜文》以及《且介亭雜文二集》，我們會發現，魯迅之所以在這三年裏寫作了如此多的雜文、之所以形成了自覺的雜文意識、之所以寫成了特具風格的雜文，全都與 1933～1935 年國民黨治下的文網以及魯迅獨特的鑽網術密切相關。

魯迅曾將自己 1935 年中發表的含糊的文章，稱爲是「帶著枷鎖的跳舞」〔註4〕，其實，以之來指認魯迅於 1933～1935 年這白色恐怖時期發表的所有文章，也不僅符合歷史、也符合藝術的眞實。今日的我們，若想深入透視 1930 年代的中國文禍史，透視國民黨的文化統制政策與那一時代文學生產的方式、特徵以及文學生產者的關係，透視魯迅雜文藝術風格的轉變因由，那麼，細緻剖析魯迅在國民黨治下的文網這「枷鎖」的束縛之下，如何鑽網或曰「跳舞」的，就不無必要。

枷鎖：國民黨治下的文網

文網的存在與權利的誕生相伴，並存在於世界各國的文化——文學發展史上。對中國而言，秦始皇焚書坑儒固然是文網存在的著名史實，明清的文字獄檔，更是文網存在的確鑿證據，到了民國時期，諸多文網史實繁雜的存在，則告訴我們現代文網史同樣繁雜的面相。較之北洋軍閥政權時期，國民黨政權時期的文網建構史、文化人的迎合或抗拒史、文化生態變遷史、文化人心態史，都更爲複雜，更值得我們去探究。

國民黨政權在抗日戰爭前的文化統制，始於 1927 年其成立時，全面加強於 1930 年代後，在 1934～1935 年達至其頂峰狀態——

1927 年 12 月 20 日，其下設的主管科學研究、教育、文化和出版工作的大學院公佈了《新出圖書呈繳條例》，要求圖書的出版者須自發行之日起兩個

〔註 3〕魯迅：《〈且介亭雜文二集〉後記》，《魯迅著譯編年全集》第 20 卷，頁 16。此處「以上的大略」，是承接魯迅在該文所梳理的 1933～1935 年國民黨的文化統制政策的發展演變而言的。

〔註 4〕魯迅：《〈且介亭雜文二集〉後記》，《魯迅著譯編年全集》第 20 卷，頁 16。

月內，將該圖書呈繳三份給大學院，否則「大學院得禁止該圖書之發行」；

1928 年間，國民黨中央第三十一次常委會備案並由政治會議通過了《出版條例原則》，其中規定，若出版品有宣傳反動思想、違反國家法令、敗壞善良風俗、妨害治安之一，就「不得登記」，並採取「糾正、警告、查禁或拘罰」等辦法處置之；

1929 年 1 月國民黨中央第 190 次常會通過的、由中宣部制定的《宣傳品審查條例》，對「反動宣傳品」的出版內容有了更具體的規定，諸如「宣傳共產主義及階級鬥爭者」、「宣傳國家主義、無政府主義及其他主義而攻擊本黨主義政綱及決議案者」、「挑撥離間分化本黨者」、「妄造謠言以淆亂視聽者」，都可以導致查禁印售、封閉宣傳機關並追究負責人責任的結果；

1929 年 6 月公佈了《取締共產書籍辦法》及命令，要求各地黨部宣傳部隨時審查該區域書店銷售之書籍，一旦發現有共產書籍時，就會被該地政府予以嚴厲處分，包括取締刊物印刷所及工人等；

1930 年 12 月，國民黨政府公佈了《出版法》，規定出版品不得有「意圖破壞中國國民黨或破壞三民主義者」、「意圖顛覆國民政府或損壞中華民國利益者」、「意圖破壞公共秩序者」、「妨害善良風俗者」，要求所有「涉及黨義」的圖書都必須送審，這其實就使得所有的文學藝術、哲學和社會科學的圖書，最終在出版後都必得送中宣部審查；

1931 年 10 月公佈的《出版法施行細則》規定「書籍之著作人或發行人，應以稿本呈送內政部聲請許可出版」，但由於內政部僅僅是登記，以免被盜版，而革命者們並不怕書籍被盜版，所以這還沒有完全剝奪新文藝的出版、發行空間；

1932 年公佈了《宣傳品審查標準》；

1933 年 1 月 19 日公佈了《新聞檢查標準》；

1934 年 2 月 19 日，國民黨上海市黨部向上海各書店發送了其奉國民黨中宣部查禁「反動」書刊的正式公文，2 月 25 日，上海出版界以中國著作人出版人聯合會出面，派出代表向市黨部請願、呈文，4 月 5 日，《中央宣傳委員會圖書雜誌審查委員會組織規程》被討論通過，緊接著，國民黨中宣部在上海成立了圖書雜誌審查委員會，並於 1934 年 6 月 1 日正式開展工作，同時頒布了《圖書雜誌審查辦法》。在其十四條中，有下列條款：

第六條　凡未經准予免審之圖書雜誌，不將稿本聲請審查者，應依照《出

版法施行細則》第十一條之規定，予以處分。

第七條　聲請審查之圖書雜誌稿本，其內容如有認為不妥之處，得發還
　　　　原聲請人，令飭依照審查意見刪改；如全部文字有犯《宣傳品
　　　　審查標準》第三項之情形，及違背《出版法》第四章第十九條
　　　　之限制者，本會得將原件扣呈中央宣傳委員會核辦。

　　　　……

第十一條　……圖書雜誌出版後，如發現與審查稿本不符時，由本會呈
　　　　　請中央宣傳委員會轉內政部予以處分。〔註5〕

　　由最初《新出圖書呈繳條例》中的「發行之日起兩個月內」呈繳給大學
院，到《出版法施行細則》規定「稿本呈送內政部聲請許可出版」，以進行登
記，保護其版權，再到此處明文規定圖書雜誌在出版前以稿本「聲請審查」，
且出版前後版本必須統一，國民黨的事前送審制最終形成；由最初並不一定
審查的「呈繳」到並未強行規定的鬆散登記，再到此處成立專門的圖書雜誌
審查委員會以審查所有圖書雜誌的稿本，國民黨的審查體系逐漸完善至密不
透風的狀態；由最初分別出版單部法律文書，到最後形成一個審查組織，將
前列的《出版法施行細則》、《宣傳品審查標準》、《出版法》等相關重要條例
進行疊加，國民黨的審查規則無疑在細化、再細化，一個更為嚴密的文網已
經形成：檢察官們可以把一切他們認為反動的圖書雜誌扼殺於搖籃之中，使
事後送審制下書店老闆因試圖收回成本而想方設法銷售所出書刊的可能性成
為妄想，而且，當這「檢察官」中還包括懂文學創作手法如反語、暗示、諷
刺等的「文學家」時，就會使得寫法隱晦的作品的發表也困難重重，由此，
文壇、出版界、編輯界在文網的摧殘下，只能「奄奄無生氣」〔註6〕，而進步
文化人所能感受到的，就是文化圍剿的白色恐怖。

　　國民黨此期的文化圍剿分為兩個向度——圍剿進步書店、書刊、著作，

〔註5〕　《偽國民黨中宣部的圖書雜誌審查辦法》，張靜廬輯注：《中國現代出版史料》
　　　　（乙編），中華書局1955年版，頁526～527。
〔註6〕　在魯迅1934～1935年的書信中，「奄奄無生氣」反覆出現。如1934年2月21
　　　　日致姚克信上說「檢查已開始，《文學》第二期先呈稿十篇，被抽去其半，則
　　　　結果之必將奄奄無生氣可知」；1934年6月9日夜致楊霽雲信中說：「政府幫
　　　　閒們的大作，既然無人要看，他們便只好壓迫別人，使別人也一樣的奄奄無
　　　　生氣」；1935年1月6日夜致曹靖華信中說「今年恐怕要更壞，一切刊物……
　　　　較好都要壓迫得奄奄無生氣的。」分別見《魯迅著譯編年全集》第16卷，頁
　　　　53、16卷，頁215、18卷，頁10。

以及發動全國範圍內的「新生活運動」、推行民族主義文藝——並且同時展開。
前者承接著 1933 年的逮捕左翼作家如丁玲（5 月 14 日）、強迫《申報·自由
談》編輯黎烈文發表「多談風月」的聲明（5 月 25 日）、暗殺中國民權保障同
盟總幹事楊杏佛（6 月 18 日）、搗毀藝華電影公司攝影場（11 月 12 日）、擊破
良友圖書公司門市部的大玻璃（11 月 13 日）、搗毀《中國論壇》（11 月 14 日）、
襲擊神州國光社（11 月 30 日）、查禁《生活》周刊（12 月）等，而以 1934
年 2 月 19 日國民黨上海市黨部一舉查禁一百四十九種文學書為起點，以隨後
的 4 月成立圖書雜誌審查委員會，形成原稿送審制為中樞，並以其隨後的禁、
刪、圍剿魯迅等新文化人，破壞進步文化團體和機關、逮捕甚至殺害進步文
化工作者等一起導致文壇一片蕭條為其主要特徵。後者承接著 1930 年代初的
民族主義文藝的推行而來，並以 1934 年 2 月 19 日開始發動的全國範圍內的
「新生活運動」為核心，而以新一輪的復興文言、尊孔讀經等怪現狀為其表
徵。如果說成立圖書雜誌審查委員會是為了禁止反動言論的流佈，那麼，國
民黨推行民族主義文藝以及新生活運動，則是為了宣傳其法西斯主義，並試
圖以之來統治國內思想、文化界：二者正是國民黨實施文化圍剿的文化統制
政策中最重要而又相輔相成的兩個維度。

　　當然，在這兩個向度中，圍剿進步文化界、摧殘其文化生態、禁錮出版自
由是更為重要的。僅就查禁書刊而言，「從 1927 年南京國民政府建立之日起至
1930 年底止，有案可查的，就達 700 餘種。」〔註 7〕「在中央黨部和國民政府
的檔案中，現在有案可查的，1927 至 1937 年間共查禁 2058 種。」〔註 8〕加上
各地政府檔案中有案可查的、各級政府無案可查的書目，這個數字無疑會更加
龐大。這足以證明國民黨織就的文網之密。而且，國民黨中宣部在文藝書籍方
面羅列的「罪名」雖不外乎「『普羅文藝』、『普羅文藝理論』、『鼓吹階級鬥爭』、
『宣傳普羅意識』、『詆毀本黨』、『詆毀政府』、『侮辱領袖』、『內容反動』、『赤
化』、『左傾』、『不妥』、『欠妥』……『故不送審原稿』、『觸犯審查標準』……
『妨害邦交』、『涉及友邦元首』」等，但要命的是，其「一經援引，即如活碼，
再加周納，便成死案。」〔註 9〕一個個「死案」之下，正是進步文化界因被壓

〔註 7〕倪墨炎：《現代文壇災禍錄》，上海書店出版社 1996 年版，頁 76。
〔註 8〕倪墨炎：《現代文壇災禍錄》，上海書店出版社 1996 年版，頁 65。
〔註 9〕唐弢：《關于禁書》，《晦庵書話》，生活·讀書·新知三聯書店 1980 年版，頁
　　　102～103。

迫而已不再的生機。

　　國民黨之所以在 1933～1935 年間如此不遺餘力地實行文化統制，與國民黨第四次軍事圍剿失敗後醞釀並發動第五次軍事圍剿緊密相關。和前幾次的圍剿不同，此期的國民黨更充分地重視文化圍剿的意義，並切實實行。因為他們發現，「共匪之一切動作皆以文化為起點……所以，剿匪注重文化是正本清源的方法。」剿匪而注重文化，是國民黨「剿匪數年的經驗」〔註 10〕，是他們發現的剿滅進步文化以剿滅共產黨的法寶。於是蔣介石在發動第五次軍事圍剿的同時，卻有了下列舉措：「10 月 16 日，蔣介石在南昌電囑南京行政院，令其更嚴厲地查禁左翼文化，『勿使漏網』，10 月 30 日，當局發布查禁普羅文藝的密令，到 11 月 6 日，《汗血周刊》刊出兩個《汗血》聯合發起的《徵求「文化剿匪研究專號」稿文啓事》，率先提出『文化剿匪』」〔註 11〕。到了1934 年 1 月 1 日，《汗血周刊》出版了「文化剿匪專號」，1 月 15 日，《汗血月刊》也出版了「文化剿匪專號」，刊發了《文化剿匪》等文，「文化剿匪」作為國民黨「剿匪」的重要一翼被提上議事日程。所以，魯迅等遭遇國民黨治下更嚴酷的文網，正是一種必然。

1933～1935：魯迅雜文創作概況與文網

　　「我們活在這樣的地方，我們活在這樣的時代」〔註12〕，是 1935 年 12月 30 日深夜，魯迅將 1934 年所寫的雜文編輯完畢後所寫的「附記」中，悲憤不已的慨歎；「弄文罹文網，抗世違世情。積毀可銷骨，空留紙上聲」〔註13〕是魯迅 1933 年 3 月 2 日將《吶喊》贈給山縣氏時所題的詩；「如磐夜氣壓重樓」是魯迅《悼丁君》中的詩；對於中國文壇、出版界的死氣沉沉，對編輯們的苦處，魯迅在其日記、書信中多次提及，而對自己在國民黨文網下所受的壓迫，更是多有言說。這一切，都是我們理解魯迅這一時期的雜文創作時必須考慮的因素。

　　魯迅 1933 年 1～5 月發於《自由談》的雜文，編入《偽自由書》，1933 年

〔註10〕　《文化剿匪》，《汗血月刊》「文化剿匪專號」，1934 年 1 月 15 日。
〔註11〕　王錫榮：《〈汗血〉與「文化圍剿」──文化「圍剿」口號探源》，《魯迅研究月刊》1990 年第 5 期，頁 24。
〔註12〕　魯迅：《〈且介亭雜文〉附記》，《魯迅著譯編年全集》第 19 卷，頁 515。
〔註13〕　王世家、止菴編：《魯迅著譯編年全集》15 卷，頁 66。

6～11 月發於《自由談》的雜文，編入《準風月談》，計 107 篇，加上發表於其他刊物而錄於《南腔北調集》的 41 篇，共計 148 篇；1934 年的雜文，分別編入《花邊文學》、《且介亭雜文》，共計 97 篇；1935 年的雜文，編入《且介亭雜文二集》，共計 48 篇。如若加上收錄於《集外集》、《集外集拾遺》、《集外集拾遺補編》中的少量雜文，我們可以發現，魯迅在這三年共創作了 300 多篇雜感，而以 1933、1934 年爲重頭戲。

　　魯迅的雜文創作在時間上呈現出這樣的格局，文集又是這樣的編法，都與當時文網的發展過程密切相關。

1933：一個縫隙

　　1927 年，魯迅「被血嚇得目瞪口呆」，從而離開廣州；1928 到 1929 年，是他「極少寫稿，沒處投稿的時期」〔註14〕，所以 1927～1929 這三年的雜文，在其編選《三閒集》時，僅收錄了 34 篇。從 1930 到 1932 年，魯迅發表的雜文，也僅集合爲《二心集》和《南腔北調集》中的第一部分。這原因，從魯迅的以下言說中可以見出——1930 年，魯迅說，「期刊已漸漸的少見，有些是不能按期出版了，大約是受了逐日加緊的壓迫……」〔註15〕；1931 年，魯迅說「無產階級的革命的文藝運動，其實就是惟一的文藝運動」，但「現在來抵制左翼文藝的，只有誣衊，壓迫，囚禁和殺戮；來和左翼作家對立的，也只有流氓，偵探，走狗，劊子手了。」〔註16〕柔石等被捕並被殺害後，魯迅當年並未寫紀念文章，因爲「在中國，那時是確無寫處的，禁錮得比罐頭還嚴密。」〔註17〕1932 年 12 月 26 日，魯迅在致張冰醒時說：「現在行止頗不自由，也不很做文章，即做，也很難發表」；次年底，致信山本初枝：「我的全部作品，不論新舊，全在禁止之列。當局的仁政，似乎要餓死我了事。」即是說，言論自由的欠缺，正是這幾年裏魯迅雜文創獲甚少的原因之一。所以，當中學生雜誌社問魯迅對一個中學生要講怎樣的話時，他說的是：

　　　　請先生也許我回問你一句，就是：我們現在有言論的自由麼？假如

〔註14〕魯迅：《三閒集·序言》，《魯迅全集》第 4 卷，人民文學出版社 2005 年版，頁 4。若無特殊說明，本文所引《魯迅全集》均爲該版本。
〔註15〕魯迅：《二心集·序言》，《魯迅全集》第 4 卷，頁 193。
〔註16〕魯迅：《二心集·黑暗中國的文藝界的現狀》，《魯迅全集》第 4 卷，頁 292。
〔註17〕魯迅：《爲了忘卻的記念》，王世家、止菴編：《魯迅著譯編年全集》第 15 卷，頁 38。

先生說「不」，那麼我知道一定也不會怪我不作聲的。假如先生竟以
「面前站著一個中學生」之名，一定要逼我說一點，那麼，我說：
第一步要努力爭取言論的自由。〔註18〕

沒有言論、出版自四由的魯迅，遭遇的是嚴厲的「文力的征伐」，而這加
上國民黨的通緝、恫嚇等的「武力征伐」〔註19〕，魯迅那時真是在以韌性做
著絕望的反抗。

魯迅此期言說空間的新開拓出現於 1932 年底。這縫隙，始於《申報》老
闆史量才的願意改革，並聘任由法歸國的黎烈文主編《申報》副刊《自由談》，
而黎烈文又願意對之進行符合魯迅理想的革新——他在 1932 年 12 月 1 日接
編《自由談》時即公佈以「進步和近代化的立足點」爲宗旨，隨後發表的是
葉聖陶《「今天天氣好呵！」》〔註20〕、行《自由》〔註21〕、豈凡（章克標）《排
天才》〔註22〕、楊幸之《「不忍池」與「莫愁湖」》〔註23〕等犀利潑辣的雜感。
加之朋友郁達夫代黎烈文向魯迅約稿，所以雖然魯迅「漫應曰可以」，但已在
實際觀察《自由談》的動向，且黎烈文因忙於編輯事務而未顧及自己生產的
妻子，導致其離開人世，這致力於開闢新天地背後的辛酸和無邊寂寞，接通
了魯迅「給寂寞者以吶喊」的「老脾氣」〔註24〕，所以，魯迅決定給《自由
談》投稿，從而以「平均每月八九篇」的發表頻率發出自己「僞自由」的聲音。
加上他此期創作的發表於《文學》、《濤聲》、《申報月刊》、《現代》、《論語》、
《文學雜誌》等上的雜文，我們可以說，這是魯迅雜文的第一個迸發期。

「《自由談》每天占《申報》半版，共分六欄，千字左右的雜文三欄直排，
正好一個方塊，二欄則成長方形，對角加花邊，後來又發展到全文加花邊，
這就是所謂『花邊文學』」〔註25〕。茅盾、郁達夫、葉聖陶、老舍、徐懋庸、
瞿秋白等，都發表了密切關注時事的雜感作品，一時間，《自由談》真正成了

〔註18〕《魯迅全集》第 4 卷，頁 372。
〔註19〕魯迅說，「經驗使我知道，我在受著武力征伐的時候，是同時一定要得到文力
的征伐的。」見《準風月談・後記》，《魯迅全集》第 5 卷，頁 420。
〔註20〕《申報・自由談》1932 年 12 月 1 日。
〔註21〕《申報・自由談》1932 年 12 月 7 日。
〔註22〕《申報・自由談》1932 年 12 月 28 日。
〔註23〕《申報・自由談》1933 年 1 月 13 日。
〔註24〕《僞自由書・前記》，《魯迅全集》第 5 卷，頁 4。
〔註25〕唐弢：《紀念一個友人（代序）》，《〈申報・自由談〉雜文選（1932～1935）》，
唐弢主編，陳子善，王錫榮編選，文藝出版社 1987 年版。

以魯迅、茅盾爲臺柱子的「自由『臺』」〔註26〕，形成了一個文人雖曲折地議論時事，但總歸有了一絲「自由」空氣的公共言論空間，而「《申報》到手，先看副刊；副刊打開，先找『花邊』……當時買東西貨擔上的《申報》幾乎十有八九是剪過的」〔註27〕所描寫的盛況，則充分證明了魯迅式雜文的成功。

　　魯迅此期發表的 43 篇雜文，「說話也往往很晦澀」，因爲「我知道《自由談》並非同人雜誌，『自由』更當然不過是一句反話，我決不想在這上面去馳騁的。」〔註28〕但即便如此，記者劉煜生被國民黨江蘇省政府主席顧祝同槍殺（1933 年 1 月）、艾蕪被捕（3 月）、丁玲、潘梓年被捕，應修人拒捕死（5 月）、福建龍溪民教館館長林惠元被捕殺（5 月）等殘酷事實，已宣告了當時文化生態慘遭破壞的情景，而《大晚報》、《社會新聞》之類發表的《左翼文化運動的擡頭》（水手）、《黎烈文未入文總》（逸）、《魯迅沈雁冰的雄圖》（農）尤其是《微言》上的「曹聚仁經黎烈文等紹介，已加入左聯」〔註29〕的記事，將魯迅、沈雁冰、曹聚仁、黎烈文等推向了被壓迫或受難的邊緣：魯迅寫於 5 月 17 日的《保留》、《再談保留》，寫於 5 月 18 日的《「有名無實」的反駁》、《不求甚解》，都未能發表，「到五月初，對於《自由談》的壓迫，逐日嚴緊起來了，我的投稿，後來就接連的不能發表」〔註30〕，說的正是這事；編輯黎烈文也終於於 5 月 25 日發表了著名的《編輯室》啓事：

　　這年頭，說話難，搖筆杆尤難。這並不是說：「禍福無門，惟人自召」，實在是「天下有道」，「庶人」相應「不議」。編者謹掬一瓣心香，籲請海內文豪，從茲多談風月，少發牢騷，庶作者編者，兩蒙其休。若必論長議短，妄談大事，則塞之字簏既有所不忍，佈之報端又有所不能，陷編者於兩難之境，未免有失恕道。語云：識時務者爲俊杰，編者敢以此爲海內文豪告。區區苦衷，伏乞矜鑒！〔註31〕

多談風月而非風雲的提醒，在《社會新聞》上的反映，是 6 月 3 日即發表

〔註26〕黎烈文在《幕前致辭》中說：「《自由談》，正可以當作自由『臺』，在這『臺』上，我們可以自由的『表演』，那便是自由的『談』」。見《申報·自由談》1932 年 12 月 1 日。

〔註27〕許廣平：《略談魯迅先生的筆名》，高信：《魯迅筆名探索》，陝西人民出版社1980 年版，頁 219～220。

〔註28〕魯迅：《僞自由書·前記》，《魯迅全集》第 5 卷，頁 4。

〔註29〕詳見魯迅：《僞自由書·後記》，《魯迅全集》第 5 卷，頁 164～168。

〔註30〕魯迅《僞自由書·後記》，《魯迅全集》第 5 卷，頁 168～169。

〔註31〕黎烈文：《編輯室》，《申報·自由談》1933 年 5 月 25 日。

的《〈自由談〉態度轉變》的消息。而《老實話》第 19 期上，亦刊發了《自由談改變態度》，「申報《自由談》，自由黎烈文接辦以來，欲獻媚左聯，甘受一班『破鑼』之包圍，弄得亂七八糟，以致社會群認申報為赤化報紙宣傳。銷路大減。現史老闆已鑒於風色不對，已嚴命黎絕對不准登載『破鑼』文字，一改從前態度云。」〔註 32〕這實際上意味著，魯迅們的言說空間，正慘遭壓縮。

更嚴酷的迫害，使得魯迅在寫法更加隱晦曲折之外，更加注重筆名的運用，而且在題目和內容上，不得不是「準風月」的。魯迅這時的寫作，用他自己的話說，「早不是因為『文思泉湧』，倒是成為和攻擊者賭氣了。」〔註 33〕即，偏要使反對者們不舒服。這樣，到 11 月時，魯迅又寫成了 60 多篇，但終於「得著更厲害的壓迫了」，「敷衍到十一月初，只好停筆，證明了我的筆墨，實在敵不過那些帶著假面，從指揮刀下挺身而出的英雄。」〔註 34〕魯迅的停筆，在《越國春秋》裏，卻成了一矢之流幸災樂禍的因由：「黎烈文因自附史老闆『晚輩』而幸留，然態度已視前轉變，稿費減削，魯迅輩之文稿亦不可得見云。」〔註 35〕而魯迅則是悲憤無比的：

> 這一月來，我的投稿已被封鎖，即無聊之文字，亦在禁忌中，時代進步，諱忌亦隨而進步，雖「偽自由」，亦已不准。〔註 36〕

> 風暴正不知何時過去，現在是有加無已，那目的在封鎖一切刊物，給我們沒有投稿的地方。我尤為眾矢之的，《申報》上已經不能登載了，而別人的作品，也被疑為我的化名之作，反對者往往對我加以攻擊。各雜誌是戰戰兢兢……〔註 37〕

> 出版界極沉悶，動彈不得。《自由談》則被迫得懨懨無生氣了。〔註 38〕

〔註 32〕《老實話》第二卷合訂本（15～26 期），頁 116。

〔註 33〕魯迅著譯編年全集》第 15 卷，頁 450。

〔註 34〕魯迅：《準風月談‧後記》，《魯迅全集》第 5 卷，頁 402。

〔註 35〕一矢：《申報自由談》，《越國春秋》第 39 期，1933 年 10 月 18 日。

〔註 36〕魯迅 1933 年 11 月 20 日致鄭振鐸信，見王世家、止菴編：《魯迅著譯編年全集》第 15 卷，頁 505。

〔註 37〕魯迅 1933 年 11 月 25 日致曹靖華信，見《魯迅著譯編年全集》第 15 卷，頁 511～512。

〔註 38〕魯迅 1933 年 12 月 5 日夜致姚克信，見《魯迅著譯編年全集》第 15 卷，頁 523。

《生活周刊》已停刊，這就是自縊以免被殺；《文學》遂更加戰戰兢兢，什麼也不敢登，如人之抽去了骨幹，怎麼站得住。《自由》更為壓迫，聞常有恐嚇信，⋯⋯編者也還偶來索稿，但如做八股然，不得「犯上」，又不可「連下」，教人如何動筆，所以就不投稿了。
〔註39〕

現在至壓迫，目的專在人名及其所屬是那一翼，與書倒是不相干的。被說「犯禁」之後，即無可分辯，因為現在本無一定之「禁」，抗議也可以算作反革命也。〔註40〕

從摘錄的魯迅 11～12 月裏給鄭振鐸、姚克、曹靖華等的書信文字中，我們看到一個被國民黨織就的文網禁錮著的戰鬥者形象。

1934：結新樣的網〔註41〕

然而，更殘酷的打擊，隨著國民黨 1934 年「結新樣的網」事實上的成功而來臨。

1933 年 11 月，魯迅在給鄭振鐸、姚克、曹靖華、曹聚仁等的信裏反覆言說他對新的壓迫將要到來的不祥感——

11 月 3 日，在致鄭振鐸信中，魯迅說：「對於文字的新壓迫將開始，聞杭州禁十人作品，連冰心在內，奇極，⋯⋯前日潘公展朱應鵬輩，召書店老闆訓話，內容未詳，大約又是禁左傾書，宣揚民族文學之類，而他們又不做民族文學稿子，在這樣的指導下，開書店也真難極了。不過這種情形，我想也不會持久的。」〔註42〕

11 月 5 日，在致姚克信中，魯迅說：「前幾天，這裏的官和出版家及書店編輯，開了一個宴會，先由官訓示應該不出反動書籍，次由施蟄存說出仿檢查新聞例，先檢雜誌稿，次又由趙景深補足可仿日本例，加以刪改，或用××代之。他們也知道禁絕左傾刊物，書店只好關門，所以左翼作家的東西，還是要出的，而拔去其骨骼，但以漁利。⋯⋯這方法我看是要實行的，則此後出版物之情形

〔註39〕魯迅 1933 年 12 月 19 夜致姚克信，見《魯迅著譯編年全集》第 15 卷，頁 533。
〔註40〕魯迅 1933 年 12 月 20 日致曹靖華信，見《魯迅著譯編年全集》第 15 卷，頁 535。
〔註41〕《準風月談・後記》，《魯迅全集》第 5 卷，頁 420。
〔註42〕《魯迅著譯編年全集》第 15 卷，頁 472。

可以推見。大約施、趙諸君，此外還要聯合所謂第三種人，發表一種反對檢查出版物的宣言，這是欺騙讀者，以掩其獻策的秘密的。」〔註43〕

　　11月8日，在致曹靖華信中，魯迅說：「看近日情形，對於新文藝，不久當有一種有組織的壓迫和摧殘，這事情是好像連幾個書店也秘密與謀的。其方法大概（這是我的推測）是對於有幾個人，加以嚴重的壓迫，而對於有一部分人，則寬一點，但恐怕會有檢查制度出現，刪去其緊要處而仍賣其書，因為如此，則書店仍可獲利也。」〔註44〕

　　11月13日，在致曹聚仁信中，魯迅說：「現在當局之手段，除摧毀一切，不問新舊外，已一無所長，言議皆無益也，但當壓迫日甚耳。」〔註45〕

　　11月14日，在致曹靖華信中，魯迅說：「此地對於作者，正在大加制裁，聞一切作品被禁者，有三十餘人。電影局及書店，已有被人搗毀，頗有令此輩自己逐漸餓死之意，出版界更形恐慌，大約此現象還將繼續。」「賣文恐怕此後不易也。」〔註46〕

　　隨著搗毀藝華電影公司攝影場（11月12日）、擊破良友圖書公司門市部的大玻璃（11月13日）、搗毀《中國論壇》（11月14日）、襲擊神州國光社（11月30日）等的先後發生，和魯迅並肩戰鬥的茅盾說：「在這時候，已經看得很清楚，國民黨反動派要查禁圖書雜誌了，而且各地已經查禁一些書刊。」〔註47〕隨後《生活》周刊被查禁，《文學》雜誌被要求「從第二卷起，每期稿子要經過他們特派的審查員的檢查通過，才能排印」，茅盾、傅東華想出了出專號的形式，讓其四、五、六期較為順利地通過了審查〔註48〕，但1934年2月19日國民黨一舉查禁文藝書籍149種，標誌著國民黨中宣部對進步書籍開始動刀了。作為首先壓迫的對象，魯迅的《而已集》、《三閒集》、《二心集》、《偽自由書》四部雜文集以及《魯迅自選集》等創作，《現代新興文學的諸問題》、《藝術論》、《文藝與批評》、《文藝政策》、《浮士德與城》、《毀滅》、《高爾基文集》等編譯作品，全部在這149種之內。以致這年4月，

〔註43〕《魯迅著譯編年全集》第15卷，頁474～475。

〔註44〕《魯迅著譯編年全集》第15卷，頁486。

〔註45〕《魯迅著譯編年全集》第15卷，頁497。

〔註46〕《魯迅著譯編年全集》第15卷，頁498。

〔註47〕茅盾：《一九三四年的文化「圍剿」和反「圍剿」——回憶錄「十七」》，《新文學史料》1982年第4期，頁1。

〔註48〕參見茅盾：《一九三四年的文化「圍剿」和反「圍剿」——回憶錄「十七」》，《新文學史料》1982年第4期，頁1～8。

魯迅寫《自傳》時還說：「到今年，我的一九二六年以後出版的譯作，幾乎
全被國民黨所禁止。」〔註49〕

　　一邊是編、譯、著書刊的全面被禁，另一邊當然就是文稿更艱難的發表
命運。較之 1933 年在《自由談》上發表百餘篇雜文而言，1934 年，魯迅僅
在該副刊發表了 40 餘篇雜文，明顯偏少。這原因，一方面就在於魯迅 1933
年的投稿體驗：「去年在上海投稿時，被刪而又刪，有時竟像講昏話，不如
沉默之爲愈，所以近來索性不投了，但有時或有一兩篇，那是只爲了稿費。」
〔註50〕另一方面，則是爲了不讓編輯黎烈文爲難。但到了 1934 年 5 月，黎
烈文還是被擠出了《申報》，雖然取代他的張梓生蕭規曹隨，仍約魯迅寫稿，
但魯迅已經不太想做這種吞吞吐吐的文章了。所以，魯迅這年其餘的較長的
文稿，大多發表於《中華日報・動向》、《文學季刊》、《文學》、《太白》、《新
語林》等報刊雜誌上。然而，即便加上《自由談》之外所發表的雜文，97 篇
的數量顯然還是偏少。這無疑表示著他「比以前更受壓迫。」〔註51〕而其中
的《臉譜臆測》、《病後雜談》等文的被禁止、刪削，更令魯迅充滿憤怒，以
至於他在知道信息的當天即給良友編輯趙家璧寫信，拒絕爲其編選《中國新
文學大系・小說二集》〔註52〕，以至於拒絕接受鄭振鐸等的約稿〔註53〕，以
至於打算不再往期刊投稿〔註54〕……

1935：「不談國事」

　　《臉譜臆測》、《病後雜談》等文的被禁止、刪削，帶給魯迅很大的刺激，

〔註49〕　魯迅：《自傳》，《魯迅著譯編年全集》第 16 卷，頁 137。
〔註50〕　魯迅 1934 年 1 月 11 日致鄭振鐸信。見《魯迅著譯編年全集》第 16 卷，頁
　　　　16。
〔註51〕　1934 年 2 月 26 日致羅清楨信，《魯迅著譯編年全集》第 16 卷，頁 64。
〔註52〕　魯迅在致趙家璧信中說：「……我決計不幹這事了，索性開初就由一個不被他
　　　　們所憎惡者出手，實在穩妥得多。檢察官們雖宣言不論作者，只看內容，但
　　　　這種心口如一的君子，恐不常有，即有，亦必不在檢察官之中，他們要開一
　　　　點玩笑是極容易的，我不想來中他們的詭計，我仍然要用硬功對付他
　　　　們……」，見《魯迅著譯編年全集》第 17 卷，頁 286。
〔註53〕　魯迅 1 月 11 日夜致鄭振鐸信中說，「北邊的容易犯諱，大概也不下於上海，
　　　　還是不作的好罷。」《魯迅著譯編年全集》第 16 卷，頁 16。
〔註54〕　1934 年 12 月 31 日，魯迅在致劉煒明信中說：「中國的事情，說起來眞是一言
　　　　難盡。從明年起，我想不再在期刊上投稿了……」，《魯迅著譯編年全集》第
　　　　17 卷，頁 317。

在致曹靖華（1月6日、2月7日）、楊霽雲（1月29日、2月4日）等的信中，魯迅反覆申說此事；加之該年裏《集外集》送審被刪一事〔註55〕、《譯文》雜誌被抽、刪一事〔註56〕、譯文《波斯勛章》被禁止事〔註57〕，等等，魯迅此期的相關言說如「近來文字的壓迫更嚴，短文也幾乎無處發表了……」〔註58〕，「所以凡是較進步的期刊，較有骨氣的編輯，都非常困苦。今年恐怕要更壞，一切刊物……較好都要壓迫得奄奄無生氣的」〔註59〕，「此地文藝界……近更不行了，新書無可觀者」〔註60〕，「檢查也糟到極頂，我自去年底以來，被刪削，被不准登，甚至於被扣住原稿，接連的遇到……現在可是難了，較好的簡直無處發表，但若做得吞吞吐吐，自己又覺無聊」〔註61〕，等等，都蓄滿痛苦，絕非隨意而談。

面對圖書雜誌審查委員會治下「所過殘破」的文壇，面對國民黨無處不在的文化暗殺政策，魯迅在2月7日時，對自己該年的創作有個基本的估計：

> 今年大約不能寫的這麼多了，就是極平常的文章，也常被抽去或刪削，不痛快得很。又有暗箭，更是不痛快得很……短評，恐怕不見得做了，雖然我明知道這是要緊的，我如不寫，也未必另有人寫。但怕不能了。一者，檢查嚴，不容易登出；二則我實在憎惡那暗地里中傷我的人。〔註62〕

而在年底時，他如此總結道：「於是從今年起，我就不大做這樣的短文，因為對於同人，是迴避他背後的悶棍，對於自己，是不願做開路的呆子，對於刊物，是希望它盡可能的長生。」〔註63〕

從魯迅這年的創作結果來看，收錄於《且介亭雜文二集》中的僅有48篇雜文，較之1933年或者1934年，的確太少了。而且，從雜文內容來說，也

〔註55〕 見魯迅1月29日夜致楊霽雲信，《魯迅著譯編年全集》第18卷，頁57；1月29日致曹聚仁信，見同書，頁58。

〔註56〕 見魯迅1月15日夜致曹靖華信，《魯迅著譯編年全集》第18卷，頁33。

〔註57〕 1935年9月15日夜，魯迅寫《〈壞孩子和別的奇聞〉譯者後記》，記載了他翻譯的《波斯勛章》被禁止事。見《魯迅著譯編年全集》第19卷，頁77。

〔註58〕 1935年1月4日，魯迅致蕭軍蕭紅信中所說，見《魯迅著譯編年全集》第18卷，頁6。

〔註59〕 1935年1月6日，魯迅致曹靖華信，見《魯迅著譯編年全集》第18卷，頁10。

〔註60〕 1935年1月15日夜魯迅致曹靖華信，見《魯迅著譯編年全集》第18卷，頁33。

〔註61〕 1935年1月26日致曹靖華信，見《魯迅著譯編年全集》第18卷，頁54～55。

〔註62〕 1935年2月7日致曹靖華信，見《魯迅著譯編年全集》第18卷，頁69～70。

〔註63〕 《花邊文學·序言》，《魯迅全集》第5卷，頁439。

發生了明顯變化，那就是從以前的「論時事不留面子，砭錮弊常取類型」，變成了此處的「幾乎不談國事」，而這目的，魯迅說得明白，是「爲了內心的冷靜和外力的迫壓」〔註64〕。此外，從篇幅上看，與 1933、1934 年的大量短評文章相比，魯迅「沒有多寫短文」〔註65〕了，寫的大多數都是較長的雜文。

魯迅是否眞的就「不談國事」了呢？不是的，他所言的「偶爾觸著的幾篇，如《什麼是諷刺》，如《從幫忙到扯淡》」，正是直接談國事的佳作，而這些談國事的作品「無一不被禁止」〔註66〕的命運，則從反面證明了國事的談不得。

但魯迅終究是要談的。其《在現代中國的孔夫子》，直接來自於 1935 年 4 月日本最大的孔廟「湯島聖堂」重建落成時國民黨政府派代表專程前往「參謁」的「時事」；其《雜談小品文》，雖在論析明清小品的流行和翻印珍本的事實，然而他關於明清小品文「在文字獄時，都被銷毀，劈板了」，是「經過清朝檢選的『性靈』」的明察，關於「清初，單爲了作者也會禁，往往和內容簡直不相干」〔註67〕的洞見，其實不就直指當時的「文字獄」和禁書方式嗎？其《田軍作〈八月的鄉村〉序》、《徐懋庸作〈打雜集〉序》、《蕭紅作〈生死場〉序》，何嘗不是在對蕭紅、蕭軍小說的讚美與肯定中，反面述說著這「國事」？其《「文人相輕」》、《再論「文人相輕」》、《三論「文人相輕」》、《四論「文人相輕」》、《五論「文人相輕」——明術》、《六論「文人相輕」——二賣》、《七論「文人相輕」——兩傷》系列，何嘗不是在對文壇的針砭中，間接地涉獵了國事？尤其值得注意的，是 12 月 29 日夜魯迅所寫的《花邊文學‧序言》、12 月 30 日所寫的《且介亭雜文‧序言》和《且介亭雜文‧附記》、12 月 31 日所寫的《且介亭雜文二集‧序言》、12 月 31 日至 1 月 1 日所寫的《且介亭雜文二集‧後記》，這 5 篇文章，其實就是 1933～1935 年國民黨治下的一部文禍小史，是對國民黨文化統制政策的「立此存照」，由此，國民黨此期的文化圍剿之面目、過程、花樣，都歷歷可見。這樣談論國事，是魯迅不得已卻異常漂亮的反戈一擊，是「伺隙乘虛，以一擊制敵人的死命」〔註68〕這

〔註64〕魯迅：《且介亭雜文二集‧序言》，《魯迅全集》第 6 卷，頁 225。
〔註65〕魯迅：《且介亭雜文二集‧序言》，《魯迅全集》第 6 卷，頁 225。
〔註66〕魯迅：《且介亭雜文二集‧序言》，《魯迅全集》第 6 卷，頁 225。
〔註67〕魯迅 1935 年 12 月 2 日作，《魯迅著譯編年全集》第 19 卷，頁 431。
〔註68〕魯迅：《南腔北調集‧辱罵和恐嚇決不是戰鬥》，《魯迅全集》第 4 卷，頁

一戰鬥策略的生動體現。

帶著枷鎖跳舞：魯迅的鑽網術

如果說 1927 年秋至 1930 年秋是文化圍剿的醞釀準備階段、1930 年秋是國民黨正式發動文化圍剿的階段，那麼，1933～1935 年就是嚴酷鎮壓階段。

「開口和動筆，在現在的中國，實在也很難的。」〔註69〕魯迅 1933 年 5 月 17 日所發的慨歎，體現出他在文網之下的萬般無奈，而這在 1933～1935 年的創作、書信中絕非獨一無二。但魯迅從未因為「難」就不「開口」不「動筆」，相反，他說「我究竟還要說話」〔註70〕，「只要我還活著，就要拿起筆，去回敬他們的手槍」〔註71〕，堅持認為國民黨「刪改文章的事」，「是必須給它發表開去的」〔註72〕，而且，為了對付敵人和那些口是心非的「戰友」的圍剿，魯迅選擇了「橫站」而且「瞻前顧後」〔註73〕。魯迅一如其筆下永遠舉起了投槍的戰士，以一支「金不換」之筆，討伐一切「讀經，作文言，磕頭，打屁股」〔註74〕等怪現狀。事實上，正是這嚴密的文網，促使魯迅甚至想寫《圍剿十年》這樣的書〔註75〕、想集中國文字獄史料〔註76〕、詢問唐弢能否編寫一部中國文網史〔註77〕。如果說寫《圍剿十年》是意在為 1927 年以來遭遇的圍剿歷程存照，那麼，集中國文字獄史料、寫中國文網史，則意在

465。

〔註69〕 魯迅：《僞自由書‧再談保留》，《魯迅全集》第 5 卷，頁 154。
〔註70〕 1934 年 12 月 6 日，魯迅致蕭軍蕭紅信，《魯迅著譯編年全集》第 16 卷，頁 216。
〔註71〕 魯迅 1933 年 6 月 25 日致山本初枝信的譯文，見《魯迅全集》第 14 卷，頁 247。
〔註72〕 致蕭軍蕭紅信，《魯迅著譯編年全集》第 18 卷，頁 5。
〔註73〕 1934 年 12 月 14 日致楊霽雲信，《魯迅著譯編年全集》第 16 卷，頁 259。
〔註74〕 1934 年 6 月 9 日致曹聚仁信中，魯迅說「讀經，作文言，磕頭，打屁股，正是現在必定興盛的事，當和其主人一同倒斃。但我們弄筆的人，也只得以筆伐之」，見《魯迅著譯編年全集》16 卷，頁 215。
〔註75〕 1934 年 5 月 15 日、5 月 22 日，魯迅在致楊霽雲信中都提到寫《圍剿十年》一事。見《魯迅著譯編年全集》第 16 卷，頁 160、172。
〔註76〕 1935 年 12 月 19 日，魯迅致楊霽雲信中說：「集中國文字獄史料，此舉極緊要，大約起源古矣。」見《魯迅著譯編年全集》第 19 卷，頁 437。
〔註77〕 1935 年，魯迅在與唐弢閒聊時聊到了圖書檢查的情形，就問唐弢能不能編寫這樣的一部史，唐弢當時因為其難而說不能，但隨後就開始搜集禁書資料，見唐弢《晦庵書話》，生活‧讀書‧新知三聯書店 1980 年版，頁 105。

深挖國民黨文化統制政策之祖墳，警醒國人、警示後人。

　　然而，在一個「言路的窄，現在也正如活路一樣」〔註78〕的，不管如何小心翼翼都隨時可能犯諱的高壓環境裏，作爲圍剿者眾矢之的的魯迅，如何開口，如何動筆呢？

　　「筆頭也是尖的，也要鑽。」〔註79〕也就是說，以筆「鑽網」，是文人魯迅惟一的方式。

換些筆名〔註80〕

　　「魯迅一生取用了一百四十多個筆名，從一九三〇年到一九三六年，除用過『編者』『譯者』『鐵木藝術社』『譯文社同人』一類名字外，共用過一百個筆名。計一九三〇年，三個。一九三一年，十四個。一九三二年，兩個。一九三三年，二十八個。一九三四年，四十一個。一九三五年，八個。一九三六年，四個。」〔註81〕據此可知，1933～1935 年共用了 77 個筆名，約占其所用筆名的 1／2，這一方面體現了魯迅善於作「壕塹戰」，一方面則體現了魯迅所處言說環境的惡劣。

　　從在《自由談》上以「何家幹」之名發表《「逃」的合理化》開始，魯迅陸續起用了幹、丁萌等筆名。使用「何家幹」等筆名的原因，表面上是因爲他覺得舊日的筆名有時不能通用，其實背後正是他熟知當時文化統制政策而有意採取的規避行爲，這行爲，是爲了左翼作家新開闢的言論陣地《自由談》能辦長久些，也是爲了自己能有機會做持久戰。但就在該文發表的當天，黎烈文發表了《編輯室告讀者書》：「編者爲使本刊內容更爲充實起見，近來約了兩位文壇老將何家幹先生和玄先生爲本刊撰稿。希望讀者不要因名字生疏的緣故，錯過『奇文共賞』的機會。」〔註82〕這「廣告」使得魯迅和茅盾想隱蔽自己的想法成了「此地無銀三百兩」〔註83〕。但這一時期，終究屬於「還可以發點牢騷的時期，還有點假『自由』」〔註84〕，所以魯迅和茅盾，還都可

〔註78〕《「商定」文豪》，《魯迅全集》第 5 卷，頁 397。
〔註79〕《「商定」文豪》，《魯迅全集》第 5 卷，頁 397。
〔註80〕魯迅：《花邊文學・序言》，《魯迅全集》第 5 卷，頁 437。
〔註81〕薛綏之：《魯迅在反文化「圍剿」中的鬥爭策略》，山東師大學報（社會科學版）1981 年第 5 期，頁 44。
〔註82〕黎烈文：《編輯室告讀者書》，《申報・自由談》1933 年 1 月 30 日。
〔註83〕參見茅盾：《我所走過的道路》〔中〕，人民文學出版社 1984 年版，頁 180。
〔註84〕茅盾：《我走過的道路》〔中〕，頁 184。

以抨時政，砭錮弊，而且還可以偶爾寫得並不非常含蓄。到 5 月 25 日黎烈文關於「多談風月」的啓事發表後，《自由談》進入了「多談風月」時期，魯迅、茅盾被逼之下，與黎烈文「商量好」，使用更多的筆名來寫作，「既然何家幹先生和玄先生使國民黨方面如此不安，他們就從此退出了《自由談》」〔註85〕。爲此，茅盾捨棄「玄」而「改署『珠』和『郎損』，後來連這兩個筆名也不用了，臨時想了一些新筆名，如『仲方』、『仲元』、『伯元』、『微明』、『止水』、『木子』、『維敬』等……」〔註86〕，而魯迅此後起用的筆名有二十多個。與茅盾臨時想些新筆名不同的是，魯迅對此是愼重的：

> 實在他每一個筆名，都經過細細的時間在想。每每在寫完短評之後，靠在藤躺椅休息的時候，就在那裏考量。想妥了，自己有點滿意，就會對就近的人談一下，普通一些，寫出也就算了。〔註87〕

許廣平對魯迅取筆名時情況的這般描述，表明魯迅所用的筆名，眞的如當年與魯迅交流甚多的楊霽雲所說，大有深意：

> 豫才先生所取筆名，皆有「深意」。……大概他早年的筆名，含希望、鼓勵、奮飛等意義；晚年則含深刻的諷刺意義爲多。如早年「唐俟」之爲「空待」義。晚年「隋洛文」之爲「墮落文人」義，「豐之餘」之爲「封建餘孽」義，上二者乃浙江省黨部所賜之諡。「羅憮」則取「羅無心」義……〔註88〕

可見，一如取用「魯迅」、「唐俟」、「宴之敖」、「令飛」、「迅行」等饒有深意的名詞作爲早年筆名一樣，魯迅此期所取的筆名，也多是有所寄託的。換句話說，「隋洛文」、「公汗」、「豐之餘」、「華圉」、「佩韋」等等筆名及其變化史，與魯迅的那些雜文，有著相互支撐的關係。這從魯迅向楊霽雲談及想「集一部《圍剿十年》」時重視的首要方面爲「加以考證：一，作者的眞姓名和變化史；二，其文章的策略和用意」〔註89〕，恰可互證。

但魯迅即便「屢易筆名」以隱匿自己，仍然難免露出獨有的魯迅風來：「因爲筆名改得勤，開初倒還平安無事。然而『江山好改，秉性難移』，我

〔註85〕茅盾：《我走過的道路》〔中〕，頁 186。

〔註86〕茅盾：《我走過的道路》〔中〕，頁 185～186。

〔註87〕許廣平：《略談魯迅先生的筆名》，高信：《魯迅筆名探索》，陝西人民出版社1980 年版，頁 221。

〔註88〕楊霽雲 1937 年 4 月 9 日致許廣平信中所言。見許廣平：《略談魯迅先生的筆名》，《魯迅筆名探索》，頁 221。

〔註89〕1934 年 5 月 15 日致楊霽雲信，《魯迅著譯編年全集》第 16 卷，頁 160。

知道自己終於不能安分守己」〔註 90〕，《序的解放》、《豪語的折扣》、《各種捐班》、《登龍術拾遺》、《青年與老子》等，引發了各式文人對魯迅的「圍剿」，後來黎烈文辭職、史量才被暗殺，魯迅們開闢的《自由談》這塊陣地終於完全失去。

此期魯迅給其他刊物的供稿，也時時變換筆名。如他曾說的「對於《太白》，時亦投稿，但署名時時不同。」〔註 91〕不僅如此，魯迅這一時期寫信，也都使用種種筆名：「自從十九年三月以後，則不得已而用種種化名，如『索士』，『樹』，『迅』，『飛』……這是為免除收信者橫受嫌疑計，用意是很周到的。」〔註 92〕魯迅給黎烈文寫信，也常署名幹、家幹等，這都與逃避國民黨的文網有關。

改些做法〔註 93〕

對讀從《熱風》到《二心集》的雜文集與魯迅 1933～1935 年所作雜文收錄的《南腔北調集》直到《且介亭雜文二集》，我們明顯能感覺到，魯迅雜文的做法，由偏於酣暢淋漓地直言變成了偏於隱晦曲折、吞吞吐吐地「暗示」。「這些短評……說話也往往很晦澀」〔註 94〕，是他對自己《偽自由書》的言說特徵的體認；諸如「後當更加婉約其辭」〔註 95〕、「原想嬉皮笑臉……」〔註 96〕等言語，則在對朋友的傾訴中，明示了試圖隱藏自己的心迹；「植物被壓在石頭底下，只好彎曲的生長」〔註 97〕是在王平陵指出「何家幹」乃魯迅，斥責他諷刺第三種人和民族主義文藝卻不直言，說「盡可痛快地直說，何必裝腔作勢，吞吞吐吐」〔註 98〕時，魯迅做出的答覆，正暗喻了他的言說方式及其不得已；「不死不活」〔註 99〕、「死樣活氣」〔註 100〕、「不痛不癢」

〔註 90〕魯迅：《準風月談·後記》，《魯迅全集》第 5 卷，頁 403。
〔註 91〕1935 年 5 月 22 日致邵文熔，《魯迅著譯編年全集》18 卷，頁 330。
〔註 92〕許壽裳：《筆名魯迅》，《魯迅筆名探索》，頁 213。
〔註 93〕魯迅：《花邊文學·序言》，《魯迅全集》第 5 卷，頁 437。
〔註 94〕魯迅：《偽自由書·前記》，《魯迅全集》第 5 卷，頁 4。
〔註 95〕1933 年 5 月 4 日晚，《魯迅著譯編年全集》第 15 卷，頁 144。
〔註 96〕《魯迅著譯編年全集》第 15 卷，頁 145。
〔註 97〕《魯迅全集》第 5 卷，頁 26。
〔註 98〕《魯迅全集》第 5 卷，頁 23。
〔註 99〕1933 年 4 月 1 日，魯迅寫《現代史》，末尾說：「到這裏我才記得寫錯了題目，這真是成了『不死不活』的東西。」《魯迅著譯編年全集》第 15 卷，頁 112。
〔註 100〕1935 年 3 月 16 日夜，魯迅寫給《文學》雜誌社的黃源時說，「《文學》的『論

〔註 101〕等魯迅用以指認這段時間所寫文章特色的文字，無一不標誌著魯迅對文網之下言論空間極度壓縮的憤慨；「奴隸文章」〔註 102〕的提出，「自己先抽去幾根骨頭，否則，連『剩下來』的也不剩」〔註 103〕的作文「心得」，更是魯迅對國民黨明誅暗殺行爲的控訴……將表達方式改得更加晦澀、吞吞吐吐，這是魯迅「改些做法」的重要方面。

而從此期總體創作情況來看，1933 年 5 月至 1934 年 11 月所創作的雜文，較之此前、此後的更爲晦澀。

但無論魯迅在主觀上如何一再提醒自己要晦澀、要婉約其辭、要油腔滑調，但「有時如骨鯁在喉，不得不吐」〔註 104〕，加之「放言已久，不易改弦」，一直吞吞吐吐讓魯迅感覺非常無聊，所以，他一邊少寫《自由談》式的雜文，一邊終究就在文中露出了芒刺。他致黎烈文的兩封信中的言語具有代表性。其一，他說自己又做了一篇雜文，「原想嬉皮笑臉，而仍劍拔弩張，倘不洗心，殊難革面，真是嗚呼噫嘻，如何是好。」〔註 105〕其二，在見到黎烈文的《編輯室》啓事之後，他說自己接下來將「閉門思過，革面洗心，再一嘗試」〔註 106〕。所以，魯迅真的不是不願意而是不能改弦更張，因爲他不能決絕地放棄對現實、現世的批判與燭照。

變些編法

魯迅編的第一部雜文集是《熱風》，生前未編定的是《集外集拾遺》〔註 107〕，

壇』，寫了兩篇，都是死樣活氣的東西，想不至於犯忌。」《魯迅著譯編年全集》第 18 卷，頁 131。1935 年 3 月 22 日，魯迅在寫給徐懋庸的信中說，「序文我可以做，不過倘是公開發賣的書，只能做得死樣活氣，陰陽搭戲，而仍要被抽去也說不定。」《魯迅著譯編年全集》第 18 卷，頁 148。

〔註 101〕魯迅 1933 年 8 月 1 日致胡今虛信上說：「不過環境和先前不同，我連改名發表文章，也還受吧兒的告密，倘不是『不痛不癢，痛煞癢煞』的文章，我恐怕你也看不見的。」《魯迅著譯編年全集》第 15 卷，頁 284。

〔註 102〕魯迅在《花邊文學·序言》中說：「在這種明誅暗殺之下，能夠苟延殘喘，和讀者相見的，那麼，非奴隸文章是什麼呢？」見《魯迅全集》第 5 卷，頁 438。

〔註 103〕《花邊文學·序言》，《魯迅全集》第 5 卷，頁 438。

〔註 104〕1933 年 5 月 4 日晚，《魯迅著譯編年全集》第 15 卷，頁 144。

〔註 105〕《魯迅著譯編年全集》第 15 卷，頁 145。

〔註 106〕《魯迅著譯編年全集》第 15 卷，頁 169～170。

〔註 107〕《魯迅全集》第 7 卷（人民文學出版社 2005 年版）《集外集拾遺》的說明是：「本書書名係作者擬定，部分文章由作者收集抄錄，有的加寫『補記』或『備考』，但未編完即因病中止。」

只將稿子放在一起，打算編而未來得及編的是《且介亭雜文末編》〔註108〕。從《熱風》到《且介亭雜文末編》，魯迅雜文集的編法發生了不容忽視的改變。

首先，在 1933～1935 年編雜文集時頻頻使用的添加「附錄」或用「備考」之法，在早年的雜文編輯中並未過多出現。1932 年，魯迅編《三閒集》、《二心集》時，在正文中開始附錄其他人的來信。目錄中有「《通信》（並 Y 來信）」、「《文藝與革命》（並冬芬來信）」（《三閒集》）以及「《關於小說題材的通信》（並 Y 及 T 來信）」、「《關於翻譯的通信》（並 J.K.來信）」（《二心集》）等。但 1933 年所編《偽自由書》中的《不通兩種》、《戰略關係》、《頌蕭》、《止哭文學》、《文人無文》、《「殺錯了人」異議》、《透底》、《「以夷制夷」》，1935 年所編《且介亭雜文》中的《「感舊」以後》（上）、《撲空》、《答「兼示」》，《且介亭雜文二集》中的《倒提》、《玩笑只當它玩笑》（上），都採用了錄入相關文章的做法。不僅如此，《集外集》於 1935 年 5 月由上海群眾圖書公司出版後，魯迅將 1925 年的文章《咬嚼之餘》、《咬嚼未始「乏味」》、《「田園思想」》三篇加上了他親自抄出的「備考」，原擬印入《集外集拾遺》；《集外集拾遺》的部分文章由作者收集抄錄，有的也加寫了「補記」或「備考」。可見，正是從 1933 年開始，魯迅有意識地將與其雜文直接相關的文章納入了收錄範圍。值得注意的是，那些被標明「備考」的文章，觀點或與魯迅的相通，或有些相異，但並非純然相反，而其作者，或是魯迅的好友，最差也是魯迅打算與之論爭，但並非絕對的敵人這類人，而那些被命名以其他題目者，則值得更仔細地分情況對待。比如，《不通兩種》加了兩篇附錄文章，一篇是王平陵駁魯迅的《「最通的」文藝》，魯迅為其命名為「因此而發的通論」，另一篇是他自己駁斥王平陵的《官話而已》，魯迅為其命名為「通論的拆通」。這一反、一正，與魯迅最初所發文章的「一正」，正好組成了一篇內容更豐富的雜文。《頌蕭》的附錄之一是「又招惱了大主筆」、之二是「也不佩服大主筆」；《止哭文學》的附錄之一是「備考」、之二是「硬要用辣椒止哭」、之三則是「但到底是不行的」：這其中的奧妙，與《不通兩種》的相通。

其次，在 1933～1935 年編雜文集時頻頻添加「附記」、「後記」、「補記」的做法，在早年的雜文集中也不多見。1924 年的《望勿「糾正」》是少有的例子。該文於 1 月 18 日發表後，魯迅於 9 月 24 日加了一段話，補救正文中說

〔註108〕《魯迅全集》第 6 卷（人民文學出版社 2005 年版）《且介亭雜文末編》的《後記》由許廣平撰寫，其中說：「一九三六年作的《末編》，先生自己把存稿放在一起的」，見該書，頁 660。

汪原放已經逝世的「粗疏之罪」，後來該段話一併被收入《熱風》〔註109〕。後來編文集時添加的「附記」、「後記」、「補記」的內容，與魯迅揭發國民黨統治之黑暗、文網之嚴酷的用意密切相關。

例如，《文章與題目》寫於 1933 年 4 月 29 日，發於同年 5 月 5 日，魯迅在發表當日就在文末添加了「附記：原題是《安內與攘外》」〔註110〕，告訴我們該文的鋒芒所在，以及其發表付出的代價；

如《王化》一文，寫於 1933 年 5 月 7 日，發表於 5 月 15 日，當天夜裏，魯迅寫了下面一段話：

> 這篇被新聞檢查出抽掉了，沒有登出。幸而既非瑤民，又居租界，得免於國貨的飛機來「下蛋」，然而「勿要嘩啦嘩啦」卻是一律的，所以連「歡呼」也不許，——然則惟有一聲不響，裝死救國而已！〔註111〕

前一句指出本文的命運及其因由，對國民黨文網的控訴不言自明，後一句則承接著正文的言辭，而將正文中的「瑤民」換成了自己，在進一步諷刺國民黨壓迫瑤民的同時，指出了國民黨壓迫作者，不准其發言的真相。

又如，《天上地下》於 5 月 16 日寫完，19 日發表，魯迅當夜補記了一段文字：

> 記得末尾的三句，原稿是：「外洋養病，背脊生瘡，名山上拜佛，小便裏有糖，這就完結了。」〔註112〕

這就會引導讀者去對讀原稿與發表稿，從而發現批判力度的深淺之別。

又如《保留》寫於 5 月 17 日，未能發表。在收入《偽自由書》時，魯迅在該文之末寫到「這一篇和以後的三篇，都沒有能夠登出」〔註113〕。這啟示我們將該文與其後的《再談保留》（5 月 17 日寫）、《「有名無實」的反駁》（5 月 18 日寫）以及《不求甚解》（5 月 18 日寫）聯合起來讀，看這些文章犯諱的因由。當讀到「從清朝的文字獄以後，文人不敢做野史了，如果有誰能忘了三百年前的恐怖，只要撮取報章，存其精英，就是一部不朽的大作」〔註114〕

〔註109〕參見《魯迅全集》第 1 卷，頁 432。
〔註110〕《魯迅全集》第 5 卷，頁 129。
〔註111〕《魯迅全集》第 5 卷，頁 144。
〔註112〕《魯迅全集》第 5 卷，頁 148。
〔註113〕《魯迅全集》第 5 卷，頁 151。
〔註114〕《偽自由書·再談保留》，《魯迅全集》第 5 卷，頁 155。

時，我們就會在恍然大悟之餘，明瞭國民黨文網之密。

又如《雙十懷古》。其主體部分全是報刊文章題目的薈萃，而這些題目自身與魯迅所寫「小引」以及「結語」的對話，就全然告訴了我們魯迅的態度和針砭之所在。而且，在該文正文之後，魯迅加上了「附記：這一篇沒有能夠刊出，大約是被誰抽去了的，蓋雙十盛典，『傷今』固難，『懷古』也不易了。」〔註115〕這樣的表述，促使我們再次思考「雙十」的意義何在、國民黨的义化統制之嚴酷等問題。

使用類似方式來控訴國民黨的明誅暗殺政策的文章還有很多。

尤其值得注意的，是《偽自由書》的《後記》、《且介亭雜文》的《附記》、《且介亭雜文二集》的《後記》，都以剪貼的方式錄入了大量消息、雜文等，由此，在《大晚報》、《社會新聞》、《大美晚報》、《中華日報》、《微言》、《文藝座談》、《時事新報》、《中外書報新聞》等上紛紛登場的各色人等的言論，將那時文化圍剿的前因後果交代得清清楚楚。其目的，魯迅說「也並非專為我自己，戰鬥正未有窮期，老譜將不斷的襲用」〔註116〕，而對我們而言，這獨特的「後記」、「附記」，為我們理解 1933～1935 年的文禍發生發展史，理解魯迅的雜文形貌及其風格的形成等等，提供了絕佳的材料。

此外，由於 1933～1935 年圖書審查委員會的「功勞」，魯迅的不少文章，儘管因已被他提前抽去了骨頭而晦澀、吞吞吐吐，但還是會遭遇到前面提及的抽掉、刪改等命運。對未能發表的文章，魯迅首先全文收錄，並加上「附記」之類的說明，如《保留》、《再談保留》等文；對那些發表了但被刪掉的地方，魯迅都添加進去，還原其本來面目，並添加黑點，引起注意；對那些發表了但曾被修改的地方，魯迅在此處添加括號，並做出說明。如《新秋雜識》（二）的「一開口，說不定自己就危險」後就加上了括號，並說明道：「這兩句，印後成了『於勢也有所未能』」。〔註117〕《「商定」文豪》一文中，「言路的窄，現在也正如活路一樣，所以」後加括號，並說明道：「以上十五字，刊出時作『別的地方鑽不進，』」〔註118〕。而對於那些因抽、刪而引起魯迅特別憤怒的文章，魯迅會在《前記》、《序言》或者《後記》、《附記》中特別提出。魯迅這樣做的目的，「是因為留著黨老爺的蹄痕……由此也紀念一點現在

〔註115〕《魯迅全集》第 5 卷，頁 341。
〔註116〕《魯迅著譯編年全集》第 15 卷，頁 280。
〔註117〕《魯迅全集》第 5 卷，頁 298。
〔註118〕《魯迅全集》第 5 卷，頁 397。

的黑暗和掙扎」〔註119〕。

　　1936 年 4 月 1 日，魯迅曾對朋友這樣描述國民黨的文網及他鑽網的「戰績」：「權力者的砍殺我，確是費盡心力，而且它有叭兒狗，所以比北洋軍閥更周密，更厲害。不過好像效力也並不大；一大批叭兒狗，現在已經露出了尾巴，沉下去了」〔註120〕。這種「豪言壯語」背後，是國民黨文化圍剿政策再次失敗的事實。魯迅以他圍剿中帶著枷鎖的跳舞——雜文，成功地對付了文化圍剿。其生存的篇篇小品文，如把把匕首、支支投槍，和因讀它們從而加入雜文創作陣營的雜文家們、愛讀它們的讀者們一起，「殺出一條生存的血路」〔註121〕。這生存，不僅指進步文化人自身，而且指雜文文體的從此被攆進了現代藝術之宮。

〔註119〕魯迅 1936 年 3 月 21 日致曹白信，見《魯迅著譯編年全集》第 20 卷，頁 91。
〔註120〕魯迅 1936 年 4 月 1 日致曹白，《魯迅著譯編年全集》第 20 卷，頁 113。
〔註121〕《魯迅著譯編年全集》第 15 卷，頁 325。

回到情節本身
——魯迅小說《離婚》的法律解讀

賈小瑞*

　　經典的魅力就在於一讀再讀總有新意，魯迅的小說正是如此，《離婚》就是一篇。迄今為止，研究者主要有以下幾方面的闡釋：一、在政治革命話語體系中，故事被解讀為一起封建地主階級壓迫農民階級的政治事件。學者認定愛姑是一個富有反抗精神然而又有局限性、不徹底性的勞動婦女形象，小說的主題即指出農民以個人力量反抗封建壓迫是不可能的。〔註1〕二、在思想革命話語中，研究者則認為這是一起反映農民階級尤其是勞動婦女的不覺悟的事件，認為愛姑身上內含著「奴性」，小說由此表現了反封建思想革命的重要意義。〔註2〕三、在作者心理剖析的框架下，有學者認為作品有著複雜的心理、人性方面的體驗，這可能來源於魯迅與朱安不幸的舊式婚姻和與許廣平戀愛的情感體驗與思考。〔註3〕也有說：「這篇小說在夫妻離異的外觀下隱藏著兄弟失和的內容」。〔註4〕四、在性別理論的視野下，研究者認為《離婚》「將解剖的觸角伸向男權中心主義，揭露這一傳統對於女性身體、心理和精神的毒害。」〔註5〕也有非議，認為「作品中的愛姑的形象有些隔膜，在一定程度

* 　賈小瑞，魯東大學文學院教師。

〔註1〕丁爾綱：《魯迅小說講話》，四川文藝出版社，1985年版，頁54，64〜65。

〔註2〕王富仁：《中國反封建思想革命的一面鏡子——〈吶喊〉〈仿徨〉綜論》，北京師範大學出版社，1986年版，頁85。

〔註3〕藍棣之：《現代文學經典：症候式分析》，清華大學出版社，1998年版，頁12，9。

〔註4〕王兵：《解讀〈離婚〉背後的故事》，寧夏大學學報（人文社會科學版）2012年第1期，頁22。

〔註5〕馮奇：《服從與獻身——魯迅對中國女性身份的批判性考察》，魯迅研究月刊，1997年第10期，頁28〜30。

上可以說是男性對『他者』的觀察與揣摩；」〔註 6〕，還有中肯的見解：「他
（指魯迅，筆者注）更多是以一種先驅者的姿態，反思著封建婚姻史下的無
數悲劇，探究著男女雙方共同遭遇的尷尬。」〔註 7〕五、從社會史研究視野來
看，有學者認爲「圍繞愛姑的婚姻糾紛調解事件，小說生動地展現了中國傳
統社會形態，尤其是紳權的基礎、特徵與運作的過程。」〔註 8〕

　　以上見解無疑都帶著時代話語對作品進行了深度闡釋，挖掘了作品所蘊
藏的政治、思想、心理、人性、性別等豐厚內涵，但另一種思路也不妨嘗試，
那就是回到小說情節本身，從離婚調解案的角度進行法律解讀。在法學界，「法
律與文學」作爲一種新的研究範式在二十世紀七十年代興起於美國，中國對
這一命題的關注和研究始於九十年代。這種研究路向立足法律與文學之間固
有的隱秘關聯，以文學作品爲分析材料或者切入點，展開法律文化或法理學
的研究，正處於生機勃勃的熱鬧階段。但遺憾的是，立足文學本體，開展法
律視角的研究卻寂寂無聲。只有個別學者倡議確立「法律文藝學」的分支，
在法律視角下開展文學研究。〔註 9〕其聲雖弱，但筆者認爲其倡議是合理而可
行的。首先這是因爲法律作爲一種強制性的社會規範力量，雖是外在的，但
終究發揮著塑造行爲主體與社會生活的作用。即使由於特殊性與具體性，法
律不能在某一時空行使合法性與有效性，但作爲社會文化的一部分，法律與
其同時的其他意識形態會存在或隱或顯或緊或鬆的互動關係，會對經濟、政
治、思想、習俗等與文學息息相關的因素產生影響，甚至也會直接影響文學
生產與消費。這恰如薩維尼所說：「現行法與其產生的歷史以及時代的社會、
經濟、精神、文化和政治的潮流緊密相連。任何法律制度都是其共同文化不
可分割的一部分。」〔註 10〕恩格斯也指出：「政治、法律、哲學、宗教、文學、
藝術等的發展是以經濟發展爲基礎的。但是，它們又都互相影響並對經濟基
礎發生影響。」〔註 11〕其次，就社會特徵而言，上啓西漢下至民國，中國一

〔註 6〕　陳千里《現代文學家庭書寫新論——性別視角下的考察》，南開大學博士論
　　　　文，2007 年。
〔註 7〕　章風云：《「鏡象」中的〈離婚〉——愛姑形象新析及其他》，伊犁師範學院學
　　　　報，2005 年第 1 期
〔註 8〕　袁紅濤：《紳權與中國鄉土社會：魯迅〈離婚〉的一種解讀》浙江社會科學 2011
　　　　年第 5 期，頁 144。
〔註 9〕　余宗其：《魯迅與法律》，華藝出版社，2001 年版，頁 1。
〔註 10〕　〔德〕伯恩・魏德士：《法理學》，法律出版社，2003 年版，頁 208。
〔註 11〕　馬克思，恩格斯：《馬克思恩格斯選集》第四卷，人民出版社，1995 年，頁
　　　　506。

直是「禮法結合」的社會控制模式，即所謂「法家造就其軀體，儒家賦予其靈魂」。〔註12〕但在我們的文學研究視角中，卻一度單向地在「禮」的範疇內大做文章，而忽略了「法」的探討。因此，對魯迅小說《離婚》進行法律解讀就有彌補空白、開拓研究新視域的意義。

就筆者有限視野所及，有一位學者作了這樣的工作。在其專著《魯迅與法律》中，有一段二百多字的文章談到《離婚》，但存在明顯的錯誤。其文「《離婚》的標題是現代化法律術語……愛姑的丈夫另有所歡，提出休妻，她不同意便告上了法庭。審理案子的尉老爺和七大人在公堂上辦案不見有任何現代化訴訟程序，只是簡單操作著古代休妻的老辦法」〔註13〕，錯誤有三：一、基本情節有誤。愛姑並未將丈夫告上法庭，是丈夫請尉老爺和七大人來調解離婚糾紛。尉老爺和七大人並非審理案件的官員，調解的地點也不在公堂上，而在尉老爺家。二、「離婚」一詞早在晉代就出現，意義與現在相同。《晉書‧刑法志》有這樣一段：「毋丘儉之誅，其子甸妻……詔聽離婚。」〔註14〕《世說新語》有注：「王氏譜曰，獻之娶高平郗曇之女，名道茂，後離婚。」〔註15〕三、《離婚》寫於1925年11月6日，1931年5月5日開始施行的《中華民國民法‧親屬編》才是被稱為具有現代婚姻觀念的婚姻法案。這些問題的存在與其它問題的未揭示需要我們繼續探究下去。

一

魯迅小說《離婚》反映的是1925年之前的鄉村生活。當時離婚法律制度與淵源較為複雜。辛亥革命後，北洋政府的婚姻立法基本沿用《大清現行律》。《大清現行律》由沈家本根據《大清律例》刪改而成，於1910年5月15日頒行。國民政府成立伊始，立法院宣布《大清律例》中的民法條文繼續有效。但同時又有大理院之判例與解釋例發揮法律效力，而該判例、釋例又深受《大清民律草案》的影響。《大清民律草案》是1911年8月完成，採用較先進的西方觀念，但至清朝滅亡也未能公佈。這就是說，二十年代中國的婚姻法律既有傳統的制度，又有先進的觀念，在施行時往往靈活應變，採取折中態度。

〔註12〕陳顧遠：《中國文化與中華法系》，三民書局，1969年版，頁201。
〔註13〕余宗其：《魯迅與法律》，華藝出版社，2001年版，頁256。
〔註14〕〔唐〕房玄齡等撰：《晉書‧刑法志》卷三十，中華書局，1974年版，頁926。
〔註15〕張萬起，劉尚慈譯注：《世說新語譯注‧德行》，中華書局，1998年版，頁33。

　　離婚方面，《大清律例》明確規定了出妻、義絕和離三種離婚方式。此外，嫁賣的客觀效果也是消滅原有婚姻關係，可視爲特殊的離婚方式。出妻是指在妻存在七種法定情形時，夫可單方與其離婚，所以又稱「七出」，是男權中心文化的產物。與「七出」配合使用的是「三不去」。所謂「三不去」，指「與更三年喪，前貧賤後富貴，有所娶無所歸。」「三不去」也有例外，《大清律例》將犯姦者排除在「三不去」的保護之外。「三不去」的規定總體上顯示了對女性的保護。義絕是指因夫對妻族或妻對夫族以及夫族與妻族相互之間實施殘殺、毆打、詈罵等不義行爲，從而消滅雙方婚姻關係的強制制度。這項制度在限制夫妻雙方行爲時，既有對等性，又存在對女性的嚴格。如夫對妻之祖父母、父母毆打才夠得上義絕，而妻只要詈罵夫之祖父母、父母就被視爲義絕。及至《大清現行律》，改「出妻」爲夫妻雙方相同的離婚申請權，但妻方需要的相應要件還是比夫方嚴格。在《大清民律草案》中，離婚的方式只有兩種，即兩願離婚和裁判離婚，七出制度、義絕制度以及夫嫁賣妻的制度都被拋棄。在裁判離婚的九種理由中，除在通姦問題上不對等、有偏袒夫的傾向外，其他各項均是夫妻對等的。另外，《大清民律草案》還規定裁判離婚若歸責於夫者，夫應暫給妻以生計程度相當之賠償；但如歸責於妻，則妻不用給夫以賠償。

　　簡單回顧離婚制度的變遷，我們大體可以得出這樣的結論：民國時期的婚姻制度基本上是朝著有利於人性健康、有利於女性權利的方向發展著。如「和離」、「兩願離婚」就是我們現在所說的協議離婚，它是對人身自主權的一種擴張，它使那些不符合七出和義絕但夫妻生活不和諧的婚姻獲得了合法的解除途徑，體現了對人的情感生活和複雜人性的關懷與尊重。

　　從《離婚》中主要人物與當時法律條文無意形成的對話關係出發，大致可以把紹興農村的婚姻觀念分爲以下四種情形。第一種以七大人爲代表。最能顯示七大人婚姻觀念的兩句話就是「公婆說『走！』就得走。莫說府裏，就是上海北京，就是外洋，都這樣。」有了剛才陳述的法律背景做底，我們很輕鬆地就能判斷七大人所言問題極大。因爲《大清民律草案》中裁判離婚的九種理由並沒有「公婆說『走！』就得走。」這一條。《大清律例》中「七出」之「不事舅姑」與他所說接近。而「不事舅姑」，在古代純繫於舅姑之主觀好惡。可在民國，情況發生重大變化。大理院上字第 947 號判例爲之規定了客觀的標準：「按現行律七出之條雖列有不事舅姑一項，然細繹律意，所謂

不事舅姑，係指對於舅姑確有不孝之事實，並經訓誡，怙惡不悛。若因家庭細故，負氣寧家，其夫家遂拒而不納致不得事其舅姑者，尚不在應出之列。」〔註16〕小說《離婚》並未就「公婆不喜歡」展開豐富的可供探討的細節，雖說從文中愛姑生冷不忌的語言特徵和對父親明顯的不敬大致可以推斷在夫家的愛姑確實不是省油的燈，但是否在客觀上達到被逐的程度，尚是不能確定的。也就是說，七大人在離婚問題上所持有的法度比存在落後性的法律條文還落後。當時的法律已顧及到女性的權益，但「城裏的七大人」卻毫不考慮。但偏偏就是這種最不顧及女性權益、因而也最不人道的人物在當地卻最有地位、最被尊崇。與七大人站在同一行列的還有「尖下巴少爺」，儘管他是因趨炎附勢還是盲目服從「必恭必敬地」說「的的確確」我們不得而知。在這一行列中，一位是傳統知識分子權力派，一位是洋學堂歸來的新式知識分子，卻偏偏以最尊貴的地位表現出最腐敗的實質，難道不正是作品最具有反諷意味的呈現？魯迅藉此是否又在反思、追問知識分子的權力實效？如同我們在《祝福》中透過魯四老爺和「我」所深味到的。

　　第二種以尉老爺和莊木三爲代表。尉老爺雖說也是站在夫家的立場上決斷糾紛，但他言詞中的「丈夫不對，公婆不喜歡」畢竟包含著對婚姻基礎——感情的考慮，顯示了一定的進步意義。莊木三老於世故，他事實上已經看到愛姑與夫家的矛盾不可調和，夫妻感情已無法復原，才會說「況且愛姑回到那邊去，其實呢，也沒有什麼味兒……。」因而來參加調解並不積極，「有些頹唐似的」，還聲稱「這眞是煩死我了」。他不提任何異議地接受調解結果除了怯於七大人的威權，恐怕更重要的是看到愛姑與夫家的關係確實不可挽救。大概可以說，尉老爺和莊木三與當時的法律條文處於同一的、並行的關係，他倆代表了農村中明曉事理、講求實際的法律態度。

　　第三種以愛姑的丈夫爲代表。丈夫對愛姑的指責之一是「叫我爹是『老畜生』」。這一點在作品中得到印證，愛姑還說其公爹「報喪似的急急忙忙鑽狗洞」。對照《大清律例》「妻毆、罵夫之祖父母、父母」是強制離婚的要件，可以推測這種行爲在當時是極爲嚴重的踐踏道義之舉，儘管已不再實施。愛姑的丈夫同時指責其「鬧得六畜不安」，針對的是其日常行爲，關注的是生活的實際質量。這既體現了平民百姓素樸的生活追求，也符合婚姻法的發展走

〔註16〕譚紉就：《中國離婚的研究》，中華基督教、女青年會、全國協會，民國二十一年十月初版，頁23～24。

向所體現的和諧精神。「姘上小寡婦」似乎也可以作如上的解讀。當然對這個人物，我們不能徹底排除其虛偽奸詐的可能，但結合他家在權勢上劣於莊家的事實，以及他在作品中一直以老實巴交的面孔呈現，筆者覺得假裝良善的可能還是較小。

第四種就是愛姑。當時的法律已經不再把婦女當作「名節」的虛體，開始重視女性作為生命實體的真實狀態與適當權利，注重保護女性的權益，但身為女性的愛姑卻與時代的進步背道而馳。雖然愛姑口口聲聲說「我倒並不貪圖回到那邊去」，但從她不可能把施家弄得家破人亡以及三年來不肯走散的事實來衡量，愛姑還是死守著以夫家為人身與精神歸宿的傳統婚姻理念，而無視自己真正應該享有的家庭幸福。從婚姻觀的非人性角度看，愛姑其實是和七大人處於同一行列的。這又造成作品的另一重反諷，即所謂的裁判者和被裁判者原是異構同質的。

當然，我們必須注意到小說表現的並不是一次訴訟離婚事件，但我們以上的分析之所以有必要是因其可以為我們從情節本身進入作品提供接近真實的歷史性情境。

二

整三年幾次說說和和、打打鬧鬧仍不落局的一場婚姻糾紛沒有走向政府與法庭，仍舊由本地有頭有臉的人物說和，所顯示出的是中國鄉土輕訴訟、重調解的法律文化。

民間調解的盛行首先由社會現實結構決定。費孝通先生認為，傳統社會存在著雙軌政治，即其權力系統是由自上而下的皇權和自下而上的紳權所構成，縣以上通過官僚實現政治整合，縣以下則通過鄉紳實現社會整合。〔註17〕另外還有這樣的說法：傳統村莊是雙層權力架構，有著「官方」與「非官方」、「體制內」與「體制外」之分，二者在村莊正常社會政治秩序運作中起著不可替代的作用。在村民的日常生活秩序中，鄉村內生的領袖具有維持秩序的權力與威望，一般事務都力求在鄉村社會內部求得解決。〔註18〕這種狀況在民國期間依

〔註17〕費孝通：《鄉土重建》，《鄉土中國》，上海人民出版社，2007 年版，頁 275～284。

〔註18〕渠桂萍：《華北鄉村民眾視野裏的社會分層及其變動（1901～1949）》，人民出版社，2010 年版，頁 300。

舊普遍存在。甚至鄉村按照特定時空下經濟、政治、道德、習俗等多元權力的組合形成一套行之有效的民間法則。儘管民間法的合法性在今天受到某些質疑，但我們並不能否定它曾經甚至現在於鄉村所起到的作用。蹇先艾的小說《水葬》、楊振聲的小說《搶親》等都表現了處理法律問題的民間手法。

在《離婚》中，尉老爺所說「你就是打官司打到皇帝伯伯跟前」、「打官司打到府裏，難道官府就不會問問七大人麼？」都是對愛姑的威懾與恐嚇，而愛姑「勇敢起來」之後所說的「就是打官司也不要緊。縣裏不行，還有府裏呢……。」也是自壯聲威的喊和，事實上二人都無直面官司的心理準備，否則就不可能出現三年之中反覆說和的既成事實了。施家父子與航船上的乘客也都將頭面人物的調解看作天經地義的事情，而不是找政府打官司。

因為這背後還有根深蒂固的法律文化作底，所以尤為頑固。孔子有言在先：「聽訟，吾猶人也，必也使無訟乎！」這種「和為貴」的社會秩序追求逐日化為個人與家族的道德準則，使得原本顯示公平正義的官司成了魔咒，只要攤上了，不論是否理虧，就陷入不道德的泥沼。官府在抓捕嫌疑人時不惜採用有礙於抓捕結果的鳴金敲鑼的儀式，所注重的也是道德威懾的作用。在祖父的科場作弊案中，魯迅一家就受到這樣的精神打擊。這就是說，「恥訟」成為一種道德力量支撐著中國鄉民遠離訴訟。同時，傳統司法制度的嚴酷與黑暗以及司法官僚的不義使得「權勢即法律」，在民眾心理上留下揮之不去的濃重陰影，使平民百姓視打官司為畏途，或「隱忍不爭」，或「大事化小，小事化了」，走民間路線去解決問題。

另外，中國文化屬於感性文化，法律這抽象的虛體對於廣大民眾來說是一樣遙遠而神秘的東西。這一方面使得他們體驗不到替自己伸張正義的法律與政府的存在，像愛姑隨口發出「有冤無處訴」的申訴。另一方面也促成他們對法律的無視，從而可能出現非理性的衝動心態，在自以為遭遇不公時通過發泄求取精神勝利。莊家的六個兒子去施家「拆灶」就可作這樣的解釋。「拆灶」是一種在紹興農村普遍存在的習俗，有學者通過民俗分析指出：「灶不僅是烹煮炊爨之所，更是一個家庭濃縮的象徵，是一個家族息嗣延綿、祖業承傳的寄託之處。『人未死而毀其灶』，不但是刻意為他人的正常飲食製造障礙，更是詛咒其家破人亡、斷子絕孫。在彼時彼處，這是最惡毒不過的詛咒。」〔註19〕小說中，施家父子沒有提到「拆灶」事件在離婚糾紛中的影響，

〔註19〕鄧芳寧，時永樂：《對〈魯迅全集〉一條注釋的疏證——關於「拆灶」情節的

但我們可以推測，這種對整個家庭甚至家族帶有強烈侮辱性的行為會在施家產生怎樣的仇恨。這使得他們下定決心、排除萬難，儘管半年來就見出「蒼老」，也要備足銀元把愛姑「請」出去。「爹不說話，弟兄不敢來」恐怕正是由於對「拆灶」嚴重性的充分估計。

三

與傳統公堂、現代法庭在空間上的劇場模式不同，民間調解的空間建構往往是參與型廣場模式。在《離婚》中，調解的具體地點在尉老爺家的客廳，魯迅用角色敘事交待「客廳裏有許多東西」，「還有許多客，只見紅青緞子馬掛發閃」。與調解無關的「許多東西」、「許多客」正是開放式廣場特徵的顯示。調解過程中重要的旁證「尖下巴少爺」「必恭必敬地」低聲說「的的確確」也是在這種空間下才成為可能。

同時，民間調解又是隨意性很強的活動，不必遵守法律程序與儀式。首先，從文中正面寫到的這次調解來說，就不是專設的調和會，而只是尉老爺家「新年會親」的一個插曲，「城裏的七大人」也並非專為調解而來，只是捎帶著顯示一下自己的威權。其次，在調解開始之後，七大人等並不急著切入正題，而是津津有味地談論「屁塞」、「新坑」與「水銀浸」，出現了「『水銀浸』周圍即刻聚集了幾個頭」的熱鬧場面。最後，與糾紛毫無干係的七大人聲勢浩大的吸鼻烟、打噴嚏，竟然使拖了三整年的糾紛眨眼之間出現了戲劇性的轉變，就此注定了事件的了結。這就告訴我們，空間的開放性與內容的隨意性使得調解過程與結果更容易受到外界環境多種因素的影響，甚至這些因素是偶發的、不相關的。尤其七大人談「屁塞」、吩咐拿鼻烟的行為從性質上看是反法律程序和儀式的，但卻使得「全客廳裏是『鴉雀無聲』」，營造了一種莊嚴肅穆的氛圍，帶給愛姑巨大的心理壓力，就此成為整個離婚事件的轉機。這種以非法律程序和儀式的性質事實上發揮法律程序和儀式的震懾效果的悖論形成作品又一重不動聲色卻無比鮮明的反諷色調。這一點一向是沒有被注意到的。由此，我們也可以充分解釋愛姑突然畏懼的心理轉變。

愛姑為何就突然膽怯了呢？研究者認為這體現了「人民群眾的一種莫明其妙的畏懼心理」。〔註20〕其實，愛姑的畏懼並非莫名其妙，而是可以得到充

民俗學解讀》，南陽師範學院學報，2011 年第 5 期。
〔註20〕 林非：《論〈離婚〉在魯迅小說創作中的意義》，收嚴家炎、唐弢、丁爾綱編

分解釋。正是非正規的場面儀式帶來了法律儀式的震懾力，使愛姑產生「心臟一停，接著便突突地亂跳」的恐懼心理。恐懼心理是人類四種基本情緒之一，貫穿整個生命過程，有先天預置的特性。恐懼的出現有客觀原因，心理學研究者指出：「懼怕的誘因：突然性、新奇性、劇烈性。事物的這三種特性結合起來達到的強烈程度決定著懼怕的程度。」〔註21〕在小說中，愛姑的懼怕心理就是在客觀誘因的不斷累積下逐漸發展而來的。

　　一開始想到尉老爺，愛姑是「不放在眼裏」，因為「見過兩回，不過一個團頭團腦的矮子：這種人本村裏就很多」。這就是說尉老爺對於愛姑來說已經是熟悉的，人在熟悉的事物面前一般都不會懼怕。可是七大人一亮相，「那腦殼和臉都很紅潤，油光光地發亮」就讓愛姑「很覺得稀奇」。雖然愛姑用自己的生活經驗解釋了發亮的原因，並沒有產生太大的心理困擾，但七大人對愛姑而言所具有的「新異性」特徵還是凸現了。當七大人談論「屁塞」、「新坑」、「水銀浸」時，愛姑「不懂後一段話」，就意味著，七大人的知識對於愛姑又是新異的，且愛姑完全沒有能力對之作出解釋。接著，愛姑的心理就是如此：「無意，而且也不敢去研究什麼『水銀浸』」。這是文中第一次出現對愛姑膽怯的陳述，雖然表面看是針對「水銀浸」的「不敢」，但事實上是對自己不熟悉、不理解的以七大人為代表的整個知識或偽知識圈的「不敢」。一方面，按照馬斯洛的需要層次理論來看，人是有認知需要的，表現為理解周圍環境、搞清疑難問題的欲望。如果這種需要得不到滿足，人在精神上就會產生很多壓力。愛姑的情況就是如此，她接著「偷空向四處一看望」的「偷」正是心理困境的十足外化。另一方面，從古至今，知識或偽知識在普泛意義上具有權力效應，會對不掌握該知識或不辨真偽的人形成心理壓迫。同時在中國，「學而優則仕」的歷史性人生道路又加強了知識或偽知識的政治分量，使原本無形的權力有形化，更加具有現實威懾力。通過這兩方面的分析，我們就應該體味到愛姑已身處一種為自己所不可知的、不可把握的陌生環境之中，人對陌生世界的普遍性恐懼正是愛姑不能明確意識、但卻客觀承受的心理事實。此時再回味愛姑反覆強調的「知書識理的人是講公道話的」這一句，與其說是表明愛姑對知識擁有者的信賴，不如說是深深的懷疑，她正是在反覆的強調中試圖擺脫懷疑的苦惱。愛姑需要拯救，但「爹不

《中國現代文學論文集》，北京大學出版社，1986年版。
〔註21〕孟昭蘭主編：《情緒心理學》，北京大學出版社，2005年，頁162。

說話，弟兄不敢來」。「在一定時間和空間內，期望的或熟悉的事情沒有發生，也可能意味著危險，產生恐懼的預期。」〔註 22〕同時，「尉老爺是原本幫他們的，七大人又不可靠，連尖下巴少爺也低聲下氣地像一個瘰臭蟲，還打『順風鑼』。」在特定情勢下的力量對比，已經使愛姑感悟到「最後的奮鬥」其實只是無望的掙扎，結果只是更大的恐懼。果然，「七大人忽然兩眼向上一翻，圓臉一仰，細長鬍子圍著的嘴裏同時發出一種高大搖曳的聲音來了。」七大人的這一行為同時具備恐懼誘因的三性特徵，一下子摧毀了愛姑本已脆弱不堪的心理。「恐懼情緒同樣具有適應價值。無論在進化或個體發展中，通常總是在威脅和危險情境中退縮或逃避的適應行為。」〔註23〕愛姑的妥協正是如此。

當然，所有導致恐懼的天然因素都受文化和生活經驗的影響。對愛姑也不例外。筆者在第一部分中之所以不厭其煩地解釋小說創作之時民國的婚姻法律，就是為了呈現這椿婚姻糾紛的文化和生活背景。雖然我們基本可以肯定愛姑並不瞭解這些法律條文的具體規定與解釋，但這不妨礙她接受法律經由道德、禮儀、習俗等輻射出的規範力量。這正如盧曼在其《法社會學》一書的開篇所言：「一切人類的集體生活都是由法律直接或間接地塑造的。法律就像知識一樣，是社會情形中一個必要的和無所不在的事實。沒有任何一個生活領域——不論是家庭或者宗教共同體，不論是科學研究或者政黨的內在關係網——能夠找到不立基於法律的穩定的社會秩序。」〔註 24〕也就是說，對自己的行為與當時婚姻禮法的違背，愛姑還是有一定的認知的，她對七大人強調自己「低頭進，低頭出，一禮不缺」正是基於這種認知的自我維護。而這種認知判斷和生活經驗為愛姑在獨特情境下的恐懼與妥協推波助瀾。

四

這椿婚姻糾紛事件的結果是「走散」，但「走散」是否就合法？是否就合理合情？

〔註22〕 孟昭蘭主編：《情緒心理學》，北京大學出版社，2005 年，頁 162。
〔註23〕 孟昭蘭主編：《情緒心理學》，北京大學出版社，2005 年，頁 162。
〔註24〕 Niklas Luhmann. A SociologicalTheory of Law, China SocialSciences Publishing House, 1999 年版，頁 1。

是否合法的衡量標準不論是當時的《大清現行律》、《大清民律草案》和大理院之判例與解釋例還是現今的《中華人民共和國婚姻法》，都共同規定具有民事主體的當事人在自願的原則下相互達成離婚協議就是合法的。這樣說來，魯迅小說《離婚》無意間呈現了合時代也超時代的婚姻自主精神。

是否合理的判斷標準應該是具有通約性的互惠原則。筆者認為，無論經濟、法律，還是行規、道德等都是以互惠性為基礎的，因而，能夠實現互惠性的人際互動就是合情合理的。人是社會性動物，人的自然屬性和社會屬性為人類形成交換關係提供了基礎。經常開展的是經濟方面的交換，共同遵守的規則就是互惠。美國學者哈羅德‧J‧伯爾曼曾說：「就相互的給和取的意義上說，互惠性本身在所有的文明中就是一切商業的實質所在，因為對於那些從事商業交易的人來說，一切商業都涉及負擔或利益的交換。賣者交貨，買者付錢；貸方預先付款，借方保證歸還預付款及附加的款項；承運人承擔貨物動輸，託運的賣者或買者負責支付運費。每一方都付出了代價，同時雙方都希望結果會獲益更大。」〔註 25〕按照法律社會學的觀點，人也常常主動或被動地處於法律關係中。美國學者富勒認為，法律價值之一就是公正，而公正的價值實體是一定類型的行為，該行為是人際利害相交換的行為，進一步說是等利相交換的行為。因此，法律是基於互惠關係而產生的。〔註 26〕在道德方面，儘管德里達試圖解構傳統的互惠、平等的道德原理，呼籲由存在者內心的「愛欲」所引導的主動的友愛，但在現實倫理中，互惠性道德理念似乎更通行。因為道德說到底也是一種廣泛的權利與義務的關係。就此，我們可以毫不誇張地說，整個社會、人與人之間是由一條無所不在的互惠關係扭結在一起的。

回到《離婚》，筆者認為互惠關係的存亡就是這一婚姻事件的根底。首先，愛姑三年以來的婚姻現狀是互惠關係消亡的表現。在申訴中，愛姑沒有提到自己在施家的辛苦勞作，卻提到一次「雞櫥門」事件。這能引發我們的猜測是長著一雙小腳的愛姑並不善於幹活。同時，言詞的粗魯也一定不能帶給夫家人情感的安撫與慰藉，甚至也可能沒有孩子為施家延續香火。相應的，愛姑也沒有從夫家得到生存、安全、愛、尊重等基本的人格需求。從愛姑丈夫

〔註 25〕〔美〕哈羅德‧〔J〕‧伯爾曼：《法律與革命——西方法律傳統的形成》，賀衛方等譯，中國大百科全書出版社，1993 年版，頁 425。
〔註 26〕王海明：《新倫理學》，商務印書館，2001 年版，頁 309。

的角度來分析，也是類似的情況。不管「姘上小寡婦」的傳言到底如何，不管問題到底出在哪裏，丈夫在愛姑身上的付出恐怕真的有限，被鬧得「六畜不安」、被罵爲「小畜牲」也似乎順理成章。這樣彼此不論從經濟、情感、道德都沒有付出與收穫的後天的社會關係是不能長久存在的。法律精神也與此相通，因此，愛姑與其丈夫法律關係的解除綜合體現了互惠原則的普遍性。

同時，法律關係的解除，恰恰體現了互惠關係的再建。正是愛姑的放手給了彼此新的可能。設想一下，愛姑若回到施家，可能會走進幸福嗎？或許我們說愛姑獲得了名分，但這虛空的名分能帶給愛姑滿足嗎？如果是，愛姑就不至於三年前哭著回到娘家了。施家三年來鐵定心思要與莊家解除婚姻關係，一定是做過充分的理性考慮。這次如願，既是對過去不和諧、難堪甚至仇恨的擺脫，也是對將來可能的幸福的初步建構。在這一點上，他們應該感謝愛姑的妥協。

關於《離婚》，魯迅沒有創作素材與旨意的說明，周作人等親友也沒有相關的介紹。這一定程度上鑄成「《離婚》是魯迅創作中最難解的一篇作品。」作爲研究者，不必抱定唯我真理在握的態度，可做的工作之一就是變換視角，試圖發現新的景觀。從法律角度解讀《離婚》，也不妨視爲具有普遍意義的在法律視域中開展文學研究的嘗試。

法外權勢的失落與村落秩序的重建
——以趙樹理四十年代小說爲例

顏同林*

出身於底層貧苦農民兼手工業者家庭，四十年代在晉東南不同農村與農家輾轉生活；既具有豐富的農副業生產經驗，又對當地農民生活、習性、情趣、民俗抱有深刻瞭解之同情，這是農民作家趙樹理以及他固有的底色與本色。來自山西社會底層的趙樹理，在龐大而繁雜的現代作家群體中更類似於一個「土裏土氣」的「地道的老民」。〔註1〕對四十年代的趙樹理而言，他的身份首先是一個平凡而又普通的基層農村工作者，長期在以家鄉沁水爲圓心的太行山區作農村抗日組織與宣傳等實際工作。由於偶爾的機緣，他在從事群眾普及文化工作時走上了文學創作的道路，像山西鄉間常見的馬鈴薯一樣長出了自己的芽。按他自己的說法則是「轉業」，是「配合當前政治宣傳任務」〔註2〕的份內工作。趙樹理似乎像熟悉晉東南民眾日常所食的山藥蛋一樣，極其知曉他筆下的人物與鄉村的世界。因爲小說創作很長一段時間都不是他的主業，在被逼迫談到寫作的經驗時，這個「山藥蛋派」的開創者這樣躲閃著說：「我的材料大部分是拾來的，而且往往是和材料走得碰了頭，想不拾也躲不開。因爲我的家庭是在高利貸壓迫之下由中農變爲貧農的，我自己又上過

---

* 顏同林（1975～），男，湖南省連源市人，貴州師範大學文學院，教授、文學博士，主要從事中國現當代文學，中國詩歌理論研究。

〔註1〕 陳艾：《關於趙樹理》，黃修己編：《趙樹理研究資料》，北嶽文藝出版社，1985年，頁14。

〔註2〕 趙樹理：《〈三里灣〉寫作前後》，《趙樹理全集》（第四卷），董大中主編，大眾文藝出版社，2006年，頁383。以下出自此全集者，僅注明卷數與頁數。

幾天學，抗日戰爭開始又作的是地方工作，所以每天盡和我那幾個小冊子中的人物打交道；所參與者也盡在那些事情的一方面。」〔註3〕「我和我寫的那些舊人物（自然不是那些個別的真人），到田地裏作活在一塊作，休息同在一株樹下休息，吃飯同在一個廣場吃飯；他們每個人的環境、思想和那思想所支配的生活方式、前途打算，我無所不曉；當他們一個人剛要開口說話，我大體上能推測出他要說什麼——有時候和他開玩笑，能預先替他說出或接他的下半句話。我既然這樣瞭解他們，自然就能描寫他們。」〔註4〕趙樹理像鄉間農民侍弄莊稼一樣，把文學之根扎在晉東南這片貧瘠而獨特的土地上，歷史與現實的機緣讓他走上了為農民寫作的「文攤文學家」〔註5〕式的獨特道路。

另一方面，素以地大物博相稱許的中國，農村、農民與農業問題重複著延續了不知多少春秋。作為一個千百年來始終保持著農耕文明社會形態的國家，中國直到二十世紀上半葉的民國時期，農村人口仍占整個國家人口百分之八、九十的比例，整個國家卻一直最缺乏不同文化人對農業、農村、農民問題的持久關注與深入思考。億萬農民束縛在不同地域的土地上，圍繞人與土地而活，變革極其緩慢。他們在千萬個以自然村落為主的小天地裏栖息、生存，鋪展開各自一角的芸芸生活。從統治與被統治的關係來說，統治模式則是封建統治制度下的人治，是獨尊儒術之後的所謂禮治；基於正義、平等、公平的法制觀念極其淡薄，法治的缺失最為典型。擇其大略，我們不難發現現代文學史習見的觀點，是以農村階級鬥爭主題來高度概括趙樹理四十年代小說的內容。從鄉村法治的角度來看，小說中地主與農民鬥爭的複雜關係，不但建立在畸形的經濟基礎之上，而且也建立在法治的缺失以及失而復得之上，貫通著「冤有頭債有主」式的復仇模式與法治精神，「法律根植於復仇在一些法律原則和程序上留下了印記，也表現在類似於校正正義和罪罰相適應這些貫穿法律始終的原則上。即使在今天，復仇的感情仍然在法律的運作中扮演著重要角色。」〔註6〕整體而言，趙樹理四十年代的小說，以山西地區自然村落為描寫對象的鄉村敘事中，權勢大於法的現象十分突出，猶如鄉間隨處可見的馬鈴薯一樣遍地皆是，真實而深刻地記錄了不同村落底層百姓無

〔註3〕 趙樹理：《也算經驗》，《趙樹理全集》（第三卷），頁349。
〔註4〕 趙樹理：《決心到群眾中去》，《人民日報》1952年5月22日，第3版。
〔註5〕 李普：《趙樹理印象記》，黃修己編：《趙樹理研究資料》，北嶽文藝出版社，1985年，頁19。
〔註6〕 美波斯納：《法律與文學》，李國慶譯，中國政法大學出版社，2002年，頁63。

「法」而法的生活。另一方面，出於服務當時政治的需要，其小說結尾往往又扭轉了這一局勢，在復仇與伸冤爲旨歸的敘事範式中，法外權勢的衰敗與失落成爲必然，村落秩序的重建也在大團圓結局中悄然啓動。

一

　　整個四十年代，趙樹理創作的小說數量屈指可數，僅十餘個而已。雖然在爲趙樹理暴得大名的短篇小說《小二黑結婚》之前，還有《照像》、《罵老婆》、《紅綢褲》等十幾個小作品，但從小說文體、敘事藝術等角度看均是幼稚的練筆之作，篇幅十分短小，藝術性明顯不足。源自山西武鄉縣一樁迫害農村青年戀愛刑事案件爲素材的《小二黑結婚》之後，並非專門從事小說創作的趙樹理，逐漸從業餘寫手向專業作家過渡、「轉業」。代表作家藝術成就的小說清單中，便包括中短篇小說《李有才板話》、《孟祥英翻身》、《地板》、《催糧差》、《福貴》、《劉二和與王繼聖》、《小經理》、《邪不壓正》、《傳家寶》、《田寡婦看瓜》等，中長篇則只有《李家莊的變遷》。小說作品數量不多，可能與趙樹理創作的初衷相關。其小說在現代文學史上有歸屬於「問題小說」一說，源於作家幾處自述的演繹與發揮。四十年代末，趙樹理針對作品主題曾說：「我在作群眾工作的過程中，遇到了非解決不可而又不是輕易能解決了的問題，往往就變成所要寫的主題。」〔註7〕十年以後，趙樹理更有概括力了：「我的作品，我自己常常叫它是『問題小說』。爲什麼叫這個名字，就是因爲我寫的小說，都是我下鄉工作時在工作中所碰到的問題，感到那個問題不解決會妨礙我們工作的進展，應該把它提出來。」〔註8〕像五十年代爲配合《婚姻法》的頒布而寫《登記》一樣，趙樹理創作小說講究創作目的，政治效果，講究「問題意識」：如爲了熱心的青年同事，不瞭解農村中的實際情況，易爲表面的工作成績所迷惑，便寫了《李有才板話》；農村習慣上誤以爲出租土地也不純是剝削，便寫了《地板》；想寫出當時當地土改全部過程中的各種經驗教訓，使土改中的幹部和群眾讀了知所趨避，便寫了《邪不壓正》；爲了配合上黨戰役寫了《李家莊的變遷》；針對某些基層幹部對一些過去在地主壓迫下被逼做過下等事的人瞧不起，有顧慮，打通基層幹部們思想便寫了《福貴》……作家著眼點是「具體的實際的小問題」，「絕少對重大鬥爭、重大場面的描繪，

〔註7〕趙樹理：《也算經驗》，《趙樹理全集》（第三卷），頁350。
〔註8〕趙樹理：《當前創作中的幾個問題》，《趙樹理全集》（第五卷），頁303。

並且也絕不直接關係到對重大理論問題的探討。」〔註9〕「問題小說」成了趙樹理小說的標籤，自然成了研究趙樹理小說的一個切入口。有研究者歸納過他的三大問題：「改造家庭的問題、改造舊習慣勢力的問題、解決革命勝利時的『翻得高』問題。」〔註10〕在我看來，趙樹理對「問題小說」提出來了，但對小說中包含的「農村問題」之歸納卻相對較為簡單，實際上在他的上述小說中，其中既有廣義的說法，也有狹義的見解，與趙樹理的自述出入甚大，而且文本中與此不甚相關的其它大小問題卻被遮蔽了。「趙樹理小說的緩釋性特點，必然使作品與政治的聯繫顯得鬆散而多向。因此，儘管我們承認趙樹理小說的政治性內涵，卻無法將作品中這一類大量的細節條分縷析地歸入某一個明確的政治或政策的範疇。」〔註11〕突破作家自述來返觀趙樹理四十年代小說，我們便能「鬆散而多向」地打量趙樹理小說獨特的文本世界。

首先，趙樹理這十餘個小說，幾乎都是寫農村自然村落的，即數十戶人家、由某一姓為主，雜以少數外來戶組成的自然村落；晉東南以山區為主，村落都不算大，村落裏以家族勢力統治居多。譬如一般是二三百人，雜夾數戶從河南逃荒過來的雜姓，欺辱外來戶的現象比較普遍。通往村外的空間，對絕大多數村民來說，都比較陌生。自然村落之間很少聯繫，因此顯得閉塞、偏僻。〔註12〕在具體寫法上，趙樹理每一個小說差不多都只集中寫一個自然村落，村落本身又是自足的。馬克思在論述法國農民時認為「小農人數眾多，他們的生活條件相同，但是彼此間並沒有發生多式多樣的聯繫。他們的生產方式不是使他們互相交往，而是使他們相互隔離」，「一批這樣的單位就形成一個村子，一批這樣的村子就形成一個省。這樣，法國國民的廣大群眾，便是由一些同名數相加形成的，好像一袋馬鈴薯是由袋中的一個個馬鈴薯所集成那樣。」〔註13〕20世紀上半葉的中國農村，像馬克思所說的19世紀波拿巴王朝時的法國農村一樣，不但農民的個體、家庭像一個一個的馬鈴薯一樣，就是由這些家庭組成的自然村落也像一個一個的馬鈴薯一樣，是孤立而隔離

〔註 9〕 朱曉進：《「山藥蛋派」與三晉文化》，湖南教育出版社，1995年，頁260。

〔註10〕 黃修己：《趙樹理評傳》，江蘇人民出版社，1981年，頁284。

〔註11〕 董之林：《關於「十七年」文學研究的歷史反思——以趙樹理小說為例》，《中國社會科學》2006年4期。

〔註12〕 參閱黃修己：《趙樹理創作和晉東南地理》，《趙樹理研究文集》（上卷），中國文聯出版公司，1996年，頁177～191。

〔註13〕 馬克思：《路易·波拿巴的霧月十八日》，《馬克思恩格斯全集》（第八卷），人民出版社，1961年，頁217。

的。另一方面，據史料記載自晚清和民國初年以來，作爲「新政」的一部分，民國政府在廣大鄉村設置村長或村正一職，作爲它在鄉村社會的正式代理人，來控制鄉村社會。山西是較早推行「村制」的省份，1917 年，曾經留學日本學軍事的閻錫山，仿傚日本做法，在山西 105 個縣的版圖裏推行閻錫山式的「村制」，作爲垂直統治的末端，不斷強化完善以達到鞏固自己在山西作土皇帝的專制地位。具體做法是，設立編村，每一編村管三百戶，不足三百戶的聯合設置編村（後來編村規模也有變動）。閻錫山確定村制是政治的起點，「積戶成閭，積閭成村，積村成區，區統於縣，上下貫注，如身使臂，臂使指，一縣之治，以此爲基礎。」〔註 14〕每一編村設村長一人或村副一人，二十五家爲一閭，有閭長一人，五家爲鄰，設鄰長一人，村長、閭長、鄰長在村裏代行警察、司法職權。閻錫山實行的「村本政治」，主要目的一是利於監督管理，二是利於征稅，將自然村落改成適合於征稅的單位，便於要糧、要款、要兵、要差。但從趙樹理小說來看，雖有「編村」這一行政村的建制，但自然村落仍保持其獨立性、完整性，除《李有才板話》一處涉及到編村的現象外，其它各篇都是以自然村落來作典型環境；即使是《李有才板話》，也集中以自然村落閻家山爲背景。延伸開來梳理一番，《小二黑結婚》裏講的是劉家峧，其中有前莊與後莊之別，村裏的活動中心是三仙姑家。《地板》寫的是王家莊，《催糧差》寫的是紅沙嶺村，《孟祥英翻身》寫的是西峧口村；《劉二和與王繼聖》中是黃沙溝村，《邪不壓正》裏是下河村，《田寡婦看瓜》裏則是南坡莊。《福貴》、《小經理》、《傳家寶》中雖然沒有具體的村名，但同樣是寫一個自然村落裏的故事。《李家莊的變遷》顧名思義是以題目中「李家莊」爲背景，因作品篇幅與敍述時間較長，李家莊之外的空間相對開闊一些，諸如張鐵鎖、二妞等人因戰亂而避難的嶺後、一家莊等遠處村莊也有所涉及。這雖然只是一個個自然村落的故事及其人事變遷，然而實際上卻是一幅幅中國北方農村的縮影。對於《李家莊的變遷》，評論家四十年代認爲「故事背景雖不過是山西省一個小村落」，但寫出了一些中國歷史上的大事件，「歷史的波瀾都激蕩到一個小小的村莊」，「雖然是一個村莊的變遷爲小說的背景，然而實際上卻是一幅中國農村的縮影。」〔註 15〕周揚在四十年代也敏銳地指出，

〔註 14〕山西省政協文史資料研究委員會：《閻錫山統治山西史實》，山西人民出版社，1981 年，頁 80～87。

〔註 15〕荃麟葛琴：《〈李家莊的變遷〉》，黃修己編：《趙樹理研究資料》，北嶽文藝出

《小二黑結婚》、《李有才板話》、《李家莊的變遷》是「三幅農村中發生的偉大變革的莊嚴美妙的圖畫」。〔註16〕一村一幅畫，有同有異。

其次，在以上大小不一的自然村落「圖畫」裏，維繫並決定人與人關係的往往是血緣、家族，是財富積纍與封建文化承襲之上的勢力，普通村民面對要糧要差的巧取豪奪，以及處理鄉里日常糾紛的原則是懦弱、忍耐與退讓，農民與農民之間的關係，更多的是渙散的個體「馬鈴薯」之總和，其中又以外來戶所受的欺凌最重。趙樹理這批小說或者以階級對立的生死之爭爲主線，或者以剝削與反剝削、壓迫與反壓迫爲主題，或者以訴訟、官司爲片斷，村裏諸多民事、刑事問題依然是根據傳下來的規矩來應對，像「李家莊」這個村落一樣，幾十年之中在老村長李如珍手下不論社會怎樣變，只是「舊規添上新規」而已，而李如珍也是承其父親村長一職，父子統治李家莊幾乎長達半個世紀。閻恒元之於閻家山，王光祖之於黃沙溝村，也大體如此……有研究者指出「他的筆都尖銳的掘發著農村現實中的基本矛盾：一面是興旺、閻恒元、李如珍之流，地主惡霸及其狗腿們，在軍閥混戰、抗戰、敵偽統治時期，甚至在新民主主義政權下面，無不牢牢相靠，糾纏在一起，儘其一切力量盤踞在人民頭上，保持其吸血統治；一面是一群被『壓碎』了的貧苦農民及新生的一代『小字輩』的人物，他們遭受地主階級的剝削壓迫，逐漸覺悟團結起來，一旦投身到鬥爭中去，就以不可抑止的熱情與力量，爆發了大翻身運動。」〔註17〕雖然趙樹理曾具體指陳哪一個作品是爲哪一個問題而寫，但搬動「盤踞」在村民頭上的惡勢力，卻並非一個單純「換人」問題，而是牽涉面相當廣泛的，可謂牽一髮而動全身。我們在趙樹理小說中不難發現主題的設置，貧富的分化，權力的轉移，人物的性格與命運，都隨著情節的推動而不斷面臨權勢的盛衰、法律的有無等根本問題。村裏的大小事務雖然不能用法律來權衡，但處處涉及法律的問題。換言之，在每一個自然村落，在每一個問題的背後，其實都有法律問題存在。聚族而居、農耕爲本的自然村落布局與農民自足性生存，沒有建立起一套適用而公正的法律體系，法治的不足嚴重制約著鄉村的秩序生成與運轉。從法律分支而言，趙樹理小說反映

版社，1985 年，頁 204～205。

〔註16〕周揚：《論趙樹理的創作》，《周揚文集》（第一卷），人民文學出版社，1984年，頁 487。

〔註17〕陳荒煤：《向趙樹理方向邁進》，黃修己編：《趙樹理研究資料》，北嶽文藝出版社，1985 年，頁 197。

的民事法律問題則遠遠超過了刑事法律問題。「在傳統中國社會，法律制度的概念基本上局限於刑事法律和行政法律；被現代學者通常視爲民法的戶婚田土律其實主要是作爲行政法進入各種法典的，更多涉及官府對這類問題的管理和處置。」〔註 18〕除個別是「殺人償命」之類的刑事案例敘事之外，大多數小說統轄於現代意義上的民法之下，比如與婦女問題相關的婚姻法律，與土地分配相關的土地法，都是解放區建立之後，隨著邊區政府的執政在廣大自然村落陸續推進的。不過，這些看似是民事的問題，也可能大量產生刑事案例。比如婦女題材，大多數看似是婆媳關係處理不好，丈夫虐待妻子，婦女權益得不到保障等問題，但現實中並非如此：在趙樹理寫傳記小說《孟祥英翻身》前後，1943 年 8 月，據《新華日報》（太行版）報導，左權縣在兩個月內連續發生了六起殘害婦女案件；1945 年 10 月，在孟祥英的家鄉涉縣，虐殺婦女的案件一年中多達十六起。〔註 19〕至於土地法，「邊區政府」的「管理與處置」就帶有執法意義了。趙樹理在創作此類主題的小說同時，在自己當編輯的《新大眾》報上就發表了不少短論，譬如《我們執行土地法，不許地主富農管》、《休想鑽法令空子》、《土地法的來路》、《從寡婦改嫁說到扭正村風》、《再談行政命令》、《「自願」不是「自流」》等，都是爲了推行行政執法而鼓吹。至於農家鄰里糾紛，鄉間偷盜之類的民事問題，雖然次要一些，但也十分普遍。

國家法律在鄉村的存在形態如何，村民的法律觀念如何，趙樹理借助小說形式形象而豐富地闡釋了一番，在這些小說中大體可歸納出兩類範式。第一，憲法、刑法、民法等國家基本法律的缺失十分顯著，作品開頭指認的往往是權勢大於天的存在與運作。不可否認，清末民初啓動了立憲、法治的現代化進程，法政專業人才的培養與日俱增，與封建朝代相比，民國時期社會的法治意識有所好轉。但相對於城鎮而言，在廣表的農村裏卻很少能夠攤到那些學法律的人才來服務，又很少能把法律的條例、程序、原則精神在自然村落進行宣傳與貫徹。在自然村落裏，讀過書的是占統治地位的地主或富農們的子弟，他們讀書後繼承父輩權勢，仍是一代又一代地稱霸一方，在趙樹理小說中幾乎以反面人物出現；絕大多數村民生活處於赤貧狀態，經濟上又不獨立，自然是最爲弱勢的群體。因此普通民眾一方面是繼續處於麻木、愚

〔註 18〕蘇力：《法律與文學：以中國傳統戲劇爲材料》，三聯書店，2006 年，頁 84。
〔註 19〕轉引自戴光中：《趙樹理傳》，北京十月文藝出版社，1987 年版，頁 185～186。

昧之中，一方面則是遵從現實的教訓，盡量少惹事，縮起頭來過日子。「惹不起」、「得罪不得」，「怕事」便是趙樹理筆下農民面對鄰里糾紛與村長閭長、地主軍閥、散兵遊勇的惡行時最普遍的心態；一旦有不幸落在自己頭上，小到被偷盜、被捆綁、被訛詐，大至人命關天的大事，也無可奈何只能聽天由命。雖然也有像小二黑、二妞、聚寶之類的人物，在面對施加於自己的違法行為時會大聲質問自己犯了什麼法、犯了什麼罪之類的模糊抗議，或者像軟英一樣「誰不怕得罪我，我就不怕得罪他」之類的聲音，但畢竟少得可憐，並且很難堅持。另一方面，從司法制度層面考慮，雖然山西省有山西省高等法院，在太原、大同、臨汾三地有地方法院三個，每一個縣設有司法科，並附設一個看守所；每個縣的司法科，設推事一人，書記二人（一人管公文收發，一人管錄事），在案件上與地方法院、高等法院發生關係。但是，老百姓幾乎不能與這些機構打交道，因為人手本來就不夠，名義上是司法獨立，其實是官官相護，貪贓枉法居多。司法機關不能秉公執法，一有官司又需要金錢開路，像小喜一樣的李家莊浪子依附權貴，到處「挑詞訟」便是吃這碗鬆活飯的典型例子。——這是當今法學界歸納出來的自然鄉間普遍而常見的厭訴、厭訟現象，其背後是農民的權利因為法律缺失不能予以有力保護，法律是虛空的，不作為的。閻錫山在自己的地盤倡導「息訟會」，即將村落的司法問題在村落層面解決，無形中留下了諸多法律空隙。

第二，從當時邊區政府的法律層面考慮，法律依附於政權，共產黨政權頒布的法令慢慢在廣大解放區特別是新解放的僻遠村落宣傳與貫徹執行，村民慢慢被喚醒，幼稚而笨拙地學會與法律打交道，用法律來維權，「犯不犯法」成為從鐵屋中個別醒來者維護自身利益的護身符。四十年代，當時共產黨領導的武裝以陝甘寧一帶開闢的邊區政府為中心，不斷擴大解放區的疆域，走農村包圍城市的道路，便包括趙樹理筆下的太行山區。當時在晉東南一帶的軍事力量，由共產黨領導的主要是八路軍一二九師，以及決死三縱隊等武裝力量。南京國民黨政府鞭長莫及，閻錫山在日軍的攻擊下退守晉西也顧不上了。處在這幾股政治力量夾縫中的地主（村長）與村民，自然構成犬牙交錯的拉鋸態勢。這一切讓普世意義上的法律得不到政權的保障，戰亂下的法律更加不能發揮作用。隨著解放區農村的擴大與鞏固，隨著邊區政府法制建設在自然村落的推進，原先的國共勢力膠著狀態又發生了根本變化。不能依附於南京政府與地方軍閥的地主階層，在村莊裏發現自己原有的合法性

的統治逐漸衰弱下來，這自然在趙樹理小說創作主題中有形象而集中的反映。與此主題密切相關的是邊區政府的行政法規陸續出臺了一些，陸續產生法律效力：1942 年 1 月，中共中央公佈《關於抗日根據地土地政策的決定》，規定實施減租減息的路線、政策和法律；爲了配合這個運動，大規模改造村政權，奠定三三制村政權的堅實基礎。同月，《晉冀魯豫邊區婚姻暫行條例》頒行，1943 年 1 月，晉冀魯豫邊區政府配套頒布《妨害婚姻治罪法》。1945 年冬，太行區開展反奸清算鬥爭，大部分地主土地被合法沒收，收歸農民分配。1946 年 5 月，中共中央發布《關於土地問題的指示》，改變抗戰時期土地政策，規定從根本上消滅封建剝削，實現耕者有其田的政策。1947 年，中共中央召開全國土地會議，制定《中國土地法大綱》，規定按人口平均分配土地，附帶制定出《破壞土地改革治罪條例》進行規約，土改工作在廣大解放區如火如荼地深入貫徹下去。這一切，既源自於抗日戰爭與後來的國共內戰的勝利，又是推動武裝鬥爭不斷走向勝利的法寶之一。不論在老解放區還是新解放區，農村工作的主旋律就是通過這些基本政策、法規來推動變革，調動廣人農民的積極性。因此，宣傳、解釋這些關於土地、婚姻的法律既是當時趙樹理在地方工作的主要內容之一，也是他在工作總結中所遇到的諸多不得不硬碰的所謂「問題」。比如，《邪不壓正》便「一方面是黨在農村中的中農政策的反映，另一方面是黨在農村中的婚姻政策的反映。」〔註20〕《李家莊的變遷》則寫出了這種反覆拉鋸狀態，法律的搖擺性相當典型。新生的邊區政府法律，在面對強勢的封建地主與家族統治時，在不同村落裏一番搏弈自然不可避免。其村落敘事雖然是正義必將戰勝邪惡，類似於「壓抑豪強」的公案模式，但在違法與護法之間的曲折，以及追求正義所付出的血的代價卻觸目驚心。

以「問題小說」著稱的農民作家趙樹理，切切實實面對了那個時代的農村，反反覆覆面臨著當時的「法制」瓶頸。虛化法律的條文而彰顯法的平等、正義的精神，是趙樹理的選擇結果。在弱肉強食的生存法則中揭露鄉村土地主的殘暴與醜陋面孔，強調法的平等與法的懲罰機制，反對壓迫與歌頌抗爭，便成爲趙樹理小說的共同特徵。

「《李有才板話》讓我們看見了解放區的農民生活改善的鬥爭過程和眞

〔註20〕竹可羽：《評〈邪不壓正〉和〈傳家寶〉》，黃修己編：《趙樹理研究資料》，北嶽文藝出版社，1985 年，頁 215。

相，使我們知道此所謂『鬥爭』實在溫和得很，不但開大會由群眾舉出土劣地主的不法行為與侵佔他人財產的證據，同時也許地主辯護。」〔註21〕「他不只是寫了人，不只是寫了事，而且是寫了歷史，一部小小的然而真實的新的農村演變史，通過了作者這些真實的歷歷如繪的描寫，使我們有如身歷在這樣的農村中，感受著它的激蕩的脈搏，分享著農民們的鬥爭的興奮和勝利的歡喜。」〔註22〕「不法」、「農村演變」的背後是擺證據、講法治，就是依賴法制的正義力量來去「勢」，來推動變革。另一方面，趙樹理有時也專門對司法、審判的場面進行特寫，穿插在地主與農民的鬥爭故事中，彰顯法制普及工作的重要性。在《李家莊的變遷》中，以對簿龍王廟公堂的張鐵鎖與春喜兩家的民事官司開始，慢慢揭開了李家莊的一角。正如蘇聯學者所言，在小說開頭「地主李如珍，他的食客和一群富農和高利貸者都坐在法官的位子審判著被告農民張鐵鎖」〔註23〕。小說結尾則以全體村民公審李如珍，並活活依法打死他而落幕。在《福貴》最後，被生活逼迫變壞，後來又改造好了的二流子福貴，不再偷盜，即將帶著老婆孩子逃離本村去外村生活，臨行前把區幹部、農會主持的村務會當成民事法庭，聲討了造成自家悲劇的老村長王老萬，在法律道德意義上討回了自己的清白與正義。在《邪不壓正》中，在下河村的村支部會上，腐化的農會主席小昌遭到黨紀國法的懲處；作惡多端的小旦則被交代需「從前得罪過誰，老老實實去找人家賠情認錯！人家容了你，是你的便宜；人家不容你，你就跟人家到人民法庭上去，該著什麼處分，就什麼處分！」

二

法律問題是趙樹理提出的所有問題的實質，法律的缺失造成了一個個村落裏的大小冤案。值得追問的是，在那些大大小小的村落裏，人倫的秩序與社會的秩序表面來看一直似乎是正常運行，那又是什麼在維持著呢？千百年來，與法治相類似的老百姓心中的天理到底何在呢？與其說問題的根源在階級矛盾，不如說是在法制的軌道之外。作為文明古國與大國，中國為封建地

〔註21〕茅盾：《關於〈李有才板話〉》，黃修己編：《趙樹理研究資料》，北嶽文藝出版社，1985年，頁193。

〔註22〕馮牧：《人民文藝的傑出成果》，同上，頁173。

〔註23〕蘇西維特洛夫、烏克倫節夫：《關於中國農村的小說》，金陵譯，《趙樹理研究文集》（下卷），中國文聯出版公司，1996年，頁228。

主統治者這一利益集團制訂的法律並不是一片空白。但是，追求現代社會人與人之間公平、正義的法律卻並不多見，特別在執行法律的過程中，「勢」又扭曲或架空了法律。在趙樹理小說中，「勢力」、「勢頭」、「勢」之類的字眼頗爲常見。

從劉家峧到閻家山，從李家莊到下河村，其實都不是依靠法律與法規來維持，民國政府在法律層面並沒有發揮應有的積極作用，而是一個個村落裏的土皇帝、強權者（合二爲一的地主與村長、族長）便「合法」地充當了法律的化身。什麼是法？有勢、有錢就是法，有地、有糧就是法。「反封建不能不成爲他的創作中最突出的內容，一條貫穿始終的紅線。他描寫了十分落後閉塞的山區農村裏森嚴的封建統治、濃重的的封建思想影響。封建社會那四條束縛農民的繩索，即政權（如李如珍、閻恒元的統治）、神權（如二諸葛之講命相）、族權（如王老萬之逼福貴破產）、夫權（如孟祥英之受虐）的罪惡，都在趙樹理創作中得到十分深刻的表現。」〔註 24〕「如同誰都知道的那樣，在舊中國的農村，殘酷的封建統治根深蒂固，保護地主利益的政權凌駕於沒有任何權利的農民群眾之上。在農民來說，對政權這個東西的不信任是相當普遍的。」〔註 25〕準確點說，與其說是封建思想作祟，不如說是封建特權在作祟。政權與勢力結合在一起，行政權與司法權合一，成爲尾大不掉的罪魁禍首。以金錢、土地、糧食爲後盾的有權有勢者，自然會最先占據村裏法律的審判權、執行權。村公所便是司法所，一旦斷案便沒有上訴的機會與可能。這一方面來自於地主階層的剝削與掠奪，一方面又通過這種權勢大於法的方式擴大了剝削與掠奪。村落的大小事務，經過村公所的審理與裁定，並不停留在紙面上，而是具有強制性與約束力，也就是說，具有法律馬上執行的效力。《李家莊的變遷》開頭部分，張鐵鎖在村裏被李如珍們捏在手裏、踩在腳下，被冤枉與屈判之後「不討保」便出不了廟。保釋的當然是自己的親友，同時必須承諾執行村公所的司法裁決。——掌握村政權的地主、流氓在自然村落裏以土皇帝自居，既是法的化身，又是「雷厲風行」的法的執行者。

比如，在《小二黑結婚》中劉家峧村裏，與封建迷信、裝神弄鬼、女人作風浮蕩等問題相比，金旺家族目無法紀、無法無天的行爲更加讓人關注。

〔註24〕黃修己：《傳統要發揚 特徵不可失》，《山西日報》1980 年 10 月 7 日。
〔註25〕日鹿地亘：《趙樹理與他的作品》，黃修己編：《趙樹理研究資料》，北嶽文藝出版社，1985 年，頁 449。

金旺他爹是劉家峧一隻虎（老百姓以示吃人之意），當過幾十年老社首，想要捆誰就捆誰；金旺兄弟抗戰初期引路綁票，講價贖人，惡劣斑斑，後來又混入村政權繼續作惡。興旺兄弟說捆人就捆人，不知軍法爲何物，卻叫囂對小二黑進行「軍法處理」；本身想占村裏俊俏姑娘便宜，借機以「捉奸」罪名拿雙捆人送到區上去，莊里人似乎都沒有疑議，在劉家峧金旺兄弟的話就是判罪書。

《李有才板話》主是圍繞村政權的改選與減租減息而寫，兩者與鄉村法治皆有密切聯繫。閻恒元在抗戰前是老村長，後來沒當村長了就找代理人繼續發號施令。正如李有才快板所言，閻恒元在閻家山的統治是「一手遮住天」，村裏大小一切事務，都逃不脫他的手心，甚至連村民取名字的基本民權都被剝奪。他扶持侄兒閻喜富當傀儡村長，侄兒也是一隻「虎」，「當過兵、賣過土／又偷牲口又放賭／當牙行，賣寡婦……」在閻家山沒有他不敢做的違法事情；而閻喜富所作的一切，都與閻恒元脫不了干係。小說中有一個無不讓人震驚的事，外來戶馬鳳鳴，砍了閻五墳地里長進自己地裏的荊條，本是合法行爲、合情合理，但村裏的「司法處理」結果是殺了一口豬給閻五祭祖，又出了二百斤面叫所有的閻家人大吃一頓，罰了五百塊錢；永遠不准在自己的地裏砍遮住莊稼的荊條和酸棗樹。懲罰之苛嚴，令人不忍卒看。在閻恒元、閻喜富手下，不管有理沒理先吃烙餅，袖筒裏過錢，趁機賤買土地，教誰傾家蕩產誰就沒法治。這和有理無錢莫進來的衙門又有什麼區別呢？估計花不起烙餅錢的戶主，連進村公所的資格都沒有。

在《李家莊的變遷》裏一開頭呈現的是李如珍、春喜叔侄光天化日顛倒黑白訛詐張鐵鎖一家的詳盡案卷。春喜兄弟多，勢力大，鐵鎖一家似乎只有一兄弟，又是林縣來的外來戶，被小喜等嘲之以「林縣草灰」。圍繞本屬於張鐵鎖家茅側旁邊的一棵小桑樹，村裏調解委員會以李如珍獨斷專行的審判爲準，斷案爲張家敗訴，賠款甚巨；張鐵鎖夫婦與親友商量想去縣裏打官司，二妞對鐵鎖是這樣說的：「『咱就到縣裏再跟他滾一場！任憑把家當花完也不能叫便宜了他們爺們！』又向修福老漢道：『爺爺！你不是常說咱們來的時候都是一筐一擔來的嗎？敗興到底咱也不過一筐一擔擔著走，還落個夠大！怕什麼？』」。不巧卻被春喜媳婦在窗外偷聽了去，在李如珍叔侄面前說二妞一家將破全部家當到縣裏去告狀。李如珍們當然不怕在官司上吃虧，但更令人意想不到的是李如珍說不可叫鐵鎖們開這個端，說被一個林縣草灰告過一

狀。第二天便設計叫「當人販、賣寡婦、販金丹、挑詞訟」的侄子小喜裝神弄鬼，以謀害村長的莫須有罪名捉拿鐵鎖夫婦等人，連百姓受了冤枉去縣上告狀的路都被堵死了，儘管鐵鎖們去縣上告狀也會輸掉官司。弄得鐵鎖好好的一戶中農人家，經過訴訟之事後便傾家蕩產，日子都過不下去。至於巧取豪奪、見勢催糧的崔九孩（《催糧差》），陷人於高利貸苦海、差點活埋福貴的族長王老萬（《福貴》），隨意毒打放牛娃、想捆人就捆人的王光祖（《王二和與王繼聖》），哪一個不是「一手遮住天」呢？哪一個不是以法自居呢？這實質上是自居於法的非法行為，是法外權勢的惡性膨脹，是權勢大於法的具體表現。

　　是誰賦予了李如珍們這種司法權力呢？他們這種所謂的鄉村法庭是否具有合法、正義的基本特點呢？這種權勢大於法又是如何聚集起來並達到相當普遍的地步呢？答案是否定的，而原因卻是多方面的，最起碼包括以下數端：首先，權勢壓人，導致惡勢力盤踞在村民頭上無「法」無天。村落裏地主階層依附縣上或當地反動勢力，用金錢、利害來編織一張關係勢力網，在老秦、孟祥英婆婆等老百姓眼裏便是官官相護。比如住閻家山，閻恒元在村裏擺不平的事，便錢可通神，把錢使到舊衙門裏去。在李家莊，李如珍的侄子小喜抱住三爺這條粗腿，更是無人不怕；後來春喜、小喜等頻繁更換主子，誰有勢就投靠誰，有奶就是娘。據史料，「辛亥革命後閻錫山任山西都督兼省長，成為山西土皇帝。以賜進士出身的端氏人大地主賈景德，任閻錫山的秘書長、山西政務廳長，後來當進國民政府行政院副院長。沁水開始形成以賈家為中心的地主統治網。」〔註 26〕另外，閻錫山統治山西時，就明文規定當村長、村副分別需有不動產一千銀元和五百銀元。這種當時的政治時事，在趙樹理小說中明裏暗裏存在著，是一種潛在與明擺著的地方權要在耀武揚威，權勢決定一切。下面不妨引錄兩段作品中的原話：

> 西房談的另是一套。金生問：「元孩叔！你這幾年在劉家住得怎麼樣？顧住不顧住（就是說能顧了家不能）？」元孩說：「還不是跟你在那裏那時候一樣？那二十塊現洋的本錢永遠還不起，不論那一年，算一算工錢，除還了借糧只夠納利。——噯！你看我糊塗不糊塗？你兩家已經成了親戚……」金生說：「他媽那×！你還不知道這

〔註 26〕黃修己：《趙樹理創作和晉東南地理》，《趙樹理研究文集》（上卷），中國文聯
　　　　出版公司，1996 年，頁 180。

親戚是怎麼結成的？」小寶說：「沒關係！金生哥還不是自己人？」

小昌說：「誰給他住長工還討得了他的便宜？反正賬是由人家算啦！金生你記得吧，那年我給他趕騾，騾子吃了三塊錢藥，不是還硬扣了我三塊工錢？說什麼理？勢力就是理！」（《邪不壓正》）

李如珍道：「三爺那裏很忙嗎？」

「忙，」小喜嘴裏嚼著餅子，連連點頭說：「事情實在多！三爺也是不想管，可是大家找得不行！凡是縣政府管不了的事，差不多都找到三爺那裏去了。」（《李家莊的變遷》）

以上第一段所選的是替劉錫元提親的劉家長工，以及王聚財兒子金生（曾在劉家看牛，後來王聚財家還清債務後便沒有去了）在送食盒那天的閒談。下河村大地主劉錫元替剛死媳婦的兒子劉忠續弦，強迫莊戶人家王聚財女兒軟英為對象。膽小怕事的中農王聚財，懾於劉錫元的勢力，只好忍氣吞聲將女兒往「火坑」裏送，劉家提親也只是做做樣子，並沒有真心象待親家一樣平等對待王家。劉家這樣有勢力，從剝削層面來看，也是其剝削窮人、積聚錢財與權勢而得。地主、有權勢者讓長工給他幹活做事，源自賬目由他捏弄，算得勞動力成本低得可憐，一旦農民短錢挪借地主幾個錢，往往難以拔身出來，真實地反映了有錢就有理、權勢大於法的事實。第二段則是小喜誇耀三爺的勢力，因為三爺是閻錫山的秘書長的堂弟，在沁水縣的勢力甚至壓過了縣政府。——權、勢就是法，權勢大於天，千百年來一直盛行不衰，把廣大自然村落變成無聲的鄉村！

其次，剝削階層的利己性、食利性與精於權術融為一體，以封建文化軟實力來維護自己的地位與權勢。掌握司法審判權的地主豪紳（往往與村行政領導合一），擅長封建統治的權術和手腕，熟悉那種世代相傳的統治經驗，實行的是人治，人治的背後是禮治。「所謂人治和法治之別，不在人和法這兩個字上，而是在維持秩序時所用的力量，和所根據的規範的性質。〔註 27〕在中國鄉土社會，就是封建傳統、禮教化為「勢」潛在地起作用，讓底層百姓遵循。在趙樹理小說中便是服規矩，在李家莊，村長兼地主李如珍喝斥二妞等外來戶「來了兩三輩了還是不服教化」便是案例。在所有小說中，幾乎都涉及到地主抓權的問題，村一級政權反正把握在自己或自己人手裏，給自己樹

〔註27〕費孝通：《鄉土中國　生育制度》，北京大學出版社，1998 年，頁 49。

立權勢做到名正言順。在《李有才板話》中始終貫穿兩個能人之間的鬥爭，一個是閻恒元，一個是李有才，兩個人都有頭腦，有計謀。閻恒元通過賄賂過去的衙門，通過控制選舉，通過攫住農民的弱點，或分化，或拉攏，使他的獨斷專行得以在閻家山暢通無阻。李有才儼然是閻家山的土律師，通過板話這一方式進行詩意的「司法」裁判，但不具有法律效力。他對閻恒元長年把持村政權，操縱村裏大小事務一目了然。「不如弄塊板，／刻個大名片，／／每逢該投票，／大家按一按。／／人人省得寫，／年年小用換，／／用他百把年，／管保用不爛。」這段快板諷刺閻恒元長期暗箱操作執掌村政權，眞是入木三分。爲什麼村長總是他或他的代理人呢？一是因爲村里人不識字，二是村民礙於面子、怕事。後來在其侄兒閻喜富出事後又暗地招呼村民選幹兒劉廣聚當村長；量地時玩弄手腕，抵制減租減息。在閻家山，數不完的是閻恒元違法之事，另一方面聽不完的則是李有才指名道姓的「檢舉」。最終導致閻恒元惱羞成怒，將牛倌單身漢李有才掃地出「村」，眞是「一手遮住天」！二是在經濟上精於算計，讓農民翻不了身，離不開自己。經濟問題一般都是通過高利貸、金錢問題束縛困境中的村民，村民一旦想起來維權，地主階層來一個釜底抽薪，讓經不起磕碰的人家活不下去。在《劉二和與王繼聖》小說中，放牛娃二和替村長王光祖放牛，吃的飯還沒吃的打多，一次連續無故挨打後，二和家仍只有低聲下氣去哀求王光祖像放屁一樣放了自己，正如外來戶主二和爹老劉所說：「說什麼理？咱沒有找人家說理人家就找咱算賬啦！有理沒理且不論，這賬怎麼敢跟人家算呀？」與此相類似的還有《福貴》，福貴因爲與童養媳圓房，母親去世，借了三十塊錢便一輩子沒有抽出身來，代價是給了族長王老萬三間房，四畝地，還給他住過五年長工。最後福貴看清楚還不起賬，轉身走上了偷竊、賭博、當忘八的邪路，差點因羞辱族人之罪名被王老萬活埋，不得不離井背鄉去了異地。第三，在村裏最高權勢者周圍，往往聚集了一群幫閒者，比如在閻家山，奔走於閻家門下、討些殘渣的張得貴，冒充農會主席之名在村西頭住磚房者與村東頭住窯洞之戶中間傳送「旨意」，「跟著恒元舌頭轉」連家人也勸不住。在李家莊，閭長小毛在李如珍家裏討些烟土喝，得些烙餅等小利，助紂爲虐，村里人幾乎沒有誰沒有挨過他的毒打。窮人要想說理講法，維持自身權益，便只有窮人靠自己了。但窮人隊伍中偶爾冒出一個人物，但是也有可能被拉入權勢者行列。典型的是小元，本來是槐樹底下的人，一身制服一支水筆就被團弄住，變成閻恒元方面的人；能人馬鳳鳴，得些私利也就不會出頭了。這樣，沒有外來巨大力

量的衝擊，在自然村落同此涼熱，這一格局不會破局，也絕對不會出現意外。

再次，鄉土社會本來就十分缺乏法律，底層民眾不知法爲何爲。他們除了人命關天、殺人償命的原始司法意識之外，底層百姓都是按本分生存，小農耕作的自足性也在一定程度上滿足了這一要求。因此，普通村民基本上不能通過法律手段來維護自身權益。「一個文盲，在理解高深的事物方面固然有很大的限制，但文盲不一定是『理盲』、『事盲』，因而也不一定是『藝』盲。」〔註28〕鄉村法制的滯後，讓沒有以法律爲武器的百姓，卻成爲事實上的法律睜眼瞎，是「法盲」，雖然內心明白一些事理，但懾於權勢不敢公然對抗。底層百姓絕大多數既是文盲也是法盲的現實，使得老百姓一般膽小怕事、能忍辱負重，哪怕權勢者失勢時也不敢出頭，怕自己被報復。用趙樹理筆下人物的話來說便是「惹不起」，就不去惹，像縮頭烏龜一樣安全些。在劉家峧，村民對興旺兄弟「雖是恨得入骨，可是誰也不敢說半句話，都恐怕搬不倒他們，自己吃虧」；在閻家山，「老槐樹底這些人，進了村公所，誰也不敢走到桌邊。三天兩頭出款，誰敢問問人家派的是什麼錢」。在下河村，王聚財們「一輩子光怕得罪人，也光好出些事」。而村裏的地主財力雄厚，幾乎又都是有職務的村長或有威望的族長，十分懂得抓住老百姓這一特點。作爲權勢者，他們懂得讓自己的指令怎樣直接而有效。在《李家莊的變遷》中，李家莊的龍王廟，既是村公所也是地方法庭，閻錫山巧立名目，在村落一級基層成立息訟會，都是李如珍不倒翁在主事。他在處理春喜與鐵鎖二家糾紛時，棄鐵鎖拿出的契約這一最好的物證於不顧，他的斷詞卻不可動搖，小毛、春喜等人不用多說，就是參加斷事的閻鄉長、福順昌掌櫃王安福、看廟的老宋等人明知眞相也不敢作證，名爲陪審實際是李如珍獨攬司法權。在八路軍撤出李家莊時，投靠日軍或中央軍的李如珍更加暗無天日，鄉村流氓小喜要白狗媳婦巧巧陪他睡覺，公開到她家裏來弄事，巧巧家人也沒有誰敢吭聲。用《李有才板話》中的小順他們的原話來說，村民是被人搓在腳板下的。於是乎，久而久之便形成習慣，依次傳遞，形成慣性束縛村民的思維，變不合理爲合理，變不合法爲合法。「一般農民，對地主階級的壓迫、剝削儘管有極其濃厚的反抗思想，可是對久已形成的文化、制度、風俗、習慣，又多是習以爲常的，有的甚而是擁護的」。〔註29〕被捆人也就被捆了，被訛詐了就被訛詐了，有村戶傾家蕩

〔註28〕趙樹理：《供應群眾更多、更好的文藝作品》，《趙樹理全集》（第四卷），頁483～484。
〔註29〕趙樹理：《隨〈下鄉集〉寄給農村讀者》，《趙樹理全集》（第六卷），頁164。

產就傾家蕩產了。甚至於村民被上弔、被虐殺，都風平浪靜，無損於權勢者一毛。不論是民事還是刑事，都與法律不能沾邊。

三

　　權勢大於法，已普遍成爲村落的嚴重問題。各種層出不窮的問題都可以在這方面找到根源。可喜的是，在趙樹理的小說中，特別是每篇小說的後半部分，都終結了權勢大於法的運行，法外權勢的衰落成爲一種理想藍圖。金旺興旺兄弟在劉家峧「好像鐵桶江山」最後烟消雲散了；在閻家山當閻喜富的村長被撤差時，李有才喻之爲「這飯碗是鐵箍箍住了」的局面也破局了。既有格局的紛紛解體，說明法外權勢開始土崩瓦解走向失落，走向衰亡。在貫徹執行土地法的農村工作中，趙樹理主張「照著土地法規定的，該退果實的退果實，該交出財產的就交出來，我們就照著土地法，按他們犯罪的輕重，分別發落；要是他們仍然擺起老資格來欺人，或者仍然想在土地法以外保存他的特別權利，我們就有權送他到人民法庭受審判。就算他們有過功勞，也不能算成犯罪的本錢。執行土地法以後，誰也不能有法外的特別權利。」〔註30〕

　　好一個「誰也不能有法外的特別權利」！千百年來的舊有機制失靈，地主與村長合二爲一的權勢開始一路走低。形象地說，也就是正面回答了張鐵鎖之問——張鐵鎖外出到太原作工碰到共產黨員小常，是這樣帶出自己的疑惑：「我有這麼些事不明白：李如珍怎麼能永遠不倒？三爺那些胡行怎麼除不辦罪還能作官？小喜春喜那些人怎麼永遠吃得開？別人賣料子要殺頭，五爺公館怎麼沒關係？土匪頭子來了怎麼也沒人捉還要當上等客人看待？師長怎麼能去拉土匪？……」——回答並解決張鐵鎖這些看透了這個世界的問題，需要借助新的政治力量——邊區政府——便合法性地爲民作主、替民伸冤，無情打擊著法外的權勢，爲重建公平、正義而和諧的村落新秩序而努力。

　　共產黨領導的邊區政府有力介入，打破了千百年來勢大於法的局面。四十年代出現了新的局面，邊區政府的外派幹部，工作組或工作人員駐村，以人民政府的純潔性和工作人員的黨性與正氣，通過新的法律爲底層百姓撐腰打氣，維護了農民的利益和權利。在《李有才板話》中，閻恒元逐漸玩不轉了，儘管絞盡腦汁，但險象環生。村長閻喜富被撤差，村民把他捆成個倒縛

〔註30〕趙樹理：《誰也不能有特權》，《趙樹理全集》（第三卷），頁 245。

兔，讓章工作員帶到區裏去問罪。閻恒元心裏吃緊，因爲他是閻喜富背後的黑保護傘。但關鍵的是，新政府不比舊衙門，有錢也使不進去，只能幹著急。在閻家山，經驗老練的老楊同志也不像章工作員一樣，不吃他們那一套了，連吃派飯也是按制度辦，兌些米到老百姓家裏去吃，清官形象呼之欲出。最後新的村政權成立，劉廣聚下臺，減租減息、清債反霸在閻家山風起雲涌，到處唱起幹梆戲，板話是這樣說的「老恒元，泄了氣，／退租退款又退地。／劉廣聚，大舞弊，／犯了罪，沒人替。」與閻家山相比，李家莊本來是一攤死水，但張鐵鎖被逼得走投無路時，去太原做工碰到了小常這個共產黨員，遇到了主張抗日的犧盟會同志，有了信心與方向。儘管小常後來被活埋，但千萬個小常已成長起來了。同樣，在劉家峻，區政府就能直接扣押犯法的興旺兄弟，在婚姻法令上肯定小二黑和于小芹的戀愛，並把原先起阻礙力量的雙方家鄉叫到區上，調停之後責令同意兩人婚事；在下河村，當小旦、小昌協迫逼婚軟英之際，上級派來了工作團，替村幹部貪腐查案，爲軟英與小寶的婚姻打氣。在村裏的整風會上，連主張看看再說的軟英父親王聚財，也不再膽小怕事，直說劉家前院（村政權所在地）眞是一個說理的地方。

邊區政府是行政機關，其頒布的政策法令壓過了原有的權勢，如婚姻法例，如土地法律，如減租減息，如反奸反霸政策，都逐漸進入尋常百姓家，新的法治精神與氣象開始在偏遠閉塞的太行山區廣大自然村落出現，年輕的莊戶人開始有了法的意識，開始用法律爲武器進行生死抗爭。在趙樹理四十年代這些小說中，開始可以聽到小人物、成長的年輕農民對「犯法與否」的直接表述。自己犯法與否，執政者犯法與否？成爲一個十分尖銳對立的問題。小二黑與他的父輩相比，已大爲改觀。《小二黑結婚》裏，村長是外來的，多少可以緩衝一下興旺兄弟的勢力，當小二黑身體有病沒有參加訓練，當他不認童養媳，也能說上幾句公道話。從村長嘴裏聽到自己與于小芹戀愛不犯法，讓小二黑心中有底；興旺說到小二黑有女人時，村長說「男不過十六，女不過十五，不到訂婚年齡。」這些法律政策上面的話都讓小二黑心明眼亮。小二黑與興旺兄弟爭執時，竟能反問興旺「無故捆人犯法不犯」的話來。後來兩人的關係也由私下轉爲公開，理由是小二黑知道這事是合理合法的，如在「拿雙」一節中，被捆的小二黑與二諸葛跪地求情截然不同，自己身正不怕影子歪，沒有犯法，送到哪裡都不怕。至於在閻家山村，一旦老楊同志領導群眾鬥爭閻恒元時，押地、不實行減租、喜富不賠款、村政權不民主四件事

最大，鼓動民眾「現在的政府可不像從前的衙門，不論他是多麼厲害的人，犯了法都敢治他的罪！」閻家山村民一旦吃了這顆定心丸，也就不怕事了，「群眾大會開了，恒元的違法事實，大家一天也沒有提完。起先提意見的還只是農救會人，後來不是農救會人也提起意見了。恒元最沒法巧辯的是押地跟不實行減租，其餘捆人、打人、罰錢、吃烙餅……他雖然想盡法子巧辯，只是證據太多，一條也辯不脫。第二天仍然繼續開會，直到晌午才算開完。」可謂罪證如山，法理難容。當助理員在劉家峧調查此興旺兄弟的罪惡時，人人拍手稱快，從綁票說起，「有給他們花過錢的，有被他們逼著上過弔的，也有產業被他們霸了的，老婆被他們奸淫過的。他兩人還派上民兵給他們自己割柴，撥上民夫給他們自己鋤地；浮收糧，私派款，強迫民兵捆人，……你一宗他一宗，從晌午說到太陽落，一共說了五六十款。」鐵證甚多，就只怕沒法律撐腰。一旦民眾掌握了法令，也就是當時的法律，也就無畏於權勢。

再次，暴力敘事出現，讓法與勢的衝突達到頂點，讓村民所受冤屈的宣泄達到高潮。剝奪勢大於法的權威，不是挪動一張桌子那樣容易的事。如以血腥場面而論，典型的是《李家莊的變遷》，死人最多；其次是《邪不壓正》。在李家莊，李如珍們一會依附閻錫山的狗腿，一會又投靠皇軍來維持村務。侄兒小喜等人上跳下竄，無惡不作。曾有一段時間因為敵我力量懸殊，八路軍等力量撤出村子，但一二年後再次解放李家莊時卻發現剩下的村民不到一半了。但儘管如此，當李家莊的村民再次翻身作主時，全村最大的一件事就是如何讓李如珍伏法。捉住血案累累的李如珍以及他的狗腿小毛後，縣長答應村民當著全村老百姓公審這兩個人，理由是先公開處理一個案子，好叫群眾知道又有抗日政權了。小說是這樣給村民上生動的司法課的：「龍王廟的拜亭上設起了公堂，縣長坐了正位，村裏公舉了十個代表陪審。公舉了白狗和王安福老漢代表全村作控告人，村裏的全體民眾站在廟院裏旁聽。」當公審縣長說李如珍該是死罪時，行刑的是全村老百姓，村裏人一擁而上，不一會「已經把李如珍一條胳膊連衣服袖子撕下來，把臉扭得朝了脊背後，腿雖沒有撕掉，褲襠子已撕破了。」隨後，有這樣幾句話：

> 廟裏又像才開審時候那個樣子了。縣長道：「你們再不要親自動手了！本來這兩個人都夠判死罪了，你們許他們悔過，才能叫他們悔；實在要要求槍斃，我也只好執行，大家千萬不要親自動手。現在的法律，再大的罪也只是個槍決；那樣活活打死，就太，太不文明了。」

王安福道：「縣長！他們當日在廟裏殺人時候，比這殘忍得多——有剜眼的，有剁手的，有剝皮的……我都差一點叫人家這樣殺了！」

縣長道：「那是他們，我們不學他們那樣子！」

善有善報，惡有惡報。邊區政府的法庭是代表人民利益的，不同村落的廣大百姓也就有機會運用法律來維護自身權益了。一旦代表惡勢力的惡人生命終結時，讓李家莊人揚眉吐氣，換來新的精神與秩序。這一暗示新秩序出現的描寫在趙樹理其它小說中幾乎都會出現。

四

伴隨著法外權勢的衰敗與失落，新的村落秩序重建也悄然開始了自己的使命。建立一個什麼樣的村落新秩序，能否順利建立起來，趙樹理以一個農民作家的樸實與深刻，給出了自己的答案。

只有組織起來，才能建立一個新的村落世界。爲了打倒一貫反動的地主，要組織起來；爲了防止壞人鑽空子，也要組織起來。組織是有力量的，閻家山一開始是在李有才的窯洞裏自發組織起來，槐樹底下的能人分工合作，後來又是在老楊的幫助下自覺地組織農會，徹底改寫了閻家山的歷史。在太原，年輕的共產黨員小常教給張鐵鎖的方法也是組織起來，這是年輕的的世界，也是抗爭者的世界。組織起來力量才能大，最爲直接而重要的當然是公正、合法的村政權之建立。但是，村政權要握在正直、吃苦人身上，這似乎是二個必要條件，一要有頭腦，二要有素質，按今天的話來說，便是德才兼備。「只有多數的正派人都被發動起來、組織起來，都有了民主權利，有了組織力量，那才能有效」。〔註 31〕村落的新秩序才能有勃勃生機，有新的村風村貌。比如打倒閻恒元后，閻家山的村里人敢擡頭了，連老秦這樣的儒弱者也挺直了腰杆。在李家莊，張鐵鎖、二妞這樣的農民夫婦走在前面，或是當村長，或是當區長，帶領當地村民維護李家莊村裡人的合法權益。《小二黑結婚》發表後，在太行山區的農民中間受到歡迎，各種地方戲也演出過，出現萬人空巷的局面。「小二黑」成了各村莊農民追求自由幸福婚姻的化身了，比法律宣講的意義要大得多。〔註 32〕

趙樹理的小說結尾以大團圓式告終，貢獻之一是新的合法的村政權出來

〔註31〕趙樹理：《發動貧雇要靠民主》，《趙樹理全集》（第三卷），頁 253。
〔註32〕苗培時：《〈小二黑結婚〉在太行山》，《北京日報》1957 年 5 月 23 日，第 3 版。

了，導致法外權勢的衰落，以及村落秩序的重建。但如何重建，重建得怎麼
樣，趙樹理的獨特之處是仍在觀望與猶豫，潛在寫出了村落秩序重建的艱難
與曲折。第一，基層政權不純的問題，當時就被階級鬥爭的主題被遮蔽了。
周揚經過幾十年血與火的考驗之後再來看趙樹理小說，便承認了這一點：「趙
樹理在作品中描繪了農村基層黨組織的嚴重不純，描繪了有些基層幹部是混
入黨內的壞分子，是化裝的地主惡霸。這是趙樹理同志深入生活的發現，表
現了一個作家的卓見和勇敢。而我的文章卻沒有著重指出這點，是一個不足
之處。」〔註33〕在閻家山，從「小字輩」中混出去的小元，成爲新的壓迫者；
在下河村，反抗劉錫元的長工小旦，當農會主席後不亞於舊的劉錫元。小元
有頭腦，但無德，剛剛起來便成了閻恒元的常客；二長工小昌，剛剛當上農
會主席，就會找問題，分到的勝利果實最大，是最大的利益獲得者。其妻與
兒子在跟鄰居安發一家爭吵時就顯出蛛絲馬迹，後來村幹部小昌與小旦聯手奪
親，也是劣迹之一。可見，農民一旦掌權，很容易沾染封建特權思想腐化變質，
當官作老爺。還好，讓人放心的是，趙樹理這些小說中政府派出的工作人員
都沒有大的問題，即使有官僚主義的小毛病也不過只是工作不深入的問題。
有研究者指出趙樹理小說與傳統清官文學在結構模式、題材範圍等方面血脈
相通，頗有淵源，又有顯著變異。如清官形象，就既有傳統清官文學中常見
的法官型、欽差型、還有獨特的明君型、政體型等。〔註34〕不過，我們不能
把趙樹理的樂觀當成自己的樂觀，新的村政權幹部、政府工作人員假如也像
賣土委員到李家莊調查小喜一案一樣，村落秩序的重建之路就更加變得不可
捉摸，具有未定性。聯繫五六十年代趙樹理執著於新的「問題」，聯繫當下目
迷五色的官場文學，像趙樹理這樣本色的農民作家，也許還剛剛把一隻腳伸
進官場文學的大門。第二，傳統的禮治，人治的糟粕，不可能一下子就失落
乾淨，社會仍處於過渡階段之中。趙樹理小說在中間部分一般會寫到這一點，
如續寫的《劉二和與王繼聖》裏，農民的翻身也「只展了展腿」，村民的精神
思想仍然暮氣沉沉。在他的小說中，還設置了一群看客形象，劉家的小二黑
的鄰居們看到小二黑被無理捆綁，二諸葛跪地求情，眾看客聽了有些厭煩，

〔註33〕 周揚：《趙樹理文集序》，《趙樹理文集》（第一卷），工人出版社，1980 年，
頁 2。
〔註34〕 朱慶華：《趙樹理小說與傳統清官文學之比較》，《西北師大學報》（哲社版）
2002 年 5 期。

說了一會寬心話就散了。在李家莊張鐵鎖家裏商量對策時，聽到春喜老婆在窗外偷聽，大家也就不多說了，慢慢散去。在閻家山，吃虧，怕事，受了一輩子窮，可瞧不起窮人的老秦們，仍然數量不少⋯⋯

趙樹理四十年代末說到宣傳工作時有一個估計，「我們的宣傳工作，從上下級的關係看來，好像一系列用沙土做成的水渠，越到下邊水越細，中央的意圖與村支部的瞭解對得上頭的地方太細了⋯⋯封建思想之海的農村，近十餘年來只是沖淡了一點，尚須花很大的氣力才能使它根本變轉了顏色。」〔註35〕是的，從宣傳工作和文學生活擴展開去，鄉村法外權勢的衰退與失落，並不能一勞永逸地予以解決，趙樹理小說式的打黑除惡、重建法治之路，以及村落秩序的重建，仍然十分艱難而曲折。

〔註35〕趙樹理：《致周揚》，《趙樹理全集》（第三卷），頁 327～328。